THE GREAT JAPANESE
30の物語
―人物で学ぶ日本語―

初中級

石川智・米本和弘
Satoru Ishikawa　　Kazuhiro Yonemoto

Copyright ©2019 Satoru Ishikawa, Kazuhiro Yonemoto

All rights reserved. No part of this book may be reproduced, stored in a retrieval system, or transmitted in any form or by any means, electronic, mechanical, photocopying, recording, or otherwise, without the prior written permission of the publisher.

First edition: June 2019

Published by KUROSIO PUBLISHERS
4-3, Nibancho, Chiyoda-ku, Tokyo 102-0084, Japan
Phone: 03-6261-2867 FAX: 03-6261-2879
http://www.9640.jp/

ISBN 978-4-87424-798-3 C0081
Printed in Japan

はじめに

　日本語を学習している人に「どうして日本語を勉強していますか。」と聞くと、本当に色々な答えが返ってくるようになりました。また、それと同時に、教室以外のところで日本語を学ぶというスタイルの学習者も増えてきました。そんな中で、もちろん日本語学習における大切な目標の1つは、日本語の上達ですが、それだけではなく、日本語を話している人や社会、文化などに対する理解、そして、日本語を使って何を表現したいかといったことの重要性が広く認識されるようになりました。

　このような理解のもと『The Great Japanese 30の物語［初中級］―人物で学ぶ日本語―』は初級後半から中級レベルの学習者が次の2つの目標が達成できるよう作成しました。まず、日本語能力試験N3ぐらいまでの単語や文法を身につけ、さらに読解力を伸ばすことです。初級後半から中級に進むと、会話中心の授業から読解を中心にした授業に移行し、初級との学習内容や難易度の違いに驚いてしまう学習者も少なくありません。ですから、本書では、学習者が精読や速読（長い文章を速く読んだり、大意を理解したりするなど）を通して、中級レベルで必要な日本語能力を身につけていくことを目標にしています。

　2つ目の目標は、日本の社会や文化などについて日本語で読んで、考え、そして、表現することです。日本の社会や文化、そして、それについての他者の考えを聞いたりすることで、言語そのものだけではなく他者や異文化への理解も深められると考えています。さらに、自分の考えをまとめる練習をしながら、それを上手く表現できるようになることを目指します。

　これら2つの目標を達成するために、それぞれの人物の個性や価値観、そして面白いエピソードなどが、その人物が生きた時代の社会や人々の考え方などとともに取り上げてあります。初級前半の読み物と違い、学習者にとっては大きな挑戦かもしれませんが、学習者が興味を持てる内容を提供することによって、楽しみながら、読んだり、自分の考えについて話したりすることができると考えています。

　最後に、本書の刊行にあたっては、多くの皆様にご協力いただきました。文法の査読をしてくださった筒井通雄先生、単語リスト等の校閲をしてくださった高田裕子さん、翻訳者の嚴馥さん、チャン・コン・ヤンさん、執筆の様々な段階でコメントをくださったミドルベリー日本語学校の講師の方々、室田真由見さん、野澤ふみさん、高本直さんにお礼を申し上げたいと思います。また、特に、中上級に引き続き、初中級の出版を快諾してくださったくろしお出版の岡野秀夫社長、そして編集をしてくださった市川麻里子さん、金髙浩子さんには大変お世話になりました。本書の上梓にあたり、ここに皆さんに感謝の意を表したいと思います。

2019年5月

石川智・米本和弘

CONTENTS

- はじめに　　→ 3
- この本について　　→ 6
- 学習者の皆様へ／For Japanese Language Learners　　→ 8
  给各位学习者／Thân gửi quý học viên!　　→ 9
- 教師の方々へ　　→ 14

経営

1　広岡浅子
実業家
新しい時代の女性
キーワード▶ 女性の仕事と教育／女性の活躍／男尊女卑
16

2　松下幸之助
実業家
理想の経営者
キーワード▶ 経営者／社員／コミュニケーション／叱る
20

芸術

3　伊藤若冲
画家
好きなことを仕事に
キーワード▶ 趣味と仕事／日本画／働く目的
24

4　藤田嗣治
画家
フランス人になった日本人
キーワード▶ 戦争画／アイデンティティ／国籍
28

5　武満徹
作曲家
伝統的な楽器・新しい音楽
キーワード▶ 現代音楽／クラシックと和楽器／独学
32

6　安藤忠雄
建築家
独学の建築家
キーワード▶ 独学／建築家／目標／強い思い
36

文学

7　与謝野晶子
歌人／作家
女性の気持ちを歌う
キーワード▶ 女性の自立／表現／信念／情熱／戦争
40

8　宮沢賢治
詩人／童話作家
ユートピアを目指して
キーワード▶ 童話／理想／菜食主義
44

9　又吉直樹
お笑いタレント／小説家
隠れた才能とチャレンジ
キーワード▶ 才能／お笑い／小説家／チャレンジ
48

文化

10　円谷英二
特撮監督／映画監督
特撮の神様
キーワード▶ 特撮／映画／核／アイデア／技術
52

11　黒柳徹子
女優／タレント
学習障害（LD）の子供と学校
キーワード▶ 学習障害（LD）／教育／ベストセラー
56

12　三宅一生
ファッションデザイナー
創造と戦争
キーワード▶ デザイン／ブランド／原爆（原子爆弾）／平和
60

13　坂東玉三郎（五代目）
歌舞伎役者
女性を演じる
キーワード▶ 歌舞伎／人間国宝／才能／ハンデ
64

14　村田吉弘
料理人
伝統と日本料理の将来
キーワード▶ 日本料理／伝統と新しい料理／ユネスコ無形文化遺産／食文化
68

15	羽生善治（はぶよしはる） 将棋棋士（しょうぎきし）	AIと将棋とこれからの私達 キーワード 将棋／AI（人工知能）／未来の社会		72
16	くまモン ゆるキャラ	くまモンだもん！ キーワード ゆるキャラ／地域／地震／復興		76

スポーツ

17	井村雅代（いむらまさよ）／小出義雄（こいでよしお） アーティスティックスイミング（シンクロナイズドスイミング）指導者／マラソン指導者	強い選手の作り方 キーワード スパルタ教育／ゆとり教育／コーチ／叱る／ほめる		80
18	野村忠宏（のむらただひろ） 柔道家（じゅうどうか）	3つの金メダル キーワード 柔道／現役／引退／選手寿命		84
19	国枝慎吾（くにえだしんご） プロ車いすテニス選手	車いすテニスで優勝 キーワード スポーツ／車いすテニス／障害／スランプ／メンタルトレーニング		88
20	福原愛（ふくはらあい） 卓球選手（たっきゅうせんしゅ）	プレッシャーに負けない泣き虫の努力 キーワード 才能／努力／プレッシャー／国民の期待		92

政治

21	吉田茂（よしだしげる） 外交官／政治家	ワンマン政治家 キーワード 政治／ワンマン（和製英語）／リーダーシップ／ユーモア		96
22	小泉純一郎（こいずみじゅんいちろう） 政治家	政治家の家 キーワード 政治家／親子／家／仕事／大臣		100

学者

23	楠本イネ（くすもといね） 医師	オランダおいね キーワード ハーフ／西洋医学／差別／近代化と女性		104
24	野口英世（のぐちひでよ） 細菌学者	ガーナで有名な日本人 キーワード 医療／黄熱病の研究／ガーナ／国際協力		108
25	ドナルド・キーン（鬼怒鳴門） 日本文学研究者／文芸評論家	日本人になったアメリカ人 キーワード 日本人／国籍／東日本大震災		112
26	田中耕一（たなかこういち） 化学者／エンジニア	失敗は成功のもと キーワード ノーベル賞／サラリーマン／失敗／技術		116

歴史

27	空海（弘法大師）（くうかい／こうぼうだいし） 僧	中国に学ぶ キーワード 仏教／天才／社会貢献／留学		120
28	源 義経（みなもとのよしつね） 武士	日本のヒーロー キーワード ヒーロー／武士／兄弟／判官びいき		124
29	徳川家康（とくがわいえやす） 将軍	我慢の武士 キーワード 性格／我慢／失敗		128
30	坂本龍馬（さかもとりょうま） 武士	日本を洗濯しようとした男 キーワード 幕末／改革／目標／名言／貿易		132

● 文法・表現リスト　Grammar/Expression List　语法・表现一览表　Danh mục ngữ pháp-mẫu câu　→ 136

● 参考文献リスト　→ 172

● 別冊：模範解答　Answers　标准答案　Câu trả lời mẫu

　　　単語リスト（英語・中国語・ベトナム語翻訳）　Vocabulary List　生词表　Bảng từ vựng

この本について

この本の特長

◆ **言語**
- 日本語能力試験（以下、JLPT）N3レベルの単語が読み物を読みながら勉強できる
- JLPT N3レベルの文法・表現148個が、説明（日本語、英語、中国語、ベトナム語）と例文を使って勉強できる
- 内容質問を使って、自分がどのぐらい読み物が分かったかを知ることができる
- 速く読んだり、詳しく読んだり、様々な方法で使用できる
- 色々な使い方ができる　例）日本語の授業、個人学習、JLPTのための勉強など
- ウェブサイトにある音声やツールを使って勉強できる

◆ **社会・文化**
- 様々な時代、ジャンル（経営・芸術・文学・文化・スポーツ・政治・学者・歴史）の有名人について読むことで、日本語を話している人や社会、文化に対して理解を深めることができる
- 自分の国と日本を比べたりして、社会の出来事を深く理解したり、考えたりできる

この本の構成

この本には、「読み物」と「文法・表現リスト」の本冊と、「模範解答」と「単語リスト」の別冊があります。本冊には、8つのジャンルの30人の「読み物」があり、最後に「文法・表現リスト」があります。この本は以下のような構成です。

《 **本冊の構成** 》

◆ **各課の読み物**

| 読み物 |

➡ 難しさのレベル：難しさのレベルは、漢字や単語の量と難しさ、内容の難しさ、文の複雑さなどを考え、★～★★★で書いてあります。★が一番やさしく、★★★が一番難しいです。

➡ ふりがな：漢字のふりがなは、JLPT N3レベル以上と思われる漢字には基本的に全て付けてあります。しかし、ふりがなが多すぎて読みにくくならないように、そして、漢字に慣れるために、N3レベルの漢字は最初に出てきた時にだけ付けてあります。

| 特別な言葉や難しい言葉 |

読み物の後の四角の中にJLPT N2レベル以上の特別な言葉や難しい言葉が書いてあります。読み物を読む前に意味を確認しておくと、読み物が読みやすくなります。

| 読む前に1 | 読む前に2 |

「読む前に1」は読み物に出てくる単語の練習で、「読む前に2」は読み物の内容に関係する質問です。「読む前に」をして、単語の意味を理解したり、読み物の内容を理解しておくといいでしょう。

| 内容質問1 | 内容質問2 |

読み物を読んだ後で、読み物の内容が理解できたかどうかを確認することができます。

考えをまとめよう

読み物を読んだ後に、この問題を使って、さらに深く考えることができます。授業でのディスカッションに使ったり、意見を言う練習をしたりできます。「話す前に、あなたの意見や考えをメモしよう。」に自分の話したいことを書いてから、話してみましょう。

文法・表現リスト

リストの番号を見て、「文法・表現リスト」から説明を探してください。

◆ 文法・表現リスト

JLPT N3 レベルでよく使われる文法や表現が 148 個あります。日本語、英語、中国語、ベトナム語の簡単な説明、そして、例文もあります。英語、中国語、ベトナム語の説明はだいたい同じ内容ですが、日本語の説明は学習者の皆さんにも分かりやすいように少し説明を変えてあります。

1.	～間に		文型	V te-form いる＋間に；N の＋間に
本文	家族の仕事をそばで見ている間に、親の仕事に興味を持つ　図小泉純一郎 平という武士との戦いの間に、殺されてしまいました　図源義経			
翻訳・説明	while／～之間／trong khi, trong lúc ある行動や出来事などが、ある時間内に起こることを表す。 An action is taken or an event takes place during the indicated period of time. 在某种行为或事件所表示的时间之内发生。 Diễn tả hành động hoặc một sự việc xảy ra trong một thời gian xác định.			
例文	1. 来週東京に行くので、東京にいる間に友達に会うつもりです。 2. 高校生の間に、イギリスに留学して英語を勉強した。			

◆ ウェブサイト（読み物／内容質問）

このウェブサイト（http://greatjapanese.jimdo.com/）から音声（「読み物」／「内容質問」）と「読解・聴解チャレンジ」がダウンロードできます。「学習者の皆様へ」（p. 8）を見ながら、ぜひ使ってみてください。

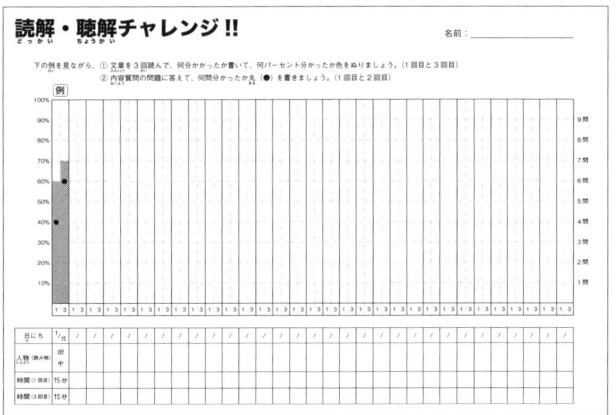

《 別冊の構成 》

◆ 模範解答
◆ 単語リスト

太字は JLPT N3 レベルの単語、または N4 レベルでも学習者には難しいと考えられる単語です。英語、中国語、ベトナム語で意味が書いてあります。

行	語彙	品詞	英語	中国語	ベトナム語
1：新しい時代の女性（広岡浅子）					
T	時代	N	era; period	时代	thời đại
	女性	N	female; woman	女性	phụ nữ, con gái, nữ
O	実業家	N	business people (実業 = business、家 = professional)	实业家 (实业 = 实业、家 = 家)	thương nhân (实业 = sự nghiệp, 家 = chuyên gia, nhà (người))

7

学習者の皆様へ / For Japanese Language Learners

■上手に読めるようになるために / Improve Your Reading Skills

日本語を上手に読めるようになるためには、日本語の文法や単語、そして漢字をたくさん知らなければいけません。でも、それだけでは上手に読めるようにはなりません。この本を使って、次のように練習して、日本語が上手に読めるようになりましょう。

In order to read Japanese text more efficiently, it is essential to master Japanese grammar and vocabulary as well as many *kanji*. However, this is not enough to be an efficient reader. Please follow the steps and points listed below to become a more efficient reader.

1) 読む前の準備 / Before Reading

ステップ1 STEP1	タイトルとその人の職業、キーワードを見て、どんなことが書いてあるか想像してみましょう。例えば、タイトルやキーワードに「選手」や「教育」という言葉があったら、何かのスポーツの選手を教えることと関係がある話かなと想像ができますね。このように、読む前に書いてある内容について考えておくことはとても大切です。	Guess the content of the reading by looking at the title, occupation, and keywords. For example, when you find 選手 (athlete), 教育 (education), etc., in the title or keywords, you will think this person's job is related to some kind of athletic coach. In this way, it is important to guess the content of the reading before you start to read.
ステップ2 STEP2	次に、別冊にある「単語リスト」を見て、知らない言葉や難しい言葉の意味を確認してみましょう。特に、太字で書いてある言葉は、日本語能力試験(以下、JLPT)N3レベルでよく使われる単語ですから、注意して見るようにしましょう。でも、今は単語の意味がだいたい分かればいいので、単語を覚えなくても大丈夫です。	Most likely, you will find many words that you do not know. Check the meaning of these words using the 単語リスト (Vocabulary List) in the texbook insert. The words that are written in bold are often used in Japanese Language Proficiency Test (JLPT) Level 3 exams, so please pay attention to these words; however, you do not need to memorize these words at this point.
ステップ3 STEP3	単語の意味がだいたい分かったら、「読む前に1」をして、この読み物に出てくる単語に慣れましょう。ここの単語は「単語リスト」の太字の単語ですから、覚えておくと、読み物が分かりやすくなります。次に「読む前に2」をして、この読み物に関係がある内容をもう少し深く考えてみましょう。	Try to answer 読む前に1 and familiarize yourself with the vocabulary that is used in this reading. Memorizing the words introduced in bold in the 単語リスト will make it easier to read the text. Then, try to answer 読む前に2 and try to think about topics related to this reading.

●漢字が苦手な人へ / In Case You Have Trouble with *Kanji*.

この本ではJLPT N2レベル以上の漢字には、毎回ふりがながあります。JLPT N3レベルの漢字は、1回目に出てきた時は、ふりがながありますが、2回目からはふりがながありません。ですから、漢字が苦手な人は、「読む前の準備」のステップ3の後に、音声 (**https://greatjapanese.jimdo.com/**) を聞いて、漢字の読み方を確認してから、読み物を読んでみて下さい。そして、読み終わった後に、自分が読めなかった漢字を覚えるようにしましょう。

In this textbook, *kanji* that are considered more difficult than JLPT N2 level will have *furigana* below the *kanji*. JLPT N3 level *kanji* will have *furigana* for first time use, but *furigana* will not be used afterwards. If you think you are not good at reading *kanji* after step 3 of "Before Reading," please listen to the audio file (**https://greatjapanese.jimdo.com/**) and check the reading of *kanji* before proceeding. Then, after reading the text, go back and study any kanji you couldn't read.

给各位学习者／Thân gửi quý học viên!

■为了提高阅读能力／Để có thể nâng cao kỹ năng đọc

要提高日语阅读能力，得知道许多日语的语法、生词和汉字。但是只有那些也不够。请用这本教科书进行下面的练习，提高你的日语阅读能力吧。

Để có thể nâng cao kỹ năng đọc, chúng ta phải biết nhiều cấu trúc ngữ pháp, từ vựng, Hán tự trong tiếng Nhật. Tuy nhiên, chỉ như thế thôi thì chưa đủ để có thể nâng cao kỹ năng đọc. Vì vậy, chúng ta hãy cùng nhau sử dụng quyển sách này, làm theo những bước sau để có thể nâng cao được kỹ năng đọc của chúng ta.

1）阅读前的准备／Chuẩn bị trước khi đọc

步骤 1 BƯỚC 1	先看看标题、那个人的职业和关键词，然后想象一下内容写些什么。比如，标题或关键词里有"選手"或"教育"这样的词语，你就能联想到内容应该是跟训练某种运动员有关的。阅读之前先想一下写的内容是很重要的。	Chúng ta xem tựa đề, công việc của người đó, từ khoá và suy nghĩ xem bài đọc viết về nội dung gì. Ví dụ như trong tựa đề hay phần từ khoá có từ 「選手」(tuyển thủ) và 「教育」(giáo dục) thì chúng ta có thể tưởng tượng được bài viết này viết về một tuyển thủ thể thao nào đó và những câu chuyện liên quan đến. Chính vì thế, việc suy nghĩ trước về nội dung được viết trước khi đọc thì rất quan trọng.

步骤 2 BƯỚC 2	接下来，查查别册的"単語リスト"（生词表），确认不知道或觉得很难的词语的意思。请特别留意那些用粗体标示的词语，那些都是在日本语能力测验（以下称JLPT）N3水平中常用的生词。但是，这个阶段只要大致了解生词的意义即可，不用把它们背下来。	Tiếp theo, chúng ta xem 「単語リスト」(bảng từ vựng) ở tập sách riêng đính kèm, xem trước những từ vựng khó hoặc những từ mới. Đặc biệt những từ được in đậm là những từ được sử dụng nhiều trong kỳ thi năng lực Nhật ngữ (từ đây trở xuống, viết tắt JLPT) N3, cần chú ý kỹ. Ở bước này, chỉ cần hiểu đại khái ý nghĩa của từ là được, chưa cần phải nhớ từ vựng.

步骤 3 BƯỚC 3	大致了解生词的意思后就做"読む前に1"，熟悉这篇文章里出现的生词。这里的生词都是"単語リスト"里用粗体标示的生词，把它们背下来比较容易读懂文章。接着做"読む前に2"，加深对这篇文章相关内容的理解。	Khi chúng ta đã hiểu đại khái từ mới này, xem đây là 「読む前に1」chúng ta hãy tập làm quen với những từ mới này xuất hiện trong bài đọc. Những từ vựng ở đây là những từ in đậm trong 「単語リスト」nên nếu chúng ta nhớ được thì bài đọc chắc chắn sẽ trở nên dễ hiểu. Tiếp đến, bước sang 「読む前に2」, chúng ta suy nghĩ sâu một chút về nội dung liên quan đến bài đọc.

●给不擅长汉字的人／Đối với bạn đọc dở Hán tự,

在这本教科书里，JLPT N2水平以上的汉字每次标有注音假名。JLPT N3水平的汉字，第一次出现时有注音假名，第二次以后就不标注了。因此，不擅长汉字的学习者，请在完成阅读前的准备步骤3后，听音声档（**https://greatjapanese.jimdo.com/**），确认汉字的读法，然后试着朗读文章。读完后背下那些自己不会读的汉字。

Trong giáo trình này, những Hán tự có mức độ tương đương trình độ JLPT N2 trở lên sẽ có phiên âm cách đọc. Những Hán tự trình độ JLPT N3 thì sẽ có phiên âm cách đọc cho lần xuất hiện đầu tiên, lần thứ hai trở đi sẽ không có phiên âm cách đọc. Vì thế mà những bạn đọc nào không giỏi Hán tự thì sau bước 3 của phần "Chuẩn bị trước khi đọc", các bạn nghe cách đọc (**https://greatjapanese.jimdo.com/**), kiểm tra trước cách đọc của Hán tự trước khi đọc bài đọc. Và rồi sau khi đọc xong, những Hán tự nào chúng ta chưa đọc được thì chúng ta học và nhớ.

2）読む時に／While Reading

では、実際に読みましょう[1回目]。次のポイントに注意して読みましょう。

Now read the text **[1st time]**. While you are reading, you should pay attention to the following points.

ポイント1：止まらないで読む！	**Point 1: Don't stop!**
読み始めたら、分からない言葉や文法があっても、そこで止まったり、「単語リスト」や「文法・表現リスト」を見たりしないようにしましょう。	Once you start to read, do not stop even though you may find grammar and vocabulary that you do not understand. Also, do not check the 単語リスト or 文法・表現リスト (Grammar/Expression List).
ポイント2：文脈（コンテクスト）から意味を想像！	**Point 2: Guess the meaning from the context**
分からない言葉や文法があった時は、周りの文脈（コンテクスト）や漢字の情報などから、どんな意味か想像してみましょう。意味が想像できない時は、その部分は飛ばして、読んでいきましょう。	When you find grammar and vocabulary that you do not understand, just guess the meaning from the context or *kanji* itself. If you are not able to guess, just skip that part and move on to the next.
ポイント3：「こ、そ、あ」の言葉は何か考える！	**Point 3: Think about what こ, そ and あ words refer to**
「これ、その、あそこ」などの指示詞がある場合、その言葉が何を指しているか、考えながら読んでいきましょう。	When you find demonstrative words such as これ, その and あそこ, try to think about what these words refer to.
ポイント4：「〜から、ので」理由に注目！	**Point 4: Pay attention to the reason indicated by "〜から, 〜ので"**
「〜から、〜ので」などの理由が書いてある部分は、大切な情報が書いてありますから、少しゆっくり読むようにしましょう。	Most likely, the reason indicated by 〜から, 〜ので is very important, so read carefully.
ポイント5：「〜と思います、〜と考えます」意見に注目！	**Point 5: Pay attention to the opinion indicated by "〜と思います、〜と考えます"**
「〜と思います、〜と考えます」など、筆者（文章を書いた人）の意見が書いてある部分も大切ですから、その部分はよく読んで、筆者の意見を理解しましょう。	It goes without saying that the author's opinion is important, so please pay attention to 〜と思います, 〜と考えます.
ポイント6：最後の段落はゆっくり！	**Point 6: Read the last paragraph carefully**
日本語の文章は、大切な情報が読み物の一番最後に書いてあることが多いです。ですから、最後の段落はゆっくり読んで理解するようにしましょう。	In Japanese writing, the most important information is often located in the last paragraph. Therefore, read the last paragraph carefully and try to comprehend fully.

2）阅读时／Khi đọc

那么，接下来就正式进入阅读［第1次］。阅读时请注意下列几点。

Tiếp theo là phần đọc thực tế **(lần 1)**. Chúng ta hãy chú ý đến những điểm trọng tâm khi đọc.

第一：阅读时不要间断！	Điểm 1: Đọc liên tục!
开始阅读后，即便遇到不懂的生词或语法，也不要停在那里，或去查看"単語リスト"和"文法・表現リスト"（语法・表现一览表）。	Khi bắt đầu đọc, dù có xuất hiện từ mới hay văn phạm mới, chúng ta không dừng để kiểm tra「単語リスト」và「文法・表現リスト」(danh mục ngữ pháp-mẫu câu) mà cứ tiếp tục đọc.

第二：利用前后文想象意义！	Điểm 2: Đoán ý nghĩa từ mạch văn (ngữ cảnh)
有不懂的生词或语法时，利用前后文或汉字等信息去想象一下是什么意思。想象不出来的话就跳过那个部分，继续往下读。	Khi thấy xuất hiện từ mới hay ngữ pháp mới, hãy thử đoán ý nghĩa thông qua những thông tin của Hán tự hay từ những mạch văn (ngữ cảnh) trước và sau đó. Nếu vẫn không đoán được ý nghĩa thì hãy bỏ qua phần đó và đọc tiếp tục.

第三：思考"こ、そ、あ（这、那）"指的是什么！	Điểm 3: Hãy đặt câu hỏi và suy nghĩ ở những từ「こ、そ、あ」
有"これ（这个）、その（那）、あそこ（那里）"等指示词时，阅读的时候要边思考那些词语指的是什么。	Trong trường hợp có xuất hiện những từ chỉ thị như「これ、その、あそこ」thì chúng ta biết những từ này thể hiện một điều gì đó, hãy tự đặt câu hỏi, vừa đọc vừa suy nghĩ.

第四：特别注意"〜から、ので（因为〜）"的理由！	Điểm 4: Chú ý lý do qua những cách nói「〜から、ので」
"〜から、ので（因为〜）"等写着理由的部分，都具备重要信息，记得放慢速度仔细阅读。	Những phần có thể hiện lý do, nguyên nhân như「〜から、〜ので」thì đây là những phần có thông tin quan trọng nên cần đọc kỹ phần này.

第五：特别注意"〜と思います、〜と考えます（我觉得/我认为〜）"表示意见的部分！	Điểm 5: Chú ý phần thể hiện ý kiến「〜と思います、〜と考えます」
"〜と思います、〜と考えます（我觉得/我认为〜）"等，写着作者（写文章的人）意见的部分，都具备重要信息，仔细阅读那些部分，了解作者的想法。	Những phần thể hiện ý kiến của người viết như「〜と思います、〜と考えます」thì rất quan trọng. Khi đọc những phần này thì cần chú ý và cố gắng hiểu được ý kiến của người viết.

第六：阅读最后一段时放慢速度！	Điểm 6: Đoạn cuối cần đọc từ từ!
日语文章里的重要信息多半写在最后。因此，最后的段落要慢慢阅读并理解。	Văn phong tiếng Nhật, những thông tin quan trọng thường được viết ở phần cuối cùng của đoạn văn. Chính vì vậy, ở đoạn văn cuối cần đọc từ từ và hiểu được ý nghĩa.

3）読んだ後で / After Reading

ステップ1 STEP1	1回読んだら、「内容質問1」と「内容質問2」をやってみましょう。これらは、読み物の大切な内容についての質問ですから、理解できているかチェックしてみましょう。	Once you have completed reading the first time, try to answer 内容質問1 and 内容質問2. These questions cover the most important part of the reading; therefore, you can check your comprehension.

ステップ2 STEP2	次に、もう一度、読み物を最初から最後まで読んでみましょう[2回目]。特に、1回目に読んだ時によく分からなかった部分は、もう一度、「単語リスト」や「文法・表現リスト」を見ながら、少しずつ読んで、細かい内容まで理解してみましょう。	Try to read the reading again from the beginning to the end [2nd time]. Check especially the part that you did not comprehend fully the first time. Use the 単語リスト and 文法・表現リスト so that you can understand details of the content.

ステップ3 STEP3	そして、もう一度、「内容質問1」と「内容質問2」を見て、自分の答えが正しいかどうか考えてみましょう。	Again, check your comprehension using 内容質問1 and 内容質問2.

ステップ4 STEP4	最後に、もう一度、「単語リスト」や「文法・表現リスト」を見ないで、読み物を最初から最後まで読んでみましょう[3回目]。1回目に読んだ時と3回目に読んだ時と、どのぐらい速く、スムーズに読めたか、内容が理解できたか比べてみましょう。	Read again [3rd time] not using any aids. Compare the first time you read and this time. How fast were you able to read? What about the comprehension of your reading?

ステップ5 STEP5	ウェブサイト(https://greatjapanese.jimdo.com/)にある「読解・聴解チャレンジ」をダウンロードして、1回目と3回目に読むのにかかった時間と、「内容質問」がどのぐらい分かったか記録をつけてみましょう。記録をつけると、自分の読む力がどのぐらい進歩しているか分かると思います。	Download 読解・聴解チャレンジ (Reading/Listening Challenge) from the website (https://greatjapanese.jimdo.com/) and record how long it took to read the first time and third time and also note your comprehension of the reading. When you keep a log, you will know how you are improving your reading skills.

ステップ6 STEP6	最後に、「単語リスト」の太字の言葉と「文法・表現リスト」の文法や表現を覚えるようにして、次の読み物に進みましょう。	Lastly, try to memorize the vocabulary that are written in bold along with the 文法・表現リスト. You can then move on to the next reading.

3）读完之后／Sau khi đọc

步骤1 BƯỚC1	读完一次之后就做"内容質問1"和"内容質問2",确认是否理解文章的内容。因为那些都是跟文章里重要内容有关的问题。	Sau khi đọc 1 lần, chúng ta hãy làm thử phần 「内容質問1」và 「内容質問2」. Đây là phần câu hỏi về những nội dung quan trọng của bài đọc, hãy kiểm tra xem chúng ta có thể hiểu được hay không.

步骤2 BƯỚC2	接着,从头到尾再把文章读一遍［第2次］。特别是第一次阅读时不明白的地方,再一次查看"单語リスト"和"文法・表現リスト",一点一点地仔细阅读并理解内容。	Tiếp theo chúng ta hãy đọc lại bài đọc một lần nữa từ đầu đến cuối (lần 2). Đặc biệt những phần nào mà chúng ta chưa hiểu rõ trong lần đọc thứ nhất, hãy vừa xem phần 「単語リスト」hay 「文法・表現リスト」vừa cố gắng hiểu nội dung chi tiết.

步骤3 BƯỚC3	然后,再看一次"内容質問1"和"内容質問2",思考自己的答案是否正确。	Tiếp theo, xem lại một lần nữa phần 「内容質問1」và 「内容質問2」suy nghĩ xem câu lựa chọn của mình là đúng hay chưa.

步骤4 BƯỚC4	最后,不看"单語リスト"和"文法・表現リスト",从头到尾再把文章读一遍［第3次］。比较第一次和第三次的阅读速度和流畅度以及对内容理解的程度提升多少。	Cuối cùng, chúng ta đọc lại một lần nữa từ đầu đến cuối (lần 3) mà không xem phần 「単語リスト」hay 「文法・表現リスト」. Chúng ta hãy thử so sánh xem ở lần đọc đầu tiên và lần đọc thứ 3 này, chúng ta có thể đọc nhanh hơn và hiểu rõ hơn được chừng nào.

步骤5 BƯỚC5	从网站(https://greatjapanese.jimdo.com/)下载"読解・聴解チャレンジ"(读解・听解挑战),记录第一次和第三次阅读所花的时间,以及对"内容質問"的了解程度。记录能让你知道自己的阅读能力进步了多少。	Hãy tải phần 「読解・聴解チャレンジ」(thử thách đọc hiểu・nghe hiểu) từ website (**https://greatjapanese.jimdo.com/**), chúng ta hãy ghi chép lại xem thời gian cần để đọc cho lần 1 và lần 3, và chúng ta hiểu được bao nhiêu phần 「内容質問」. Chúng ta ghi chép lại thì chúng ta có thể thấy được năng lực đọc hiểu của chúng ta tiến bộ thế nào.

步骤6 BƯỚC6	最后,背"单語リスト"的粗体词语和"文法・表現リスト"里的语法和表现,然后进入下一篇文章。	Cuối cùng, cố gắng nhớ từ vựng được in đậm trong phần 「単語リスト」và ngữ pháp hoặc mẫu câu trong phần 「文法・表現リスト」, và tiếp tục đọc những bài đọc tiếp theo.

■聞く力を伸ばしたい人へ／Improve Your Listening Skills

この本では、読み方の練習だけでなく、リスニングの力をつけることもできます。

You can improve your listening skills using this textbook. Please follow the following steps.

1）聞く前の準備	1) Before Listening
「上手に読めるようになるために」と同じです。「読む前の準備」(p. 8)を見て下さい。	The preparation for listening is similar to that in "Improve Your Reading Skills." Please check the "Before Reading" in "Improve Your Reading Skills" (p. 8).

↓

2）聞く時に	2) While Listening
テキストを見ないで、音声 (https://greatjapanese.jimdo.com/) を聞いてみましょう[1回目]。	Listen to the audio files from (https://greatjapanese.jimdo.com/) without looking at the textbook [1st time].

↓

3）聞いた後で	3) After Listening
「内容質問」をやってみましょう。次に、テキストを見ながら、音声を聞いて、分からなかった部分を確認しましょう[2回目]。そして、最後にもう一度、テキストを見ないで、最初から最後まで音声を聞いてみましょう[3回目]。	Try to answer 内容質問. Then, listen to the audio file and check the part that you do not understand as you look at the textbook [2nd time]. Once again, listen to the audio file, but this time without looking at the text [3rd time].

教師の方々へ

本書はそれぞれの教育機関、また学習者のニーズに合わせて、そして、ご使用になる教師の皆様のアイデアによって、様々な使い方をしていただくことができますが、本書をさらに有効に活用していだたくために下記のようなご使用方法をご提案しております。

◆ 精読としての使い方：

通常の精読のための読解教材としてご使用いただけます。巻末の「文法・表現リスト」を使用して文法を導入し、読む準備として「読む前に1」で語彙を確認した後で、「読む前に2」で読み物に関連する事柄について話し合っておきます。そして、読む作業を行い、「内容質問1」「内容質問2」で理解を確認して、「考えをまとめよう」で、意見の交換をします。

◆ 速読としての使い方：

初級後半から中級にかけては、精読だけでなく、分からない文法や語彙があっても読み進める力を養成することが重要になります。そのための速読の練習として本書をご使用していただけます。学習者の日本語能力によって、速読のやり方も、段落ごとに読ませるなど、多少工夫が必要だと思いますが、詳しい速読の仕方については、「読む前の準備」(p. 8)及び「読む時に」(p. 10)をご参照下さい。また、実際の読む作業は、授業中ではなく、学習者が個別に授業外で行い、授業時間中には「考えをまとめよう」を使って、主に会話の練習を行うことも可能です。

■给想提升听力的人／Đối với những học viên muốn phát triển kỹ năng nghe

这本教科书不仅能练习阅读，还能增强听力。	Giáo trình này không chỉ nâng cao năng lực đọc mà còn phát triển kỹ năng nghe.

1）听之前的准备	1) Chuẩn bị trước khi nghe
跟"为了提高阅读能力"相同。请看"阅读前的准备"（p. 9）。	Cũng giống như phần "Để có thể nâng cao kỹ năng đọc". Hãy xem phần "Chuẩn bị trước khi đọc" (p.9).

↓

2）听的时候	2) Khi nghe
不看教科书，听音声档（https://greatjapanese.jimdo.com/）[第1次]。	Hãy nghe mà không xem giáo trình, phần âm thanh ở website (https://greatjapanese.jimdo.com/) (lần 1).

↓

3）听完后	3) Sau khi nghe
做"内容質問"。然后边看教科书边听音声档，确认不懂的地方[第2次]。最后，不看教科书，从头到尾再听一遍[第3次]。	Sau khi nghe hãy làm thử phần「内容質問」. Tiếp theo hãy vừa xem giáo trình vừa nghe, kiểm tra những phần nào nghe chưa hiểu (lần 2). Sau đó, nghe lại một lần nữa từ đầu đến cuối (lần 3) mà không xem giáo trình.

◆ ディスカッショントピックや会話などの補助教材としての使い方：

　現在ご使用になっている教科書の内容をさらに深めるためや、ディスカッションの話題を提供する読み物として、本書をご使用になることもできます。本書は様々なジャンルと社会問題などを網羅しておりますので、ディスカッションの会話練習を通して、さらに深く日本理解及び異文化理解を促すことができます。

◆ 多読としての使い方：

　読解能力を高めるために、近年、多読の重要性が指摘されております。本書は内容が多岐に渡っていますので、学習者自身が興味のある読み物を探し、自主的に読み進めるという多読の教材としてもご使用いただけます。多読の詳しい進め方につきましては、NPO多言語多読のウェブサイト（https://tadoku.org/)等をご参照下さい。

◆ 聴解としての使い方：

　本書は読解や会話の練習だけではなく、聴解能力を伸ばすためにもご使用いただけます。精読や速読と同じように、細かい内容まで理解したり、必要な情報を聞き取ったりといった練習が可能です。詳しい使い方については「聞く力を伸ばしたい人へ」(p. 14)をご参照下さい。

1 新しい時代の女性

ジャンル	経営
難しさ	★

広岡浅子　実業家（1849年〜1919年）

キーワード ➡ 女性の仕事と教育／女性の活躍／男尊女卑

1　　江戸、明治、大正時代の日本は、男尊女卑の考え方が強く、女性は男性と同じような仕事がめったにできませんでした。江戸時代に生まれた広岡浅子は、小さいころから茶道や生け花より勉強や読書に興味がありましたが、両親に女の子には勉強や読書は必要ないと言われ、させてもらえなかったそうです。こ
5　のように育てられた広岡ですが、時代が明治になると、夫の会社（店）の経営に参加したり、女性のために大学を作ったりしました。では、広岡はどのように男性が中心の社会で活躍するようになったのでしょうか。

　　広岡は京都の商人の家に生まれ、2歳の時には結婚する人が決まっていました。そして、実際に17歳の時にその大阪の商人と結婚しました。結婚したの
10　は江戸時代も終わりのころでした。そのころ、江戸幕府とそれに反対する人達の戦いが様々なところで起こり、多くの店が焼けて、困っていたことから、たとえ大きい店でも安心しているわけにはいかないと広岡は実感しました。そして、もし何かがあった時、夫の店を守るためには、自分も勉強しておくことが必要だと感じ、そこで、子供の時にするなと言われていた勉強を始めました。夜、
15　家族が寝た後、自分の寝る時間を削って勉強したそうです。

　　そして、20歳の時に時代が江戸から明治に変わりました。政治や経済に大きい変化があり、会社の経営が難しくなってきました。夫とともに会社の経営の仕事をしていた広岡は、そんな時でも諦めたり、考え込んだりするのではなく、自分がなんとかしなければいけないと考え、すぐに行動したそうです。そ
20　して、経営をただ手伝うというより、積極的に経営に参加し、たくさんの経営者や政治家とも関係を作り、どんどん会社を大きくしていったそうです。

　　広岡は自身が思うように勉強できなかった経験から、ずっと女性の教育が必要だと感じていました。ある時、成瀬仁蔵という人の本『女子教育』を読み、

広岡浅子 1

これこそが自分のしたかったことだと感動したそうです。そして、それまでに
25　仕事で知り合った経営者や政治家と相談をしたり、必要なお金を集めたりして、成瀬が現在の日本女子大学を作るのを助けました。さらに、広岡は大学を作るためにお金を出すだけではなく、毎年夏、自分の別荘に女性を集めて勉強会を開くほど、女性の教育に熱心でした。その勉強会からは、日本の政治、教育、文学などで活躍する女性が出ていきました。このように広岡は、自分が社会に
30　出た経験をもとに、より多くの女性も社会で活躍できるように貢献しました。

活躍：active performance　　男尊女卑：male chauvinism; sexism　　江戸：*Edo* Period (1603-1868)
明治：*Meiji* Period (1868-1912)　大正時代：*Taisho* Period (1912-1926)　江戸幕府：*Tokugawa* Shogunate
成瀬仁蔵：educator　　女子教育："On Women's Education" (Name of book)

読む前に 1　単語の練習　次の a〜f を（　）の中に入れて、文を完成しましょう。

a. 参加する　b. 起こる　c. 守る　d. 諦める　e. 行動する　f. 感動する

1) 田中さんは約束を（　　）人なので、遅刻しないと思います。
2) この映画はすばらしい映画なので、みんな（　　）だろう。
3) この会議にはたくさんの国の人が（　　）ことになっている。
4) 自分のことしか考えない人が社長になったら、問題が（　　）と思う。
5) 子供のころ、母から失敗しないように考えてから（　　）ように言われた。
6) 新しい車がほしいが、お金がないので、今は買うのを（　　）しかない。

読む前に 2

1) この20年の間に、どんなものが大きく変化したと思いますか（例：インターネットの技術、SNSなど）。それは、次の20年の間にどう変化すると思いますか。
2) 女性にとって、なりやすい職業、なりにくい職業はありますか。それはどうしてだと思いますか。

内容質問 1 正しければ○を違っていれば×をしましょう。

1）（　）　日本には男尊女卑の考えが強い時代があった。
2）（　）　広岡は結婚するまで勉強することができなかった。
3）（　）　広岡は会社の経営だけを手伝った。
4）（　）　広岡は自分で女性のための大学を作った。
5）（　）　広岡の勉強会に参加した女性が活躍した。

内容質問 2 次の質問に答えましょう。

1）どうして広岡は子供の時、勉強させてもらえませんでしたか。
　　a.　家で仕事を手伝っていたから。
　　b.　茶道や生け花が好きだったから。
　　c.　必要ないと思われたから。
　　d.　両親の会社がお金に困っていたから。

2）「それに反対する」（10行目）の「それ」は何を指して（to refer）いますか。
　　a.　男尊女卑
　　b.　商人の結婚
　　c.　江戸幕府
　　d.　女性の教育

3）「広岡」（18行目）を修飾して（to modify）いるところは、どこから始まりますか。
　　a.　「夫とともに〜」から
　　b.　「会社の〜」から
　　c.　「経営の〜」から
　　d.　「仕事を〜」から

4）「自分のしたかったこと」(24行目)は、どんなことだと思いますか。
   a. 女性も男性と同じように仕事をすること
   b. 女性も男性と同じように経営者や政治家になること
   c. 女性も男性と同じようにお金持ちになること
   d. 女性も男性と同じように教育を受けること

考えをまとめよう

1） あなたの国では昔から女性は男性と同じ教育を受けることができましたか、できませんでしたか。それはどうしてですか。
2） 男尊女卑のような考え方は、なかなか変えることが難しいと言われています。この他に、どのような考え方は変えるのが難しいと思いますか。では、そのような考え方を変えるためには、どのようなことが必要だと思いますか。

話す前に、あなたの意見や考えをメモしよう。
-
-
-
-

文法・表現リスト

□ 考え方が強く／必要ないと言われ	→ 148	□ 子供の時にするなと言われていた	→ 83
□ 男性と同じような仕事／このように育てられた	→ 131	□ 会社の経営が難しくなってきました	→ 57
□ 仕事がめったにできませんでした	→ 123	□ 夫とともに会社の経営の仕事を	→ 81
□ 勉強や読書は必要ないと言われ／このように育てられた	→ 136	□ 経営をただ手伝うというより	→ 44
□ させてもらえなかったそうです	→ 37	□ 積極的に経営に参加し	→ 56
□ させてもらえなかったそうです	→ 61	□ どんどん会社を大きくしていった	→ 54
□ させてもらえなかったそうです／勉強したそうです	→ 38	□ 思うように勉強できなかった経験から	→ 9
□ 女性のために大学を作ったり／店を守るためには	→ 49	□ これこそが自分のしたかったことだ	→ 17
□ 活躍するようになったのでしょうか	→ 133	□ さらに、広岡は大学を作るために	→ 28
□ 困っていたことから	→ 20	□ お金を出すだけではなく	→ 42
□ たとえ大きい店でも	→ 46	□ 女性を集めて勉強会を開くほど	→ 118
□ 安心しているわけにはいかない	→ 140	□ 自分が社会に出た経験をもとに	→ 145
		□ 活躍できるように貢献しました	→ 134

2 理想の経営者

ジャンル	経営
難しさ	★

松下幸之助　実業家（1894年〜1989年）

キーワード → 経営者／社員／コミュニケーション／叱る

1　日本では、理想の上司や経営者についての調査が行われることがあります。答えるのは日本の会社員と経営者で、ソニー生命保険株式会社が2016年に行った調査では以下のような結果だったそうです。

　　　第一位　松下幸之助（パナソニック）
5　　　第二位　本田宗一郎（ホンダ）
　　　第三位　孫正義（ソフトバンクグループ）

　第一位の松下幸之助は世界的にも有名な企業のパナソニックを一代で作りました。1973年に会社の経営を若い人に譲り、1989年に亡くなっています。有名な企業ですから、松下の名前を聞いたことがある人も多いと思います。けれ
10 ど、松下は30年以上も前に亡くなっていますから、2016年に答えた人の多くは、松下が社長だった時のことをあまり知らないのではないでしょうか。では、松下はどのような経営者だったのでしょうか。

　松下には多くのエピソードがありますが、その中でも特徴的なのは、経営の方法だけではなく、社員など人に対する考え方についてのエピソードが多いこ
15 とです。例えば、松下は自分の会社の社員を家族だと考えていたそうです。これは、松下が最初の会社を妻と妻の弟、そして友人と始め、自分の家で製品を作って売っていたという経験があったからだと言われています。そのため、会社が大きくなってからも、たとえ経営が大変な時でも、誰も辞めさせようとしなかったそうです。

20 　また、松下は叱り方にも特徴があったと言われています。松下に叱られたことがある人によると、松下は叱る時、本当に厳しく叱り、そのせいで気を失った人もいるそうです。しかし、叱られても、誰も松下のことが嫌いにはならなかったと言います。松下は、人を叱ることについて、本当にその人のことや会

社のことを考えて叱っていると話しています。そして、叱られた人は、相手や
25　仕事に対する松下の真剣な気持ちが伝わったと言っています。
　　　このエピソードから分かるのは、相手を叱る時でも、松下はきちんと相手とコミュニケーションが取れていたということです。つまり、叱られている人は松下が叱っている理由や松下が言いたいことなどが分かったため、松下のことが嫌いにならなかったのではないでしょうか。叱ることで自分の言いたいこと
30　を伝えるという方法は、とても日本的なやり方で、皆さんの国や文化とは違うものもあるでしょう。しかし、今でも松下が多くの日本人に尊敬されているのは、社員に対する松下の考え方に時代とは関係がない大切なものがあるからかもしれません。

上司：boss　　ソニー生命保険株式会社：Sony Life Insurance (company)
パナソニック：Panasonic (company)　　本田宗一郎：engineer/businessperson　　ホンダ：Honda (company)
孫正義：businessperson　　ソフトバンクグループ：SoftBank Group (company)

読む前に 1　単語の練習　次のa～fを（　）の中に入れて、文を完成しましょう。

| a. 調査 | b. 特徴 | c. 製品 | d. 相手 | e. 譲った | f. 叱られた |

1) 子供の時、宿題をしないで、よく母に（　　　）。
2) 誰かと話している時には、（　　　）の目を見て話したほうがいい。
3) いなくなった犬を探すために、犬の（　　　）を友達に教えた。
4) 私の大学は今度、留学生の生活についての（　　　）をするそうだ。
5) バスにお年寄りが乗ってきたので、席を（　　　）。
6) この会社の（　　　）はデザインがいいので、若い人にとても人気がある。

読む前に 2

1) あなたの国の先生や両親は、よく叱りますか。どんなことで叱られましたか。
2) 叱られた時、あなたはどんな気持ちになりましたか。どうしてその人は、あなたを叱ったと思いますか。

内容質問 1 正しければ○を違っていれば×をしましょう。

1) (　　) 多くの人が今も松下がいい経営者だと思っている。
2) (　　) 松下は死ぬ前はあまり知られていなかった。
3) (　　) 松下は自分で会社を始めた。
4) (　　) 松下が叱る時は本当に怖かったそうだ。
5) (　　) 筆者(この文章を書いた人)は松下の叱り方はとても日本的だと思っている。

内容質問 2 次の質問に答えましょう。

1) 2016年の調査に答えた人は、どうして松下を「あまり知らない」(11行目)のですか。
 a. 松下の親がパナソニックという会社を作ったから。
 b. 会社は有名だが、経営者の松下は有名じゃないから。
 c. 今はソフトバンクやホンダなど有名な会社がたくさんあるから。
 d. 松下は今から30年以上前に亡くなっているから。

2) 松下のエピソードで特徴的なのはどんなことですか。
 a. 多くの人から尊敬されていたエピソードが多いこと
 b. 人に対する考え方についてのエピソードが多いこと
 c. 経営の方法についてのエピソードが多いこと
 d. 自分の家で製品を作って売っていたというエピソードがあること

3) 松下が「誰も辞めさせようとしなかった」(18行目)理由は何ですか。
 a. とても有名な経営者だったから。
 b. 社員を家族だと考えていたから。
 c. 小さい会社だったから。
 d. 松下が社員を尊敬していたから。

4) どうして松下に叱られても、「誰も松下のことが嫌いにはならなかった」(22行目)のですか。

　　a.　松下はどんな人でもとても厳しく叱ったから。
　　b.　松下はその人や会社のことを考えて叱ったから。
　　c.　松下は叱った後、とても優しかったから。
　　d.　松下の叱り方は時代に合っていたから。

考えをまとめよう

1) あなたの国では、どのような人がいい経営者だと考えられていますか。それはどうしてですか。
2) あなたの国で、初めて会う人とコミュニケーションする時、どんなことに気をつけたほうがいいですか。それはどうしてですか。また、日本人と話した時、コミュニケーションの方法で驚いたり、気づいたりしたことがありますか。

話す前に、あなたの意見や考えをメモしよう。
　・
　・
　・
　・

文法・表現リスト

□ 経営者についての調査	→ 98	□ そのため、会社が大きくなってからも	→ 48
□ 調査が行われる／松下に叱られた	→ 136	□ たとえ経営が大変な時でも	→ 46
□ 行われることがあります	→ 18	□ 誰も辞めさせようとしなかった	→ 37
□ 以下のような結果	→ 131	□ 誰も辞めさせようとしなかった	→ 130
□ 結果だったそうです	→ 38	□ 特徴があったと言われています	→ 67
□ 世界的にも有名な企業	→ 56	□ 松下に叱られたことがある人によると	→ 103
□ 経営を若い人に譲り／経営の方法だけではなく	→ 148	□ そのせいで気を失った人もいる	→ 34
□ 名前を聞いたことがある／叱られたことがある	→ 19	□ コミュニケーションが取れていたということです	→ 64
□ 経営の方法だけではなく	→ 42	□ 叱ることで自分の言いたいことを伝える	→ 21
□ 人に対する考え方／社員に対する松下の考え方	→ 96		

3 好きなことを仕事に

ジャンル：芸術
難しさ：★★

伊藤若冲　画家（1716年～1800年）

キーワード → 趣味と仕事／日本画／働く目的

1　　よく好きなことを仕事にするといいという意見がある。楽しんで仕事ができるし、長く続けることができるかもしれないからだ。その一方で、好きなことが仕事になったら、楽しくなくなるという意見もある。仕事だからお金を稼がなければならないし、本当に好きなことばかりはできなくなるかもしれないか
5　らだ。どちらの意見も間違いとは言えないと思うが、ここでは、現在、日本でも海外でも強い人気がある江戸時代の画家、伊藤若冲の人生を見ながら、好きなことを仕事にして生活していくことについて考えたい。

　　若冲は今から300年ほど前に京都の商人の家に長男として生まれた。23歳の時父親が亡くなったため、家の商売をすることになったが、この商売にはあ
10　まり興味がなかったようだ。いつから絵が趣味になったか詳しくは分かっていないが、商売をしながら、30歳ぐらいから絵を学び始めたようだ。絵を描くために、家から逃げ出し、2年間山奥に住んでいたこともあったそうだ。どんどん絵を描くことが好きになった若冲は、40歳で家の商売を全て弟に任せ、弟からお金をもらったり、絵を描いてお金を稼いだりし、生活していたようだ。
15　　家の商売を任せた後も、ときどき仕事を手伝っていたようだが、ほとんどの時間は絵を描くことに使ったそうだ。満足できる絵を描くために、絵のモデルとなる鶏を庭に何十羽も飼い、絵を描かずに1年間ずっと鶏を観察したりしていたと言われている。そのため、若冲の絵は非常に細かいスケッチや独特の色がいいと高く評価されている。また、昔の日本画にはなかったモザイク画の
20　ような全く新しい絵を描いた。

　　若冲が70歳のころには、京都で大きい火事があり、家が焼けてしまったり、ずっと生活を助けてくれていた弟が亡くなってしまったり、経済的に苦しくなってしまったそうだ。描いた絵とお米を交換してもらって生活していたとい

う話もあるが、そんな生活も若冲は大変なことだと思わず、むしろ楽しんでいたようだ。

　このように、絵を描くことが本当に好きだった若冲は、いくら貧しくても、絵を描くことさえできれば幸せだったらしい。しかし、これは若冲がお金にあまり興味がなく、貧乏でも気にしない性格だったからできたのかもしれない。たとえ好きなことが仕事にできても、貧乏な生活はしたくないと考える人もいるだろう。皆さんは、好きなことを仕事にすることについて、どのように考えるだろうか。

日本画：Japanese-style painting　　江戸時代：*Edo* Period (1603-1868)　　鶏：chicken; hen; rooster
スケッチ：sketch　　モザイク画：mosaic　　貧乏な：poor

読む前に 1　単語の練習　次のa〜fを（　）の中に入れて、文を完成しましょう。

a. 稼ぐ　b. 詳しい　c. 任された　d. 満足させる　e. 観察して　f. 評価されて

1) このレストランは多くの人に高く（　　　）いる。
2) まだ仕事を始めたばかりだが、大きい仕事を（　　　）。
3) 働き始めて、自分でお金を（　　　）のが大変だと分かった。
4) 全てのお客様を（　　　）のは難しい。
5) 昨日の地震の（　　　）情報を朝のニュースで知った。
6) 子供が毎日、花を（　　　）、記録を書いています。

読む前に 2

1) 日本で子供に人気がある仕事は何だと思いますか。あなたの国ではどんな仕事が人気がありますか。どうしてだと思いますか。
2) 仕事、家族、お金、恋人など、あなたにとって生活で大切だと思うことは何ですか。それはどうしてですか。

内容質問 1 正しければ○を違っていれば×をしましょう。

1) (　　) 好きなことが仕事になるのはいいとみんな考えている。
2) (　　) 今、若冲の絵は日本より海外のほうが人気が高い。
3) (　　) 若冲は仕事がおもしろいと思わなかったから、絵を描こうと思った。
4) (　　) 若冲の絵が人気なのは、新しい方法を使って描いたからだ。
5) (　　) 若冲は貧しくても、絵が描ける生活を楽しんでいた。

内容質問 2 次の質問に答えましょう。

1) 筆者（この文章を書いた人）は、好きなことが仕事になると楽しくなくなる理由を何だと言っていますか。

    a. 好きなことが上手じゃないとお金をたくさん稼ぐのは難しいから。

    b. お金を稼ぐために、好きなことばかりできないから。

    c. お金がたくさん稼げないため、2つ仕事をしなければならないから。

    d. 仕事にあまり興味がないが、一生懸命働かなければならないから。

2) 「思う」(5行目) は、誰が思いますか。

    a. 若冲

    b. みんな

    c. 読んでいる人

    d. 筆者（この文章を書いた人）

3) 「そのため」(18行目) の「その」は何を指して (to refer) いますか。

    a. 家から逃げ出して、絵だけ描いていた。

    b. 家の商売をあまり手伝っていなかった。

    c. 絵を描く前に、長い時間観察していた。

    d. 昔の日本画にはなかった方法を使っていた。

4) どうして若冲は画家の仕事を続けることができましたか。その理由として正しくないものを選びなさい。

a. 絵を描くことが本当に好きだったから。
b. 火事で家が焼けて、家の商売ができなくなったから。
c. お金がなくても気にしない性格だったから。
d. 家族や周りの人が助けてくれたから。

考えをまとめよう

1) あなたは自分が好きなことを仕事にできると思いますか。どうしてそう思いますか。
2) 若冲は絵を描ければ幸せだと考えていたようですが、あなたは、どのような生活ができれば幸せだと思いますか。

話す前に、あなたの意見や考えをメモしよう。
-
-
-
-

文法・表現リスト

☐ 仕事にするといいという意見がある → 62	☐ 山奥に住んでいたこともあった → 19
☐ その一方で、好きなことが仕事になったら → 3	☐ 住んでいたこともあったそうだ → 38
☐ 本当に好きなことばかりはできなくなる → 108	☐ 全て弟に任せ／お金を稼いだりしている → 148
☐ 人生を見ながら／商売をしながら → 85	☐ 鶏を庭に何十羽も飼い → 88
☐ 好きなことを仕事にして生活していく → 54	☐ 絵を描かずに／大変なことだと思わず → 31
☐ 生活していくことについて考えたい → 98	☐ 観察したりしていたと言われている → 67
☐ 京都の商人の家に長男として生まれた → 76	☐ 高く評価されている → 136
☐ 23歳の時父親が亡くなったため／そのため、若冲の絵は → 48	☐ モザイク画のような全く新しい絵 → 131
	☐ ずっと生活を助けてくれていた弟 → 58
☐ 家の商売をすることになったが → 24	☐ 経済的に苦しくなって → 56
☐ あまり興味がなかったようだ → 129	☐ 絵とお米を交換してもらって → 61
☐ いつから絵が趣味になったか詳しくは分かっていない → 146	☐ むしろ楽しんでいたようだ → 122
☐ 絵を学び始めたようだ → 111	☐ 絵を描くことさえできれば → 27
☐ 絵を描くために、家から逃げ出し → 49	☐ たとえ好きなことが仕事にできても → 46

4 フランス人になった日本人

ジャンル	芸術
難しさ	★★★

藤田嗣治　画家（1886年〜1968年）

キーワード → 戦争画／アイデンティティ／国籍

1　　日本ではそれほど有名ではないけれど、外国で有名な日本人が結構いる。画家の藤田嗣治もそのような有名人の一人で、藤田は特にフランスにおいて有名な日本人だ。

　　藤田は1886年に医者の子供として生まれた。子供の時から絵が大好きで、
5　19歳の時に東京の美術学校に入学する。しかし、藤田はその美術学校の教師の考え方が好きになれなかったことから、学校ではあまり一生懸命絵の勉強をしなかったようだ。

　　1913年に藤田はパリに移り、画家のモディリアーニやピカソと知り合い、友達になる。そのころのパリでは、キュビスムやシュルレアリスムなど新しい
10　絵のスタイルが生まれており、藤田もその影響を受け、エコール・ド・パリの画家の一人になった。藤田は日本画のテクニックを油絵に取り入れ、猫と女性をテーマにした絵をよく描いた。藤田が描いた女性の肌の色は、他の画家には出せない独特なアイボリーのような美しい色で、藤田はこの色を出す方法を亡くなるまで決して誰にも話さなかった。藤田の絵はフランスで人気を集め、高
15　い値段で売られるようになった。

　　1937年に日本と中国が戦争を始めると、父親が日本軍の医者をしていた関係で、日本のために戦争を記録する絵（戦争画）を描くようになり、戦争が終わるまでに、たくさんの戦争画を描いた。戦争画を描いた画家は藤田ばかりでなく他にもいたのに、戦争が終わると、ある新聞は特に藤田を戦争に協力した
20　人物として厳しく批判し、日本美術会も戦争責任がある人物として藤田をGHQに報告しようとしたらしい。藤田はそのような批判に我慢できず、1949年にニューヨークに夫人と一緒に引っ越したが、1950年にはなつかしいパリに戻った。藤田が戦争画を描いた本当のわけはよく分かっていないが、戦争画

を描くことで、日本人に自分の日本人としてのアイデンティティを認めてもらいたいという気持ちがあったからではないかという意見もある。

　パリに戻った藤田は、1955年、69歳の時にフランス国籍を取り、フランス人になった。73歳の時にはキリスト教の信者になり、名前もレオナール・フジタに変えた。40代の時に藤田は「私は世界に日本人として生きたい」と話していたが、その藤田がフランス人になるというのは、いったいどんな気持ちだったのだろうか。

アイデンティティ：identity　　国籍：nationality　　パリ：Paris
モディリアーニ：(Amedeo Clemente) Modigliani (painter)　　ピカソ：(Pablo) Picasso (artist)
キュビスム：Cubism　　シュルレアリスム：Surrealism
エコール・ド・パリ：École de Paris (School of Paris) Community of artists in Paris in the early decades of the 20th century
日本美術会：Japan Art Association
GHQ：General Headquarters (of the Supreme Commander for the Allied Powers after WWII)

読む前に 1　単語の練習　次のa〜fを（　）の中に入れて、文を完成しましょう。

| a. 教師 | b. 影響 | c. 責任 | d. 批判 | e. 肌 | f. 報告 |

1）東京の電車は台風の（　　）で動いていないらしい。
2）昔の日本では（　　）が白いほうがいいと言われていました。
3）兄は大学で文学を勉強して、高校の（　　）になった。
4）親は子供を育てる（　　）があります。
5）お世話になった先生に結婚の（　　）をしに行くつもりだ。
6）政府が作ろうとしている新しい法律について、色々な（　　）がある。

読む前に 2

1）あなたの国に世界的に有名な画家がいますか。その画家は、どんな絵を描きましたか。
2）あなたは、自分を何人（例：アメリカ人、日本人）だと思いますか。それはどうしてですか。

内容質問 1 正しければ○を違っていれば×をしましょう。

1)（　）　日本人はみんな藤田のことを知っている。
2)（　）　藤田はキュビスムやシュルレアリスムの影響を受けた。
3)（　）　藤田が描いた女性の肌の色は特別で、誰も同じ色を作ることができなかった。
4)（　）　戦争画を描いたのは、藤田の他には誰もいなかった。
5)（　）　藤田は亡くなってから、レオナール・フジタという名前をもらった。

内容質問 2 次の質問に答えましょう。

1) 藤田はどうして美術学校であまり勉強しませんでしたか。
　　a.　藤田は美術学校の授業があまりおもしろくないと思ったから。
　　b.　藤田は美術学校の先生の考え方と違う考え方を持っていたから。
　　c.　美術学校の先生は、藤田より絵が下手だったから。
　　d.　藤田は美術より医者の勉強をしたいと思っていたから。

2)「絵」（17行目）を修飾して (to modify) いるところは、どこから始まりますか。
　　a.　「日本と中国が〜」から
　　b.　「父親が日本軍の〜」から
　　c.　「日本のために〜」から
　　d.　「戦争を記録〜」から

3) 藤田が外国に引っ越した理由は何ですか。
　　a.　新聞や日本美術会が藤田に戦争責任があると批判したから。
　　b.　新聞が藤田の戦争責任についての記事をたくさん書いたから。
　　c.　戦争が終わって、戦争画を描く必要がなくなってしまったから。
　　d.　GHQが藤田に戦争責任があると報告したから。

4）「いったいどんな気持ちだったのだろうか」(29行目) と考えている人は、誰ですか。
   a. 藤田
   b. 日本人
   c. フランス人
   d. 筆者（この文章を書いた人）

考えを まとめよう

1) あなたは、正しいことをしたと思っているのに他の人から批判されたら、どんな気持ちになりますか。また、その時どんなことをすると思いますか。
2) あなたは自分の国籍を変えたいと思ったことがありますか、ありませんか。どんな人が国籍を変えたいと思うでしょうか。

```
話す前に、あなたの意見や考えをメモしよう。
  ・
  ・
  ・
  ・
```

文法・表現リスト

□ それほど有名ではない → 118	□ 日本のために戦争を記録する → 49
□ そのような有名人／アイボリーのような美しい色 → 131	□ 藤田ばかりでなく他にもいた → 110
□ 特にフランスにおいて → 90	□ 報告しようとした → 130
□ 医者の子供として／協力した人物として → 76	□ 報告しようとしたらしい → 135
□ 好きになれなかったことから → 20	□ 我慢できず → 31
□ 勉強をしなかったようだ → 129	□ 戦争画を描くことで → 21
□ パリに移り／スタイルが生まれており → 148	□ 認めてもらいたい → 61
□ 亡くなるまで → 119	□ いったいどんな気持ちだったのだろうか → 2
□ 決して誰にも話さなかった → 16	□ どんな気持ちだったのだろうか → 147
□ 高い値段で売られる → 136	
□ 売られるようになった／絵（戦争画）を描くようになり → 133	

5 伝統的な楽器・新しい音楽

ジャンル	芸術
難しさ	★★★

武満徹　作曲家（1930年〜1996年）

キーワード → 現代音楽／クラシックと和楽器／独学

　皆さんは、Jポップや日本のロックを聞きますか。では、日本の伝統的な音楽はどうでしょうか。日本の伝統的な音楽は西洋音楽と違うところがいくつかあります。大きい違いは、日本の伝統的な音楽にはリズムがあまりないことやハーモニーがないことなどです。最近は、日本の学校教育では西洋音楽が中心で、日本人でも日本の伝統的な音楽より西洋音楽を身近に感じるようになりました。

　現代音楽は伝統的なクラシック音楽を発展させ、作られました。その現代音楽の作曲家として世界的に有名な日本人に武満徹がいます。武満は子供の時から家族が演奏する尺八や箏を聞いて育ちました。そのため、武満が作った曲は現代音楽ですが、日本の伝統的な音楽の影響も受けています。しかし、武満が一番感動した音楽は、中学生の時に聞いたシャンソンで、その他にも、ドビュッシーなど近代の西洋音楽やジャズにも影響を受けたと言っています。また、音楽の学校に行ったり、ヨーロッパに留学したりせず、ほぼ独学で作曲について勉強したというのが、他の作曲家とは大きく違います。

　武満はクラシックの作曲家としてデビューしましたが、映画やテレビの音楽も作っていました。その中で、武満は、クラシックでは使われない楽器を使うなど、実験を繰り返し、やがて、クラシックでも和楽器を使うようになりました。その音楽を聞いた世界的指揮者のバーンスタインが武満に作曲を依頼しました。そして、1967年にニューヨークで初めて演奏された『ノヴェンバー・ステップス』は、聞いている人達から高い評価を受け、これをきっかけにして、武満は世界的に活躍するようになりました。

　この曲の特徴は、琵琶と尺八という和楽器とオーケストラを合わせたことです。武満の他にも和楽器を使って西洋音楽を作った作曲家はいましたが、その作曲家たちは和楽器を使い、西洋音楽のリズムやハーモニーに合わせて演奏さ

せただけでした。しかし、武満は和楽器の伝統的な演奏方法は変えないで、西
洋音楽と合わせ、新しい音楽を作りました。

　　現代音楽は西洋が中心で、世界的に有名な日本人の作曲家はあまりいませんでした。武満はクラシックではなく、シャンソンなどの新しい西洋音楽から大きい影響を受け、さらに、日本の伝統的な楽器を使って新しい現代音楽を作曲しました。このような曲ができたのは、日本の伝統的な音楽を含む様々な音楽に触れた経験があったからではないでしょうか。そして、独学で勉強して、自由な考え方ができたからこそ、武満はこれまでにない音楽を作ることができたのかもしれません。

和楽器：Japanese musical instruments　　独学：study alone　　リズム：rhythm
ハーモニー：harmony　　尺八：Shakuhachi; Japanese bamboo clarinet
箏：Koto; stringed instrument; Japanese zither　　ドビュッシー：(Claude) Debussy (composer)
指揮者：conductor　　バーンスタイン：(Leonard) Bernstein (conductor/composer)
ノヴェンバー・ステップス：November Steps (Name of composition)　　琵琶：Biwa; Japanese lute

---

読む前に 1　単語の練習　次のa〜fを（　　）の中に入れて、文を完成しましょう。

| a. 中心 | b. 発展して | c. 感動して | d. 実験 | e. 合わせて | f. 触れて |

1) 靴の色とカバンの色を（　　）、出かけます。
2) この町は大きな工場ができてから、どんどん（　　）きました。
3) この町の（　　）には大きい教会があります。
4) 田中さんはこの映画で（　　）、泣いてしまったそうです。
5) 違う文化に（　　）みたいと思って、1年間留学することにしました。
6) この薬は何度も（　　）をして作られました。

読む前に 2

1) あなたの国に伝統的な音楽がありますか。その伝統的な音楽では、どんな楽器を使い、どんな特徴がありますか（例：リズムがとても速い、とても高い声で歌う）。
2) あなたは、西洋のクラシック音楽と現代音楽（ジャズ、ポップス、ラップなど）とどちらのほうが好きですか。その理由は何ですか。

内容質問 1 正しければ○を違っていれば×をしましょう。

1）（　　）　日本の伝統的な音楽と西洋音楽は違うところが2つある。
2）（　　）　クラシック音楽から発展して、現代音楽が作られた。
3）（　　）　武満の音楽は西洋音楽に影響を受けている。
4）（　　）　武満はそれまでになかった方法で西洋音楽と和楽器を合わせた。
5）（　　）　武満は子供の時、主に西洋音楽を聞いて育った。

内容質問 2 次の質問に答えましょう。

1）　最近、日本の学校の音楽の授業では、どんな音楽をよく聞きますか。
　　a.　Jポップやロック
　　b.　日本の伝統的な音楽
　　c.　尺八や箏
　　d.　西洋音楽

2）　どうして武満の音楽は「日本の伝統的な音楽の影響も受けて」（9行目）いますか。
　　a.　昔は学校の音楽の授業は日本の伝統的な音楽が中心だったから。
　　b.　武満はリズムやハーモニーがない音楽が好きだったから。
　　c.　家族が和楽器を演奏していたから。
　　d.　近代の西洋音楽では和楽器を使うことが多いから。

3）　「その中で」（15行目）の「その」は何を指して (to refer) いますか。
　　a.　クラシックの音楽を作っている時
　　b.　クラシックではない音楽を作っている時
　　c.　家族と一緒に音楽を演奏している時
　　d.　実験を繰り返している時

4）『ノヴェンバー・ステップス』の特徴は何ですか。
- a. 和楽器と西洋の楽器を使って西洋音楽を演奏したこと
- b. 西洋の楽器を使わないで、琵琶や尺八などの和楽器を使ったこと
- c. 和楽器だけを使って、西洋音楽の演奏方法で演奏したこと
- d. 和楽器と西洋音楽を合わせたが、和楽器の伝統的な演奏方法を変えなかったこと

考えをまとめよう

1） あなたは生活の中で何か伝統的な物を使ったり、伝統的なことをしていますか。それはどんな物やことですか。その伝統は昔から変わっていませんか。

2） 武満は日本と西洋の音楽の影響を受けていました。では、あなたの生活や習慣、考え方は、外国の文化から影響を受けていると思いますか。どんな影響を受けていますか。それはどうしてですか。

話す前に、あなたの意見や考えをメモしよう。
- ・
- ・
- ・
- ・

文法・表現リスト

□ 日本の伝統的な音楽／世界的指揮者 → 56	□ その他にも／武満の他にも → 117
□ 身近に感じるようになりました／和楽器を使うようになりました → 133	□ 留学したりせず → 31
□ クラシック音楽を発展させ → 37	□ 作曲について勉強した → 98
□ クラシック音楽を発展させ／実験を繰り返し → 148	□ これをきっかけにして → 142
□ 作られました／クラシックでは使われない → 136	□ 合わせて演奏させただけでした → 42
□ 作曲家として世界的に有名な／クラシックの作曲家としてデビュー → 76	□ さらに、日本の伝統的な楽器を使って → 28
□ そのため、武満が作った曲は → 48	□ このような曲ができた → 131
	□ 自由な考え方ができたからこそ → 17

6 独学の建築家

ジャンル	芸術
難しさ	★★

安藤忠雄　建築家（1941年〜　）

キーワード ➡ 独学／建築家／目標／強い思い

1　　安藤忠雄は世界的に有名な建築家であるが、実は建築については独学で勉強したそうである。独学は自分のペースで、勉強したいことが勉強できるので、簡単に始められるが、独学で成功するのはなかなか難しいものだ。安藤も一緒に勉強する人がいなかったり、勉強の方法や答えを教えてくれる人がいなかっ
5　たりしたのが辛かったそうだ。そして、一人で様々な方法を試し、失敗したりしながら勉強しなくてはいけなかったと言っている。

　　安藤は中学2年生の時から建築家になりたいと考えていたそうである。建築家になるには高校卒業後、大学に行き建築の勉強をするのが一般的である。だが、安藤は経済的な理由から大学には行くことができなかったため、独学で建
10　築家を目指すことにしたそうである。まず、安藤がしたことは目標を立てることであった。建築家になるためには多くの本を読まなければいけない。安藤は大学に行って勉強する代わりに、大学4年間で読まなければいけない本を1年間で全て読むと決め、本当に全部の本を読んでしまったそうである。この目標も他の人からアドバイスをもらわず、決めたと言う。このように、安藤は自分
15　で考え、失敗したりしながら、自分に合う一番いい勉強方法を見つけていった。安藤はその経験について「体で覚えた」と表現している。

　　しかし、安藤が本当に他の人と違うのはここからである。二級建築士の資格を取るには、大学を卒業していない場合は、建築に関係する仕事を7年以上経験する必要がある。また、その上の一級建築士の資格を取るには、二級建築士
20　として3年以上働くことが条件になっている。建築以外にも数学や物理についても勉強する必要があり、働きながら資格試験の勉強をするのは簡単なことではなかった。仕事が終わった後だと疲れて勉強ができないと考えた安藤は、昼休みや週末も休まず勉強を続け、2割から3割の人しか合格できないどちらの

建築士の試験にも1回で合格したそうである。

25　何かを勉強したい時、一番早い方法は、その分野についてよく知っている人、または経験したことがある人に習ったり、聞いたりすることであろう。例えば、日本語を勉強する時は、日本語が話せる人に教えてもらったり、学校で日本語の授業を受けたりするのがいいと考えるのが普通かもしれない。さらに、時間やお金さえあれば、もっと色々な方法が考えられる。しかし、安藤の経験は、
30　それだけが方法ではないことを教えてくれている。学校に行かずに、独学で建築家になることもできるのだ。それは簡単なことではないが、安藤は自分が立てた目標を達成するために「強い思い」を持つことが必要だと話している。

独学：study alone　　　思い：thought; belief　　　二級建築士：second-class registered architect
資格：qualification; license　　　一級建築士：first-class registered architect　　　達成する：to achieve

---

読む前に　1　単語の練習　次のa〜fを（　）の中に入れて、文を完成しましょう。

a. 方法　　b. 一般的に　　c. 目標　　d. 年間　　e. 表現する　　f. 合格する

1) 外国語で自分が言いたいことを（　　　）のは難しい。
2) （　　　）、この病気は50代の人に多いと言われています。
3) 人によって、いいと思う勉強の（　　　）が違う。
4) 1（　　　）に350万人がこの駅を使うそうです。
5) 弟は大学に（　　　）ために毎日夜遅くまで勉強している。
6) 山に登る時は、無理な（　　　）を立てないことが大切です。

読む前に　2

1) あなたは日本語を勉強する時、どのように勉強するのが好きですか（例：一人で／グループで、図書館で、本を読んで、何度も書いて）。それはどうしてですか。
2) あなたがやりたい仕事（または、やりたかった仕事）をするためには、何か条件がありますか。（例：先生になりたいので、大学で勉強して学校の先生の資格を取る。）

内容質問 1 正しければ○を違っていれば×をしましょう。

1) (　) 安藤は建築について、一人で勉強したそうだ。
2) (　) 安藤は家族があまりお金がなかったから、大学へ行けなかった。
3) (　) 安藤は勉強の目標も方法も自分で考えたと言っている。
4) (　) 大学を卒業した人は、二級建築士の資格を取るために、7年働かなくてもいい。
5) (　) 筆者（この文章を書いた人）によると、勉強する時一番いい方法は誰かに教えてもらうことだ。

内容質問 2 次の質問に答えましょう。

1) 独学について、本文の内容と同じものはどれですか。
   a. 筆者（この文章を書いた人）も安藤も独学は成功しにくいと言っている。
   b. 筆者は独学は成功しにくいと言っているが、安藤は成功しやすいと言っている。
   c. 筆者は独学は成功しやすいと言っているが、安藤は成功しにくいと言っている。
   d. 筆者も安藤も独学は成功しやすいと言っている。

2) 「この目標」(13行目)の「この」は何を指して (to refer) いますか。
   a. 独学で建築家を目指すこと
   b. 大学に行かないで勉強すること
   c. 本をたくさん読むこと
   d. 自分で決めること

3) 「体で覚えた」(16行目)は、どういう意味ですか。
   a. 失敗をしないように、自分で考えて、一番いい方法を見つけたという意味
   b. 他の人の失敗を見て、自分で考えて、一番いい方法を見つけたという意味
   c. 失敗をしながら、自分で考えて、一番いい方法を見つけたという意味
   d. 学校に行かないで、自分の目標のために、一番いい方法を見つけたという意味

4） 筆者（この文章を書いた人）は、日本語を勉強する時、どうして先生に教えてもらうのがいいと考えるのが普通かもしれないと言っていますか。

a. よく知っているし、経験もあるから。
b. 日本語の授業をしてくれるから。
c. お金を払って、教えてもらうから。
d. 独学は簡単な方法ではないから。

考えをまとめよう

1） あなたの国で大学に行かないで有名になった人を知っていますか。その人はどんな人で、何をしましたか。
2） 大学で勉強をすると、どんないいことがあると思いますか。また、どんな悪いことがあると思いますか。

話す前に、あなたの意見や考えをメモしよう。

・
・
・
・

文法・表現リスト

- □ 安藤忠雄は世界的に有名な／一般的である → 56
- □ 建築については独学で／安藤はその経験について → 98
- □ 独学で勉強したそうである → 38
- □ なかなか難しいものだ → 126
- □ 勉強の方法や答えを教えてくれる → 58
- □ 様々な方法を試し／読むと決め → 148
- □ 失敗したりしながら／働きながら → 85
- □ 安藤は経済的な理由から → 9
- □ 大学には行くことができなかったため → 48
- □ 独学で建築家を目指すことにした → 22
- □ 建築家になるためには → 49
- □ 安藤は大学に行って勉強する代わりに → 11
- □ 他の人からアドバイスをもらわず／週末も休まず勉強 → 31
- □ 決めたと言う → 63
- □ このように、安藤は → 131
- □ 一番いい勉強方法を見つけていった → 54
- □ 二級建築士として3年以上働く → 76
- □ 経験したことがある人 → 19
- □ 日本語が話せる人に教えてもらったり → 61
- □ さらに、時間やお金 → 28
- □ 時間やお金さえあれば → 27
- □ それだけが方法ではない → 42

7 女性の気持ちを歌う

ジャンル：文学
難しさ：★★★

与謝野晶子　歌人／作家（1878年〜1942年）

キーワード → 女性の自立／表現／信念／情熱／戦争

　「君死にたまふこと勿れ（弟よ、死なないで下さい）」という歌は、ロシアとの戦争に行った2歳下の弟を思い、1904年に女性歌人、与謝野晶子が歌った歌です。戦争に行って、国のために死ぬのがいいと考えられていた当時の日本で、弟が無事に帰ってくるように祈ったので、世間から強い非難を受けました。晶子はこれ以外にも、世間の注目を集めた歌人でした。

　晶子が生きた明治から昭和は、「男尊女卑」、つまり、女性より男性のほうが大事だという考え方が広くありました。また、女性はいい妻であり、かしこい母（良妻賢母）でなければならないと考えられていました。晶子も母親から化粧をしたり、派手な着物を着たりするなと言われて育てられました。しかし、大人になった晶子は、その時女性はするべきではないと言われていたことをたくさんしました。例えば、恋を直接的な言葉で表現した歌を多く発表したり、子供をおいて夫が留学しているヨーロッパに行ってしまったりしました。最初の歌集『みだれ髪』では情熱的な気持ちを直接的な言葉で表現したため、特に伝統的な詩人や歌人たちから非難されました。しかし、晶子は、本当の気持ちを歌わなければならないと信じ、自分の気持ちを直接的に表現した歌を作り続けました。

　そして、晶子は女性は自立し、一人の人間として生きることが必要だと考えるようになりました。1911年には、初めて女性だけで作られた雑誌のために「山の動く日来たる」で始まる歌を作りました。この歌の中で晶子は、女性を山に例えて、男性によって眠らされていた山は、今、動き出さなければならないと歌いました。つまり、女性は今こそ社会の中で自立しなければならないということです。ここで興味深いのは、晶子は、女性の権利のために国や男性に助けを求めてはいけないと考えていたことです。国や男性に助けを求めることは、

結局は女性だけでは何もできないということを認めることだからです。それで、
25　まず必要なことは、女性たちが自立することだと考えました。
　　　このように晶子は情熱と信念を持って、自分の気持ちを表現していました。けれども、興味深いことに、晶子は1942年に自分の子供が戦争に行く時には、戦争に賛成するような歌も作っています。かつて晶子は自分の弟には死なないでほしいと歌っていたことを考えると、少し不思議な感じがします。晶子はこ
30　の時、何を考え、戦争に賛成するような歌を書いたのでしょうか。

歌う：to compose　　歌人：*Tanka* poet　　自立：independence　　信念：faith; belief　　情熱：passion
君死にたまふこと勿れ："Brother, Do Not Give Your Life" (Name of poem)　　世間：public; society
非難：criticism　　明治：*Meiji* Period (1868-1912)　　昭和：*Showa* Period (1926-1989)
男尊女卑：male chauvinism; sexism　　良妻賢母：a good wife and wise mother　　直接的な：direct
歌集：a collection of short poem　　みだれ髪："Midaregami" (Name of book)　　詩人：poet
かつて：in the past

読む前に 1　単語の練習　　次のa～fを（　　）の中に入れて、文を完成しましょう。

| a. 発表する | b. 信じる | c. 権利 | d. 結局 | e. 賛成する | f. 不思議な |

1) 子供には教育を受ける（　　）がある。
2) この授業では学期の最後に調べたことを（　　）ことになっている。
3) インターネットのうわさを（　　）人は多い。
4) 映画に行くかどうか考えていたが、（　　）行かないことにしました。
5) 田中さんが、昨日（　　）夢を見たと言っていた。
6) 新しくビルを建てる計画に（　　）人はあまりいませんでした。

読む前に 2

1) あなたは自分の意見や気持ちを表現するのが得意ですか。どんな時、難しいと思いますか。
2) あなたの国では有名な女性の詩人がいますか。その人はどんな歌(詩)を歌っていますか。

内容質問 1 正しければ○を違っていれば×をしましょう。

1) (　) 「君死にたまふこと勿れ」は男尊女卑についての歌だ。
2) (　) 「良妻賢母」は男性と女性は違うという考え方だ。
3) (　) 晶子の両親は良妻賢母にならなくてもいいと言った。
4) (　) 晶子は歌の中で、直接的な言葉で自分の気持ちを表現した。
5) (　) 晶子が大切だと考えたのは、女性がまず自立することだ。

内容質問 2 次の質問に答えましょう。

1) どうして晶子は「強い非難を受けました」(4行目) か。
   a. 晶子の弟は戦争で死んで、帰ってこなかったから。
   b. 晶子の弟は戦争に行ったが、他の人より早く帰ってきたから。
   c. 晶子は戦争について、他の人と違う考え方をしていたから。
   d. 晶子はみんな国のために死んだほうがいいと考えていたから。

2) 晶子が若い時にしたほうがいいと考えられていたことは、どんなことですか。
   a. いい母親になること
   b. 化粧をすること
   c. 派手な着物を着ること
   d. 男性より女性を大切にすること

3) どうして晶子は「自分の気持ちを直接的に表現した歌を作り続けました」(15行目) か。
   a. 晶子は自分のことをかしこい母だと思っていたから。
   b. 子供の時、母親のせいで、好きなことができなかったから。
   c. 『みだれ髪』を読んだ人が驚いてくれたから。
   d. 本当の気持ちを歌うことが大切だと考えたから。

4) どうして晶子は「女性の権利のために国や男性に助けを求めてはいけない」(22行目)と考えたのでしょうか。

    a.   晶子の夫のように、男の人も仕事で大変だと考えたから。

    b.   子供の時、色々なことをするなと言われて、うれしくなかったから。

    c.   国や男性は女性のことが何も分からないと考えたから。

    d.   助けてもらうのは自立していないことと同じだと考えたから。

考えをまとめよう

1) 晶子が女性の気持ちを直接的な言葉で表現した歌を発表した時、他の女性はどう感じたと思いますか。また、どうして晶子は1942年に戦争に賛成する歌を書いたと思いますか。

2) あなたの国の女性で、女性の気持ちや考えを直接的に表現した人がいますか。その人はどんな気持ちや考えを表現しましたか。

> 話す前に、あなたの意見や考えをメモしよう。
> ・
> ・
> ・
> ・

文法・表現リスト

- □ 2歳下の弟を思い／歌わなければならないと信じ　→ 148
- □ 国のために死ぬのがいい／作られた雑誌のために　→ 49
- □ いいと考えられていた／言われて育てられました　→ 136
- □ 弟が無事に帰ってくる　→ 57
- □ 無事に帰ってくるように祈った　→ 134
- □ 派手な着物を着たりするな　→ 83
- □ 女性はするべきではない　→ 116
- □ 直接的な言葉で表現した歌／情熱的な気持ち　→ 56
- □ 直接的な言葉で表現したため　→ 48
- □ 作り続けました　→ 52
- □ 一人の人間として生きる　→ 76
- □ 初めて女性だけで作られた雑誌／結局は女性だけでは　→ 42
- □ 男性によって眠らされていた山　→ 102
- □ 男性によって眠らされていた山　→ 36
- □ 動き出さなければならない　→ 43
- □ 女性は今こそ社会の中で　→ 17
- □ 自立しなければならないということです　→ 64
- □ 戦争に賛成するような歌　→ 131
- □ 自分の弟には死なないでほしい　→ 60

8 ユートピアを目指して

ジャンル	文学
難しさ	★★

宮沢賢治　詩人／童話作家（1896年〜1933年）

キーワード ▶ 童話／理想／菜食主義

1 　『銀河鉄道の夜』という童話のタイトルを聞いて、皆さんはどんな物語を想像しますか。この童話は宮沢賢治が書いた童話で、少年ジョバンニが友達のカムパネルラと銀河鉄道という汽車で旅行をする物語です。

　賢治は岩手県盛岡の農林学校で農業を勉強しました。学校を卒業してから、
5 農業の学校の先生をしたり、農業を貧しい人達に教えたりしました。教える仕事をしながら、賢治は詩や童話を書きました。賢治が書いた詩の中で一番有名なのは「雨ニモマケズ」でしょう。この詩の中で、賢治はどんなものにも、どんなことにも負けない人になりたいと言っています。賢治は『銀河鉄道の夜』の他にも『風の又三郎』、『注文の多い料理店』などの童話を書きました。

10 　『注文の多い料理店』は、童話ですが少し怖いお話です。森に狩りに行ったお金持ちの男二人が道に迷い、困っている時、森の奥でレストランを見つけます。レストランに入ると、誰もいませんが、中のドアにはりがみがあります。それには、「ぼうしとコートをぬいで下さい」とか、「牛乳のクリームを体にぬって下さい」とか色々な注文が書いてあります。男達は、その注文の通りに
15 していきますが、最後に、「体に塩をぬって下さい」というはりがみを見て、自分たちが客ではなく、料理されてしまうということに気がつきます。賢治は肉を全く食べなかったわけではないそうですが、そのころではめずらしい菜食主義を理想としていたようです。ですから、こんな童話を書いたのかもしれません。

20 　賢治は農民にも芸術が必要だと考えて、教えていた農民たちを家に集めて、レコードを聴かせたり、音楽会を開いたりしたそうです。また、ドイツ語やエスペラント語を勉強して、エスペラント語で詩を書いたりもしました。そして、賢治は「イーハトーブ」というユートピア、つまり理想の世界を心の中に持っ

ていたと言います。

25　賢治は37歳で亡くなってしまいますが、生きている間は、賢治の本は全然売れませんでした。賢治の本が売れなかった理由は、よく分かりませんが、賢治の理想がそのころの人にはあまり理解されなかったからかもしれません。皆さんも賢治の作品を読んで、賢治が心の中に持っていた「イーハトーブ」という理想の世界がどんな世界なのか考えてみて下さい。

ユートピア：Utopia　　詩人：poet　　童話作家：writer of children's story
菜食主義：vegetarianism　　銀河鉄道の夜："Night on the Galactic Railroad"（Name of book）
ジョバンニ：Giovanni (Name of boy)　　カムパネルラ：Campanella (Name of boy)
岩手県盛岡：Name of city in *Iwate* Prefecture　　雨ニモマケズ："Rain Won't" (Name of poem)
風の又三郎："Matasaburo the Wind Imp" (Name of book)
注文の多い料理店："The Restaurant of Many Orders" (Name of book)
狩り：hunt; hunting; shooting　　はりがみ：notice　　エスペラント語：Esperanto

読む前に 1　単語の練習　次のa～fを（　）の中に入れて、文を完成しましょう。

a. 農業　b. 芸術　c. 貧しい　d. 物語　e. 注文　f. 詩

1) 日本に行った時、レストランで日本語で（　　）できたので、うれしかった。
2) 5・7・5の音で作る俳句は、世界で一番短い（　　）かもしれない。
3) 私はスポーツは好きだけれど、絵などの（　　）には全然興味を持っていません。
4) 将来は作家になって、おもしろい（　　）を書いてみたい。
5) 兄は暑い夏に外で働く（　　）が嫌いで、町に行って会社で働いている。
6) 戦争のために（　　）生活を送っている人がたくさんいる。

読む前に 2

1) あなたは子供の時、よく童話を読みましたか。また、童話からどんなことを学んだと思いますか。
2) あなたは、ユートピアはどんな社会（世界）だと思いますか。

内容質問 1 正しければ○を違っていれば×をしましょう。

1) (　)　『銀河鉄道の夜』は、少女が電車で旅行をする物語だ。
2) (　)　賢治は農業の先生を辞めてから、詩や童話を書き始めた。
3) (　)　『注文の多い料理店』は森で迷った男達が出てくる物語だ。
4) (　)　賢治はとてもきびしい菜食主義の考えを持っていた。
5) (　)　賢治は、農民にも芸術が大切だと考えていた。

内容質問 2 次の質問に答えましょう。

1) 賢治が書いた一番有名な詩は何ですか。
　　a.　銀河鉄道の夜
　　b.　風の又三郎
　　c.　注文の多い料理店
　　d.　雨ニモマケズ

2) 「それには」(13行目) の「それ」は何を指して (to refer) いますか。
　　a.　レストラン
　　b.　ドア
　　c.　はりがみ
　　d.　森の奥

3) どうしてレストランのはりがみに「体に塩をぬって下さい」と書いてありましたか。
　　a.　二人の男の病気をよくするため
　　b.　二人の男を食べるため
　　c.　二人の男に料理を作ってもらうため
　　d.　二人の男の料理に塩を入れてほしかったため

4） 賢治が生きている間に本が売れなかった理由は何ですか。
    a. 筆者（この文章を書いた人）は売れなかった理由がよく分からない。
    b. 筆者によると、賢治が他の人の理想を上手に書けなかったから。
    c. 賢治はエスペラント語で本を書いたから。
    d. 筆者によると、賢治が書く物語は怖かったから。

考えをまとめよう

1） あなたの国には菜食主義の人が多いですか。その人達は、どんな理由で菜食主義の生活をしていると思いますか。
2） 賢治は「イーハトーブ」という理想の世界を持っていましたが、あなたは今の社会は理想の世界だと思いますか。どうしたら理想の世界ができると思いますか。

話す前に、あなたの意見や考えをメモしよう。
-
-
-
-

文法・表現リスト

□ 教える仕事をしながら → 85	□ 肉を全く食べなかったわけではない → 139
□ 賢治は『銀河鉄道の夜』の他にも → 117	□ わけではないそうです／開いたりしたそうです → 38
□ 「ぼうしとコートをぬいで下さい」とか、〜体にぬって下さい」とか → 70	□ 理想としていたようです → 129
□ その注文の通りに → 69	□ レコードを聴かせたり → 37
□ その注文の通りにしていきます → 54	□ 持っていたと言います → 63
□ 料理されてしまうということ／あまり理解されなかった → 136	□ 生きている間は → 1
	□ どんな世界なのか考えて → 146

9 隠れた才能とチャレンジ

ジャンル：文学
難しさ：★

又吉直樹　お笑いタレント／小説家（1980年〜　）

キーワード → 才能／お笑い／小説家／チャレンジ

　これまで日本では、一つの会社で働き始めると、定年まで同じ会社で働き続けるというのが一般的だった。たいていは給料も上がり続けたし、定年まで辞めさせられることもなかった。しかし、最近はこのような仕事に対する考え方も変わってきている。2015年に行われた厚生労働省の調査によると、大学を卒業した人の約30%が卒業から3年以内に仕事を変えているそうだ。

　お笑いタレントでも、もともとの仕事だけではなく、別の仕事をする人が増えてきたようだ。最近では、2015年に芥川賞という優れた新人に贈られる文学賞を受賞した又吉直樹がいる。又吉は小説家として小説を書く前からコンビで漫才をしたり、お笑い番組に出たり、お笑いタレントとして活動してきた。又吉の両親によれば、昔からおもしろいことは好きだったようだが、高校の時はサッカーでインターハイに行くなど、クラブ活動を頑張っていたそうで、お笑いタレントになるとは思いもしなかったそうである。では、その又吉がお笑いという仕事を続けながら、小説を書くことになったのはなぜなのだろうか。

　実は、又吉は小説を書こうと思って書いたわけではない。お笑いタレントとして有名になる前から自分の所属している事務所が出す雑誌にエッセイを書いたり、芝居の脚本を書いたり、俳句を作ったりしていたが、小説を書くつもりはなかったと言っている。しかし、又吉が本が好きなことや書いているエッセイがおもしろいことを知った出版社の人が、又吉に小説を書いてほしいと依頼したそうだ。又吉は中学生の時から太宰治や芥川龍之介、夏目漱石や三島由紀夫といった作家の小説が大好きで読んでいたので、自分にはそんないい小説は書けないと思い、最初は小説を書いてほしいという依頼を断った。しかし、絶対にいい小説が書けると思った出版社の人は何度も依頼をして、結局、小説を書くことになった。そして、その初めて書いた小説で芥川賞を取ることになった。

又吉は35歳で芥川賞を受賞した後も、お笑いの仕事をしながら、小説を書き続けていて、その小説は高く評価されている。つまり、お笑いタレント、小説家のどちらの職業でも成功していると言える。もちろん簡単に新しい仕事にチャレンジしたり、仕事を何度も変えたりすることがいいというわけではないだろう。けれど、自分の本当にしたい仕事をしたり、隠れた才能を知ったりするために、怖がらずに、新しいことにチャレンジしていくことも大切なのかもしれない。

お笑いタレント：comedian　　**お笑い**：comedy　　**定年**：retirement
厚生労働省：Ministry of Health, Labour and Welfare　　**芥川賞**：*Akutagawa* Prize (prize for literature)
漫才：comedy duo　　**インターハイ**：inter-high school competition　　**脚本**：screenplay
俳句：*haiku* (Japanese poetry)　　**太宰治**：writer　　**芥川龍之介**：writer
夏目漱石：writer　　**三島由紀夫**：writer

読む前に 1　単語の練習　次のa～fを（　）の中に入れて、文を完成しましょう。

| a. 才能 | b. 成功する | c. 給料 | d. 依頼 | e. 断る | f. 隠れる |

1) 昨日、山田さんから調査を手伝ってほしいと（　　　）がありました。
2) この仕事は（　　　）がよくないので、人気がない。
3) 子供の時から絵の（　　　）があると言われていました。
4) 外国人が他の国で（　　　）ためには、努力が必要だと思う。
5) 友達が来ると、いつも猫はソファの後ろに（　　　）。
6) お世話になったので、あの人のお願いを（　　　）のは難しい。

読む前に 2

1) 仕事を選ぶ時、大切なことは何だと思いますか。それはどうしてですか。
2) 子供の時したかった仕事と、今したいと思っている仕事は同じですか、それとも違いますか。それはどうしてですか。

内容質問 1 正しければ○を違っていれば×をしましょう。

1) (　　) 現在の日本では定年まで同じ会社で働く人が多い。
2) (　　) 又吉の両親は、又吉がお笑いタレントになるとは思わなかった。
3) (　　) 又吉が最初に書いたのは小説だ。
4) (　　) 又吉は書きたいと思って、小説を書いた。
5) (　　) 又吉は今も小説を書いている。

内容質問 2 次の質問に答えましょう。

1) 今までの日本の会社の特徴はどれですか。
   a. 働き始めたら、ずっと同じ会社で働く。
   b. 給料はあまり上がらない。
   c. 卒業する前に会社で働き始める。
   d. 同じ仕事を続ける人はあまり多くない。

2) 「又吉直樹」(8行目) を修飾して (to modify) いるところは、どこから始まりますか。
   a. 「2015年に〜」から
   b. 「芥川賞という〜」から
   c. 「優れた新人に〜」から
   d. 「贈られる〜」から

3) 「そんないい小説」(20行目) とは、どんな小説ですか。
   a. 芥川賞がもらえる小説
   b. 有名な作家が書いた小説
   c. 雑誌に書いてある小説
   d. 小さい子供も読める小説

4）筆者（この文章を書いた人）が言いたいことはどれですか。
   a. 有名人なら、2つの仕事をしても成功できる。
   b. したい仕事があったら、チャレンジしてみてもいい。
   c. 仕事は続けていると、どんどん好きになっていく。
   d. 一般的ではないので、仕事は何度も変えないほうがいい。

考えをまとめよう

1）あなたの国で又吉のように2つの職業で成功している人がいますか。その人はどんな仕事をしていますか。
2）あなたは新しいことにチャレンジをするのが好きですか、あまり好きではありませんか。それはどうしてですか。

話す前に、あなたの意見や考えをメモしよう。
-
-
-
-

文法・表現リスト

- □ 一つの会社で働き始めると → 111
- □ 同じ会社で働き続ける／給料も上がり続けた → 52
- □ 一般的だった → 56
- □ 辞めさせられることもなかった → 36
- □ 最近はこのような → 131
- □ 仕事に対する考え方 → 96
- □ 考え方も変わってきている／増えてきたようだ → 57
- □ 2015年に行われた／新人に贈られる → 136
- □ 厚生労働省の調査によると → 103
- □ 変えているそうだ／頑張っていたそうで → 38
- □ もともとの仕事だけではなく → 42
- □ 増えてきたようだ／好きだったようだ → 129
- □ 小説家として／お笑いタレントとして → 76
- □ 又吉の両親によれば → 104
- □ お笑いという仕事を続けながら／お笑いの仕事をしながら → 85
- □ 小説を書くことになった → 24
- □ 書こうと思って書いたわけではない → 139
- □ 書くつもりはなかった → 53
- □ 小説を書いてほしい → 60
- □ 夏目漱石や三島由紀夫といった → 66
- □ いい小説は書けないと思い → 148
- □ 何度も依頼をして → 88
- □ 隠れた才能を知ったりするために → 49
- □ 怖がらずに → 31
- □ 新しいことにチャレンジしていく → 54

10 特撮の神様

ジャンル	文化
難しさ	★★

円谷英二　特撮監督／映画監督（1901年〜1970年）

キーワード → 特撮／映画／核／アイデア／技術

　　ゴジラの映画を見たことがない人でも、ゴジラという名前を知らないはずはないと思いますが、どうですか。ゴジラは日本人が想像で作り出した怪獣で、世界的に知られています。動物の「ゴリラ」と「クジラ」の名前を合わせて、「ゴジラ」という名前を作ったというのは有名な話です。

　　ゴジラはこれまでいくつも映画が作られていますが、1954年に作られた最初のゴジラの映画は「水爆(核)とその怖さ」がテーマになっています。静かに寝ていた怪獣(ゴジラ)が水爆によって目を覚まして、日本へやってくるというシナリオが考えられました。そして、この映画の中でゴジラをリアルに撮るために活躍したのが、円谷英二です。そのころは、「特撮」という言葉はありませんでしたが、円谷はフィルムを重ねたり、ミニチュアの建物を使ったりして、アニメでしかできなかった世界を映画で撮ることに成功しました。

　　円谷が映画の世界に入ったのは、1919年で彼がまだ18歳の時でした。それから、円谷は色々な映画の特撮監督を担当しました。1942年にできた映画の中に円谷が特撮を使って撮った真珠湾攻撃のシーンがあります。日本が戦争に負けた後で、GHQがこの映画を見たのですが、GHQははじめこれを本物のドキュメンタリー映画だと思いました。GHQでさえ間違えて本物のドキュメンタリー映画だと思ってしまうほど、そのシーンはリアルだったそうです。そのせいで、円谷は戦争に協力した人物だと思われて、GHQによって映画会社を辞めさせられてしまいます。そのため少しの間、円谷は映画が作れなくなってしまいました。

　　映画会社を辞めていた時は、生活にも困るほどだったそうですが、数年後、円谷は映画の仕事に戻って、1954年に第1作目の『ゴジラ』を発表し、映画は大ヒットしました。その後も、特撮のテレビ番組『ウルトラマン』を作った

りして、多くの作品を残し、特撮の神様と呼ばれるようになりました。円谷は特撮のために様々な技術を考え出しました。例えば、本物の海に見えるように、水ではなくて寒天を使うなど、色々なアイデアを使って、誰もが本物だと思うような映画やテレビ番組を作っていきました。

撮影では厳しい円谷だったそうですが、大変子供が好きだったようです。例えば、怪獣ファンの子供が交通事故で亡くなった時は、涙を流し、小さな怪獣を作って、亡くなった子供の家に届けたこともあったそうです。最近ではコンピュータグラフィックスの発達によって円谷が考え出した特撮の技術は使われなくなってきていますが、むしろ円谷が作った特撮のほうがおもしろいと思うマニアの人達も少なくありません。ですから、これからも円谷が作った特撮の作品はそんなマニアを喜ばせてくれるのでしょう。

特撮：special effects
核：nuclear
怪獣：monster; monstrous animal
水爆：hydrogen bomb
真珠湾攻撃：attack on Pearl Harbor
GHQ：General Headquarters (of the Supreme Commander for the Allied Powers after WWII)
ウルトラマン：Ultraman (Name of the Japanese TV program)

読む前に 1　単語の練習　次のa〜fを（　）の中に入れて、文を完成しましょう。

a. 目を覚まして　b. 本物　c. 監督　d. 流して　e. 様々　f. 神様

1) 日本では、海や山など色々な所に（　　）がいると考えられている。
2) 夜中に子供が（　　）、泣き出してしまった。
3) テレビでは見たことがあるが、まだ（　　）のパンダを見たことがない。
4) 将来は、映画（　　）になって、おもしろい映画を作りたい。
5) いい大学に受かって、涙を（　　）喜んだ。
6) どんなスポーツが好きかは、人によって（　　）だ。

読む前に 2

1) あなたの国では、子供たちはどんなテレビ番組が好きですか。それはどうしてですか。
2) あなたは、日本の映画やテレビ番組を見たことがありますか。それはどんな映画やテレビ番組でしたか。

内容質問 1 正しければ○を違っていれば×をしましょう。

1) (　　) ゴジラという名前は日本に住んでいた動物の名前からとった。
2) (　　) 円谷が『ゴジラ』という映画を撮る前に特撮という言葉があった。
3) (　　) 円谷は戦争に協力したので、映画会社を辞めなければいけなかった。
4) (　　) 映画会社を辞めている間、テレビ番組の『ウルトラマン』を作った。
5) (　　) 円谷は仕事では厳しい人だったが、子供が好きな優しい人だった。

内容質問 2 次の質問に答えましょう。

1) 円谷はどのようにして『ゴジラ』の映画を作りましたか。
   a. アニメと映画を重ねて作った。
   b. フィルムを重ねたり、ミニチュアの建物を使って作った。
   c. アニメの技術を使って作った。
   d. 一番新しいコンピュータグラフィックスを使って作った。

2) 「そのせい」(17行目)の「その」は何を指して(to refer)いますか。
   a. 円谷が映画会社で働いていた。
   b. 円谷が真珠湾攻撃のシーンがある映画を作った。
   c. 円谷の特撮を使った真珠湾攻撃のシーンが本物のようだった。
   d. 円谷が真珠湾攻撃のドキュメンタリー映画を作った。

3) 「人達」(33行目)を修飾して(to modify)いるところは、どこから始まりますか。
   a. 「むしろ〜」から
   b. 「特撮〜」から
   c. 「おもしろい〜」から
   d. 「マニアの」から

4) どうして筆者（この文章を書いた人）は円谷が作った特撮の作品はこれからも人々を喜ばせると思っていますか。

 a. コンピュータグラフィックスより特撮のほうをおもしろいと思う人がまだたくさんいるから。

 b. コンピュータグラフィックスの技術はまだ特撮の技術のようによくないから。

 c. 交通事故で亡くなった子供のように怪獣が好きな人がまだたくさんいるから。

 d. 円谷が作った特撮の技術を守りたいと思っている人が、円谷の映画を見て研究したいから。

考えをまとめよう

1) あなたの国には、核や戦争と関係がある映画やテレビドラマがありますか。それは、どんな映画やテレビドラマですか。

2) あなたの国で新しいアイデアで活躍した人がいますか。その人はどんな人で、どんなアイデアを考えましたか。

話す前に、あなたの意見や考えをメモしよう。
-
-
-
-

文法・表現リスト

- □ 知らないはずはない → 113
- □ 想像で作り出した／円谷が考え出した → 43
- □ 怪獣で、世界的に → 56
- □ 世界的に知られています／1954年に作られた／神様と呼ばれる → 136
- □ 水爆によって目を覚まして／GHQによって → 100
- □ リアルに撮るために → 49
- □ GHQでさえ間違えて → 26
- □ ドキュメンタリー映画だと思ってしまうほど／生活にも困るほど → 118
- □ リアルだったそうです／困るほどだったそうです → 38
- □ そのせいで、円谷は → 34
- □ 映画会社を辞めさせられ → 36
- □ そのため少しの間 → 48
- □ 『ゴジラ』を発表し／涙を流し → 148
- □ 神様と呼ばれるようになりました → 133
- □ 海に見えるように／本物だと思うような映画 → 131
- □ 作っていきました → 54
- □ 子供が好きだったようです → 129
- □ 子供の家に届けたこともあった → 19
- □ 使われなくなってきています → 57
- □ むしろ円谷が → 122
- □ そんなマニアを喜ばせて → 37
- □ 喜ばせてくれる → 58

11 学習障害(LD)の子供と学校

ジャンル	文化
難しさ	★

黒柳徹子　女優／タレント（1933年〜　）

キーワード ➡ 学習障害（LD）／教育／ベストセラー

　戦後、日本で一番売れた本は1981年に黒柳徹子が書いた『窓ぎわのトットちゃん』だと言われています。2017年までに約800万部売れ、出版から30年以上経った今もまだ売れ続けているベストセラーです。早口でよく話す、おもしろい人というのが黒柳の一般的なイメージではないかと思いますが、この本を読むと、そのイメージは変わるかもしれません。

　この本は黒柳が自身の子供の時のことを書いたノンフィクション作品で、「トットちゃん」は黒柳の子供のころのニックネームです。最初に入学した小学校で、トットちゃんは授業の最中に大きい音を立てたり、窓から外に向かって大きい声を出したりしてしまいました。トットちゃんはそれがとても楽しくて、先生が何度注意をしてもやめなかったため、母親は学校の先生に「トットちゃんが教室にいると授業ができない」と言われてしまいました。結局、先生を困らせてばかりいたトットちゃんは、その学校を辞めることになってしまいました。

　次に行った学校は、使用しなくなった電車を教室として使うような、その当時としてはとてもユニークな学校でした。また、日本の学校では一般的に席は決められていて、毎日同じ席に座らなければいけませんが、この学校では決まった席はなく、子供たちがその日に座りたい席に座ることができました。そして、決まった時間割もなく、好きな科目から勉強を始めて、それが終わり次第、次の科目を勉強することができました。トットちゃん以外もユニークな子供たちで、先生はその子供たちの話をよく聞いてくれる優しい先生でした。

　その後、黒柳は年を取ってから、あるテレビ番組を見てはじめて、自分が学習障害だったと気づいたそうです。なぜなら、その番組に出ていたLDの子供たちが、注意されても、教室の中を走り回ったり、職員室に入ってしまったり、

トットちゃんがやっていたことと全く同じ行動をしていたからだそうです。黒柳が子供の時はLDという言葉もありませんでしたが、黒柳が行った二番目の学校の先生が、怒るどころか一人ひとりの子供の特徴を考えて、どうしたら楽しく勉強できるかを考えてくれていたと気づいたと言っています。そして、その番組を見ていて、先生が「君は、本当は、いい子なんだよ」と言い続けてくれていたことも思い出し、LDという言葉さえなかった時代に幸せな学校生活を送らせてもらえたことに感謝したそうです。

2003年に中国語に翻訳された『窓ぎわのトットちゃん』は、2017年までの14年間で1,000万部売れたそうです。国境や言葉を越えて現在もこの本が読まれ続けているのは、一人ひとりの子供の性格や興味を考慮して、その子供に合った教育をすることの大切さに、読んでいる人が気づき、そんな教育がもっと必要だと考えているからだろうと黒柳は考えています。

学習障害 : learning disability　　ベストセラー : best seller
窓ぎわのトットちゃん : "Totto-Chan: The Little Girl at the Window" (Name of book)
ノンフィクション : non-fiction　　ニックネーム : nickname　　時間割 : timetable

読む前に 1　単語の練習　次のa〜fを（　）の中に入れて、文を完成しましょう。

a. 売れた　b. 経った　c. 入学した　d. ユニークな　e. 幸せな　f. 気づいた

1) あの人は8年間働いていた会社を辞めて、大学院に（　　）そうだ。
2) 彼の優しい性格から（　　）家庭で育ったことが分かる。
3) 去年はこの車がよく（　　）そうです。
4) ここのお祭りは世界でも（　　）お祭りなんですよ。
5) ディスカッションの中で（　　）ことをメモしておきます。
6) 今ちょっと忙しいから、1時間（　　）ら、また電話してくれる？

読む前に 2

1) 小学校の時、好きな先生がいましたか。どうしてその先生が好きでしたか。
2) LDという言葉を聞いたことがありますか。どういう意味ですか。

内容質問 1 正しければ○を違っていれば×をしましょう。

1) (　　) 『窓ぎわのトットちゃん』は本当にあった話ではない。
2) (　　) 『窓ぎわのトットちゃん』は日本より中国のほうがたくさん売れている。
3) (　　) 黒柳は二番目の学校では、いつも同じ席に座らなくてもよかった。
4) (　　) 子供の時、黒柳は自分がLDだと思っていなかった。
5) (　　) 黒柳は先生が厳しかったから、二番目の学校はよかったと思っている。

内容質問 2 次の質問に答えましょう。

1) 「そのイメージ」(5行目) は、どんなイメージですか。
   a. よく売れる本を書いた人
   b. 30年間ずっと本を書いている人
   c. 本をたくさん売っている人
   d. 早口で話す、おもしろい人

2) どうしてトットちゃんは「学校を辞めることになってしまいました」(12行目) か。
   a. 黒柳の母親がよくない学校だと思ったから。
   b. その学校の教育が黒柳に合わなかったから。
   c. 学校の先生が黒柳を好きじゃなかったから。
   d. 他の子供が勉強できないと言ったから。

3) 二番目の学校は何がユニークでしたか。
   a. 電車の中に教室があるので、机がなかった。
   b. 毎日違う席に座らなければいけなかった。
   c. 勉強の時間割やペースが自分たちで決められた。
   d. 学校にはユニークな子供と先生しかいなかった。

4） 黒柳が見たテレビ番組はどんな番組でしたか。
   a. 子供のころの黒柳と同じような子供が出ている番組
   b. 黒柳の子供の時の先生についての番組
   c. どうやったら楽しく勉強できるか考える番組
   d. 『窓ぎわのトットちゃん』についての番組

考えをまとめよう

1） あなたの国の教育で、いいと思うところがありますか。それはどんなところで、どうしていいと思いますか。（例：日本の学校では子供たちが自分で教室を掃除します。……からです。）
2） あなたの国は障害がある人にとって生活がしやすいと思いますか、しにくいと思いますか。それはどうしてですか。

> 話す前に、あなたの意見や考えをメモしよう。
> ・
> ・
> ・
> ・

文法・表現リスト

- □ トットちゃん』だと言われています → 67
- □ 約800万部売れ／決まった席はなく → 148
- □ 今もまだ売れ続けている → 52
- □ 黒柳の一般的なイメージ → 56
- □ トットちゃんは授業の最中に → 25
- □ 何度注意をしてもやめなかったため → 48
- □ できない」と言われてしまいました／中国語に翻訳された → 136
- □ 先生を困らせてばかりいた／送らせてもらえた → 37
- □ 困らせてばかりいたトットちゃんは → 108
- □ その学校を辞めることになってしまいました → 24
- □ 電車を教室として使う／その当時としては → 76
- □ 電車を教室として使うような → 131
- □ それが終わり次第 → 29
- □ よく聞いてくれる優しい先生 → 58
- □ あるテレビ番組を見てはじめて → 59
- □ 気づいたそうです／行動をしていたからだそうです → 38
- □ なぜなら、その番組に～からだそうです → 86
- □ 先生が、怒るどころか → 73
- □ どうしたら楽しく勉強できるか → 146
- □ LDという言葉さえなかった → 26
- □ 送らせてもらえた → 61

12 創造と戦争

ジャンル： 文化
難しさ： ★★

三宅一生　ファッションデザイナー（1938年～　）

キーワード → デザイン／ブランド／原爆（原子爆弾）／平和

　アップルのスティーブ・ジョブズが新しい製品を発表する時に、どんな服を着ていたか思い出せますか。スーツにネクタイでしたか。いいえ、彼が毎回着ていたのは、黒いタートルネックのセーターでした。では、皆さんはこの黒いタートルネックのセーターのブランドが分かりますか。実はこのセーターは、「ISSEY MIYAKE」というブランドのセーターでした。ジョブズは、このセーターがとても気に入っていたと言い、同じ色、同じデザインのものを何枚も持っていたそうです。そして、このブランドは日本のデザイナーの三宅一生が作ったブランドです。このブランドは服ばかりでなく、香水や時計も作っているので、皆さんも名前を聞いたことがあるのではないでしょうか。

　三宅は日本のデザイン学校に通い、ファッションの基礎を勉強した後、外国に移り、パリやニューヨークでファッションデザインを学びました。三宅は車や建物と同じように、服も使いやすさを考えたデザインの一つだと考えるようになり、「一枚の布」から、動きやすく着やすい、さらに美しい服を作ることを目標にしてきました。

　三宅は1938年に広島で生まれました。1945年の原爆（原子爆弾）が落とされた時は、広島の郊外にいたそうですが、原爆の強い風のためにけがをしてしまいました。2009年のニューヨークタイムズ紙の記事に三宅はその時の真っ赤な光、黒い雲、そして傷だらけで逃げ回る人々の様子を今でもまだよく覚えていると書いています。そのため、三宅は被爆の経験から、原爆のように何かを壊すための物を作るのではなく新しく物を作って、人々に喜んでもらえる仕事がどうしてもしたいと考えて、ファッションデザインの道に進んだそうです。そして、当時アメリカの大統領だったオバマ氏に広島に行ってほしいと思うし、原爆のない世界になってほしいと思うと書きました。この記事を読んだかどう

25　か分かりませんが、2016年にオバマ氏はアメリカの大統領として、広島を訪問しました。

　壊すための物ではなく、新しく物を創造する仕事をしたいという三宅の考え方を評価する人は多いだろうと思います。このような考え方をする人々が増えれば増えるほど、世界はもっと平和で住みやすい場所に変わっていくに違いありません。

創造：creation
原爆（原子爆弾）：atomic bomb
アップル：Apple (company)
スティーブ・ジョブズ：Steve Jobs (Co-founder of *Apple Inc.*)
パリ：Paris
ニューヨークタイムズ紙：The New York Times (newspaper)
被爆：exposure (to radiation)
オバマ：(Barack) Obama (44th president of the United States)

読む前に 1　単語の練習　次のa〜fを（　　）の中に入れて、文を完成しましょう。

a. 製品　　b. けが　　c. 大統領　　d. 気に入って　　e. 記事　　f. 訪問して

1) 日本の車や電気（　　）は壊れにくいので、世界で人気がある。
2) 国際的な会議でフランスと韓国の（　　）が会うことになった。
3) 友達はスキーに行って、足を（　　）してしまった。
4) 日本の政府はたくさんの外国人に日本を（　　）ほしいと考えている。
5) 天ぷらのおいしい作り方を雑誌の（　　）で読みました。
6) 妹は先週買ったカバンがとても（　　）いて、毎日使っている。

読む前に 2

1) あなたが気に入っている服のブランドがありますか。どうしてそのブランドの服が好きですか。
2) あなたは子供のころ、どんな仕事をしたいと思っていましたか。それはどうしてですか。

内容質問 1 正しければ○を違っていれば×をしましょう。

1) (　　) ジョブズは、三宅の服はあまり好きではなかった。
2) (　　) 三宅はデザインについて日本だけで勉強した。
3) (　　) 三宅は子供の時に、原爆によってけがをしてしまった。
4) (　　) オバマ氏は三宅の記事を読んで、広島に行くことに決めた。
5) (　　) 筆者（この文章を書いた人）は三宅のような考え方をする人が増えてほしいと思っているだろう。

内容質問 2 次の質問に答えましょう。

1) ジョブズは、いつ三宅の服を着ていましたか。
   a. 毎日会社に行く時
   b. インタビューに答える時
   c. 新しい製品を紹介する時
   d. 新しい製品を考える時

2) 「仕事」(20行目) を修飾して (to modify) いるところは、どこから始まりますか。
   a. 「三宅は〜」から
   b. 「被爆の経験から〜」から
   c. 「原爆のように〜」から
   d. 「人々に喜んで〜」から

3) 「思うし」(22行目) の「思う」は、誰が思いますか。
   a. 三宅
   b. 日本人
   c. 被爆した人
   d. オバマ氏

4）「このような」(27行目)の「この」は何を指して (to refer) いますか。
   a. 戦争をしてはいけない。
   b. アメリカの大統領のオバマ氏に広島に行ってほしい。
   c. 壊すための物ではなく、新しい物を作り出す仕事がしたい。
   d. 原爆のない世界になってほしい。

考えをまとめよう

1）三宅は新しく物を作って人を喜ばせる仕事がしたいと考えてデザイナーの仕事を選びましたが、あなたはどんなことを考えて仕事を選ぶと思いますか。

2）あなたの国で三宅の他に有名な日本人のデザイナーがいますか。また、あなたの国に世界的に有名なファッションデザイナーがいますか。その人はどんな人ですか。その人がファッションデザイナーになった理由は何ですか。

話す前に、あなたの意見や考えをメモしよう。
・
・
・
・

文法・表現リスト

- □ どんな服を着ていたか → 146
- □ 気に入っていたと言い → 63
- □ 気に入っていたと言い／デザイン学校に通い → 148
- □ 何枚も持っていた → 88
- □ 何枚も持っていたそうです／郊外にいたそうです → 38
- □ 服ばかりでなく、香水や時計も → 110
- □ 名前を聞いたことがあるのでは → 19
- □ 車や建物と同じように／このような考え方 → 131
- □ 一つだと考えるようになり → 133
- □ 動きやすく着やすい／平和で住みやすい → 128
- □ さらに美しい服 → 28
- □ 目標にしてきました → 57
- □ 落とされた時 → 136
- □ 強い風のために／そのため、三宅は → 48
- □ 傷だらけで逃げ回る → 50
- □ 被爆の経験から → 9
- □ 壊すための物 → 49
- □ 人々に喜んでもらえる → 61
- □ どうしてもしたいと考えて → 68
- □ 広島に行ってほしいと思う／世界になってほしい → 60
- □ 記事を読んだかどうか分かりません → 7
- □ アメリカの大統領として → 76
- □ 増えれば増えるほど → 107
- □ 変わっていくに違いありません → 54
- □ 変わっていくに違いありません → 97

13 女性を演じる

ジャンル	文化
難しさ	★★★

坂東玉三郎（五代目）　歌舞伎役者（1950年〜　）

キーワード ➡ 歌舞伎／人間国宝／才能／ハンデ

1　歌舞伎は日本の伝統的な演劇で、16世紀ごろに始まったと言われている。はじめは女性や少年なども歌舞伎役者になることができたが、その後、歌舞伎は男性だけに限られるようになった。そのため女性の役も男性が演じており、その人達を女形と呼んでいる。今も歌舞伎は男性だけで演じられている。そし
5　て、今最高の女形と言われているのが坂東玉三郎で、彼の女形はまるで本当の女性だと思ってしまうくらい美しい。

　　玉三郎と歌舞伎の出会いは子供の時だった。玉三郎は子供の時に病気になり、そのリハビリのつもりで、日本の伝統的な踊りを習い始めたそうだ。踊ることが好きになった玉三郎は、6歳の時に歌舞伎役者の弟子になり、さらに踊りと
10　芝居を学ぶことになった。ただ、玉三郎は歌舞伎役者としていくつかのハンデがあった。まず、舞台でいい役ができるのは、歌舞伎役者の家に生まれた人に限られている。なぜなら、歌舞伎の仕事は親から子に伝えるのが普通だからだ。だから、歌舞伎とは関係がない家の子として生まれた玉三郎はいい役をさせてもらえない。この問題は玉三郎が歌舞伎役者の養子になることで解決できた。
15　それでも、歌舞伎役者になりたてのころは、他の役者からはあまりよく思われていなかったようだ。次に、玉三郎の身長が173センチで、女形としては他の役者より高いという問題があったが、背を低く見せる工夫を考え、この問題も乗り越えた。玉三郎はテレビの番組で「才能はあると思うものではない。才能があると思うと学ぶことがなくなる。才能がないと思ったほうがよい」と話し
20　ているが、色々な努力と工夫で、これらの自分にとって不利な問題を解決していったようだ。

　　玉三郎は若い時から、歌舞伎以外にも、シェークスピアの劇や映画などに出演したり、バレエや京劇、そして「鼓童」という太鼓のグループともコラボレー

ションをしている。そして、2012年に玉三郎は女形の演技によって日本の政
25　府から重要無形文化財保持者、つまり人間国宝として認められた。玉三郎は誰
よりも才能を持っている人だと思うが、その才能だけに頼らず、努力や研究が
大切だという考え方をすることについて、日本人ならみんな心を打たれるので
はないだろうか。

演じる：to perform; to play; to act　　歌舞伎役者：*Kabuki* actor　　ハンデ：handicap　　演劇：play
リハビリ：rehabilitation　　弟子：disciple; apprentice　　養子：adopted child
シェークスピア：(William) Shakespeare (writer)　　バレエ：ballet　　京劇：classical Chinese opera
鼓童：Name of *taiko* drumming troupe　　太鼓：*Taiko*; Japanese drum
重要無形文化財保持者（人間国宝）：the holder of Important Intangible Cultural Property (Living National Treasure)

読む前に 1　単語の練習　次のa〜fを（　）の中に入れて、文を完成しましょう。

| a. 努力 | b. 身長 | c. 認めて | d. 解決して | e. 頼って | f. 役 |

1）弟はいつも母を（　　）、母に何でもしてもらっている。
2）父は自分の会社を作るために色々な（　　）をしたそうです。
3）弟は1年間で（　　）が8センチも伸びた。
4）映画の中で、医者の（　　）をした人の笑った顔がとてもよかった。
5）社長がお客さんとの問題を（　　）くれたので、助かりました。
6）両親は私が来年、オーストラリアに留学することを（　　）くれました。

読む前に 2

1）あなたの国には、伝統的な演劇がありますか。それは、何ですか。また、どんな特徴がありますか。
2）あなたの周りに才能がある人がいますか。その人は、どんな才能を持っていますか。

内容質問 1 正しければ○を違っていれば×をしましょう。

1）（　　）歌舞伎が始まったころは、女性だけが歌舞伎役者になれた。
2）（　　）玉三郎は、病気のリハビリとして踊りを始めた。
3）（　　）歌舞伎の世界では、いい役ができるのは歌舞伎役者の家に生まれた人だけだ。
4）（　　）玉三郎は才能がないと思って、一生懸命練習することが大切だと思っている。
5）（　　）玉三郎は歌舞伎だけでなく、色々なことにチャレンジしている。

内容質問 2 次の質問に答えましょう。

1）「女形」というのは何ですか。
   a. 歌舞伎で、女性が女の役をすること
   b. 歌舞伎で、男性が女の役をすること
   c. 歌舞伎で、少年が女の役をすること
   d. 歌舞伎で、玉三郎が女の役をすること

2）「言われているのが」（5行目）の「の」は何を指して (to refer) いますか。
   a. 玉三郎
   b. 歌舞伎
   c. 人
   d. 役

3）「この問題」（14行目）の「この」は何を指して (to refer) いますか。
   a. リハビリをする。
   b. いい役をさせてもらえない。
   c. 仕事を親から子に伝える。
   d. 身長がすごく高い。

4）「思うが」(26行目) の「思う」は、誰が思いますか。
- a. 玉三郎
- b. 日本人
- c. 筆者（この文章を書いた人）
- d. 読んでいる人

考えをまとめよう

1）あなたの国では、歌舞伎のように限られた人しかできない仕事がありますか。
2）あなたは、才能と努力とどちらのほうが大切だと思いますか。それはどうしてですか。また、人間にとって努力や工夫をすることは大切だと思いますか。

話す前に、あなたの意見や考えをメモしよう。
-
-
-
-

文法・表現リスト

☐ 日本の伝統的な演劇	→ 56	☐ ただ、玉三郎は	→ 44
☐ 始まったと言われている／最高の女形と言われている	→ 67	☐ 歌舞伎役者としていくつかのハンデ／家の子として	→ 76
☐ 歌舞伎は男性だけに／男性だけで	→ 42	☐ なぜなら、〜が普通だからだ	→ 86
☐ 男性だけに限られるようになった／生まれた人に限られている	→ 91	☐ いい役をさせてもらえない	→ 37
		☐ 役をさせてもらえない	→ 61
☐ 限られるようになった	→ 133	☐ 養子になることで	→ 21
☐ そのため女性の役も	→ 48	☐ 歌舞伎役者になりたてのころ	→ 45
☐ 男性が演じており／子供の時に病気になり	→ 148	☐ あまりよく思われていなかった／心を打たれる	→ 136
☐ 彼の女形はまるで本当の女性だ	→ 121	☐ 思われていなかったようだ／解決していったようだ	→ 129
☐ 本当の女性だと思ってしまうくらい美しい	→ 14	☐ 才能はあると思うものではない	→ 126
☐ そのリハビリのつもりで	→ 53	☐ 自分にとって不利な問題	→ 99
☐ 習い始めたそうだ	→ 111	☐ 問題を解決していった	→ 54
☐ 習い始めたそうだ	→ 38	☐ 演技によって日本の政府から	→ 100
☐ さらに踊りと芝居を学ぶ	→ 28	☐ その才能だけに頼らず	→ 31
☐ 芝居を学ぶことになった	→ 24	☐ 考え方をすることについて	→ 98
		☐ 日本人ならみんな	→ 87

14 伝統と日本料理の将来

ジャンル 文化
難しさ ★

村田吉弘　料理人（1951年〜　）

キーワード ➡ 日本料理／伝統と新しい料理／ユネスコ無形文化遺産／食文化

1　料亭とは高級な日本料理のレストランのことで、村田吉弘は京都にある菊乃井という料亭の三代目です。つまり、村田の祖父がこの店を始めたということです。菊乃井はミシュラン3つ星の料亭で、約100年の歴史があります。村田はこの料亭の長男として生まれたので、将来は料理人になるように育てられました。しかし、日本料理くらい古くて変化のないものはないと思っていた村田は、フランス料理に興味を持ちました。そして、20歳の時に、フランスに料理の勉強をしに行くことにしました。

　今と違って、その当時のフランスではまだ日本料理はめずらしく、村田はフランス人があまり日本料理を知らないことに気づきました。フランスではもちろんフランス料理が一番で、日本料理はエスニック料理の一つとしか考えられていませんでした。村田は日本料理の説明をするうちに、初めて日本料理がすばらしいことに気づきました。そして、改めて日本料理の修業をするために帰国することにしました。

　日本に帰り、修業をして、3年後に村田は新しい店を開きました。けれど、最初はお客さんがあまり来ませんでした。ある日、村田の父親のレシピで作った料理を出した時、お客さんに「自分がおいしいと自信を持てるものを作らなくてはいけない」と言われました。それから、村田は諦めずに洋食や中華料理の本を読んで料理の勉強をし、自分がおいしいと思う新しい日本料理を作るようになりました。すると、だんだん村田の店にもお客さんが来るようになりました。

　村田は単純に新しい料理だけを作ることがいいとは思っていません。新しい料理を作ることはもちろんですが、伝統も大切だと考えています。つまり、村田は守るべき伝統を理解し、その伝統の中から新しいものを作っていくことが

料理人には必要だと言っています。また、お客さんが好きなものや世の中の変化、国の違いも考えながら、自分がおいしいと思うものを作ることも料理人にとって大切なことだと思っています。

村田は日本料理の伝統だけに頼って何もしなければ、将来、日本料理はなくなっていくと考えています。このような考えから、「和食；日本人の伝統的な食文化」がユネスコ無形文化遺産として認められるように積極的に活動しました。そして、今後さらに世界中の多くの人々に日本料理のすばらしさを知ってもらいたいと考えています。そのためには、外国の人にも受け入れてもらえるように「日本料理はこうあるべき」という狭い考え方はしないほうがいいと言っています。

ユネスコ無形文化遺産：UNESCO Intangible Cultural Heritage
菊之井：*Kikunoi* (restaurant)
ミシュラン：*Michelin* (company)
エスニック料理：ethnic food
修業：training
レシピ：recipe
中華料理：Chinese cuisine

読む前に 1　単語の練習　次のa〜fを（　）の中に入れて、文を完成しましょう。

| a. 伝統 | b. 考え | c. 変化 | d. 違い | e. 今後 | f. 当時 |

1) 祖父は1900年に生まれた。その（　　）はテレビもラジオもなかったそうだ。
2) 男性と女性では、結婚について大きい考え方の（　　）があるらしい。
3) 気温の（　　）に合わせて、着るものを変える。
4) 自分の（　　）を他の人に分かってもらうのは簡単ではない。
5) この博物館では（　　）を守るために、色々なイベントを行っている。
6) （　　）のプロジェクトの予定について部長と相談する。

読む前に 2

1) ユネスコ無形文化遺産とは何ですか。あなたの国に、ユネスコ無形文化遺産がありますか。それはどんなものですか。
2) あなたの国で日本料理は人気がありますか。どんな日本料理が人気がありますか。それはどうしてですか。

内容質問 1 正しければ○を違っていれば×をしましょう。

1) (　　) 村田の父親は料理人ではなかった。
2) (　　) 村田は子供のころは日本料理に興味がなかった。
3) (　　) 村田は日本料理を知ってもらうためにフランスに行った。
4) (　　) フランスでは勉強することがなかったので、村田は日本に帰った。
5) (　　) 村田は食べる人のことだけを考えて、料理を作ることが一番大切だと気づいた。

内容質問 2 次の質問に答えましょう。

1) 菊乃井の説明で<u>正しくない</u>ものはどれですか。
   a. 高いレストランだ。
   b. 100年の歴史があるレストランだ。
   c. 村田の祖父が始めたレストランだ。
   d. あまり知られていないレストランだ。

2) フランスで村田はどんなことに気づきましたか。
   a. 日本料理がたくさん食べられていないこと
   b. 日本料理があまり知られていないこと
   c. フランスの日本料理の味がよくないこと
   d. 日本料理とエスニック料理は違うこと

3) 村田が料理人にとって大切だと思っていることは何ですか。
   a. 新しい料理だけを作ること
   b. 伝統的な料理を作るのが上手になること
   c. 伝統の中から新しい料理を作ること
   d. お客さんがおいしいと思うものだけを作ること

4）「その伝統」(23行目) はどんな伝統ですか。

    a.   守らなくてはいけない伝統

    b.   忘れられそうな伝統

    c.   新しいものを作るための伝統

    d.   みんなが大切だと考える伝統

考えをまとめよう

1）あなたの国にはどんな伝統的な料理や食べ物がありますか。それはどんな料理、食べ物で、どんな時に食べられていますか。それは、どのようにして守られていますか。

2）伝統が変わっていくことについてどう思いますか。あなたは、変わってもいいと思う伝統があると思いますか。それはどうしてですか。

話す前に、あなたの意見や考えをメモしよう。
-
-
-
-

文法・表現リスト

☐ 料亭とは高級な	→ 79
☐ 始めたということです	→ 64
☐ 長男として生まれた／ユネスコ無形文化遺産として認められる	→ 76
☐ 料理人になるように	→ 134
☐ 育てられました／考えられていませんでした	→ 136
☐ 日本料理くらい古くて変化のないものはない	→ 15
☐ 勉強をしに行くことにしました	→ 23
☐ まだ日本料理はめずらしく	→ 148
☐ フランスではもちろんフランス料理／作ることはもちろんですが	→ 125
☐ 日本料理の説明をするうちに	→ 4
☐ 日本料理の修業をするために	→ 49
☐ 村田は諦めずに	→ 31
☐ 新しい日本料理を作るようになりました	→ 133
☐ 新しい料理だけを作ること／伝統だけに頼って	→ 42
☐ 守るべき伝統を理解し／日本料理はこうあるべき	→ 115
☐ 新しいものを作っていく／日本料理はなくなっていく	→ 54
☐ 国の違いも考えながら	→ 85
☐ 料理人にとって大切なこと	→ 99
☐ 何もしなければ、将来	→ 106
☐ このような考え	→ 131
☐ このような考えから	→ 9
☐ 日本人の伝統的な食文化	→ 56
☐ 今後さらに世界中の多くの人々	→ 28
☐ 知ってもらいたい／受け入れてもらえるように	→ 61

15 AIと将棋とこれからの私達

ジャンル	文化
難しさ	★★

羽生善治　将棋棋士（1970年〜　）

キーワード　将棋／AI（人工知能）／未来の社会

1　羽生善治は今、よく知られている将棋棋士の一人で、2018年に棋士として初めて国民栄誉賞をもらいました。しかし、羽生の何がすばらしいかを伝えるのは簡単ではありません。特に、将棋をしたことがない人や将棋の知識がない人に伝えるのはとても難しいです。例えば、将棋の大会はたくさんありますが、これまで大きい大会が1年に7つありました（2017年から8つになりました）。そして、今まで1年間にこれら全ての大会で優勝した人は一人しかいません。その人物こそが羽生です。2016年までの20年間でこれらの大会は140回ありましたが、その約半分で羽生は優勝しているほどです。しかし、本当に羽生がすばらしいのは、将棋ばかりしているわけではないところです。

　羽生が他の棋士と違うのは、将棋をするだけではなく、色々なことに挑戦しているところだと言えます。例えば、羽生はチェスも強く、将棋の大会で優勝した次の日に、チェスの大会に出て優勝したこともあるそうです。それ以外にも、テレビや雑誌で、ソフトバンクグループの創業者である孫正義やノーベル賞を受賞した山中伸弥といった自分とは違う分野の人達と対談したり、また、AI（人工知能）についても話をしたりしています。羽生がAIについてインタビューを受ける時、必ず質問されるのが、将棋や囲碁でプロの棋士がAIに負けてしまったニュースについてです。私達はどうしてもAIに人間が負けてしまったことだけを考えがちですが、羽生の考え方は少し違うそうです。羽生は、勝ち負けが大切なのではなく、この試合を「未来社会の模擬実験」だと考え、人間がAIとともに生きる社会について考えるいい機会だと考えたようです。

　例えば、AIはこれまでの人間の将棋では絶対にしなかったさし方をするそうです。羽生は、それをよくないことだと考えるどころか、将棋が進歩する機会だと言っています。つまり、これまで当然だったことや考えてこなかったこ

とを考えるいい機会だということです。そして、羽生はAIを人間の「将来の敵」だと考えるのではなく、どのように人間の力にすることができるかを考えるべきだと言っています。

　　AIは将来、多くの人の仕事を奪うに違いないという意見があります。その反面、スマートフォンのように、色々なところですでにAIは使用され、私達の生活を便利にしているのも事実です。ですから、これからもAIを使わないわけにはいかないでしょう。このように、新しいものを怖いもの、もしくは、よくないものだと考えないで、どのように未来の社会に役立てられるかを考えられるところが、羽生が高く評価されている理由かもしれません。

AI（人工知能）：AI (artificial intelligence)
棋士：*shogi* or *go* player
国民栄誉賞：People's Honor Award
チェス：chess
ソフトバンクグループ：*SoftBank Group* (company)
創業者：founder
孫正義：businessperson
ノーベル賞：Nobel Prize
山中伸弥：scholar
対談する：to have a talk; to interview
囲碁：*Go*, name of a board game
模擬実験：simulation
さす：to play *shogi* or *go*

読む前に 1　単語の練習　次のa～fを（　）の中に入れて、文を完成しましょう。

| a. 約 | b. 実験 | c. 絶対に | d. 当然だ | e. 敵 | f. 事実 |

1) 一人で生活するまでは、母がご飯を作ってくれるのが（　　）と思っていた。
2) 昨日の新聞に書かれていたことは（　　）ではなかったそうだ。
3) いい結果が出るまで（　　）を何回もします。
4) この家は（　　）100年前に建てられたそうです。
5) 昨日夜遅くまで起きていたので、田中さんは（　　）遅刻しますよ。
6) このゲームでは（　　）と戦って、勝ったらコインがもらえる。

読む前に 2

1) 将棋をしたことがありますか。囲碁やチェスはどうですか。あなたの国でこれらのゲームは人気がありますか。それはどうしてですか。
2) AIという言葉を聞いたことがありますか。AIは現在、どんなところに利用されていますか。

内容質問 1 正しければ○を違っていれば×をしましょう。

1) (　)　羽生は20年間、大きい大会では全然負けたことがない。
2) (　)　羽生は将棋だけではなくて、チェスも強い。
3) (　)　羽生はAIに人間が負けて、残念だと思っている。
4) (　)　羽生はAIは人間の力になると考えている。
5) (　)　筆者（この文章を書いた人）はAIの使いすぎはよくないと言っている。

内容質問 2 次の質問に答えましょう。

1) 筆者（この文章を書いた人）は、羽生がすばらしいのは、どんなところだと言っていますか。
   a. 将棋をよく知らない人も知っているところ
   b. AIについて話をしているところ
   c. AIを使わないで生活しているところ
   d. 新しいものを怖いと思わないところ

2) 「未来社会の模擬実験」(19行目)とは、どんな実験ですか。
   a. AIに将棋で勝てるかどうかという実験
   b. AIについて考えられるかどうかという実験
   c. AIと生活できるかどうかという実験
   d. AIが便利かどうかという実験

3) 「それをよくないことだと考えるどころか」(22行目)の「それ」は何を指して (to refer) いますか。
   a. 人間とAIの将棋の試合で人間が負けてしまったこと
   b. AIと人間が社会で一緒に生きること
   c. AIが将棋をする時、人間と違うやり方をすること
   d. AIを人間の「将来の敵」だと考えること

4) 現在のAIについて正しいものはどれですか。

    a.   AIのせいで、人間の仕事がなくなっている。

    b.   AIのおかげで、人間の生活が便利になっている。

    c.   AIを使うから、生活しにくくなっていることがある。

    d.   AIは怖いものなので、使う前によく考えて使っている。

考えをまとめよう

1) あなたの国には将棋のようなゲームがありますか。また、そのゲームのプロとして、生活している人がいますか。あなたは、その人達についてどう思いますか。

2) AIが社会の色々な場所で使用されるようになったら、あなたの生活や仕事はどのように変わると思いますか。

> 話す前に、あなたの意見や考えをメモしよう。
> ・
> ・
> ・
> ・

文法・表現リスト

□ よく知られている将棋棋士／質問される → 136	□ ことだけを考えがちです → 6
□ 棋士として初めて国民栄誉賞をもらいました → 76	□ 人間がAIとともに生きる → 81
□ 羽生の何がすばらしいかを伝えるのは → 146	□ いい機会だと考えたようです → 129
□ 将棋をしたことがない人 → 19	□ それをよくないことだと考えるどころか → 73
□ その人物こそが羽生です → 17	□ 考えてこなかったこと → 57
□ 優勝しているほどです → 118	□ 考えるいい機会だということです → 64
□ 将棋ばかりしている → 108	□ 考えるべきだ → 115
□ 将棋ばかりしているわけではないところです → 139	□ 多くの人の仕事を奪うに違いない → 97
□ 将棋をするだけではなく／負けてしまったことだけ → 42	□ その反面、スマートフォンのように → 114
□ 将棋をするだけではなく「模擬実験」だと考え → 148	□ スマートフォンのように → 131
□ 優勝したこともあるそうです／少し違うそうです → 38	□ すでにAIは使用され → 30
□ 山中伸弥といった → 66	□ AIを使わないわけにはいかない → 84
□ また、AI（人工知能）についても／社会について考える → 98	

16 くまモンだもん！

ジャンル　文化
難しさ　★

くまモン　ゆるキャラ（2010年〜　）

キーワード　ゆるキャラ／地域／地震／復興

1　皆さんは「日本」といえば、何をイメージしますか。「富士山」や「桜」、「寿司」や「酒」などをイメージする人も多いと思います。では、「ゆるキャラ」をイメージした人はいるでしょうか。ゆるキャラとは、「ゆるいキャラクター」を短くした言葉です。もしかしたら、この言葉を耳にしたことがない人も多い

5　かもしれませんが、「ふなっしー」をはじめ、「くまモン」「ひこにゃん」などのキャラクターを見たことがある人は多いのではないでしょうか。

　皆さんが目にする漫画やアニメのキャラクターはたくさんいると思いますが、それらとゆるキャラは何が違うのでしょうか。一番大きく違うのは、ゆるキャラは県や市、町などの地域や会社と関係があることです。ふなっしーは千葉県

10　船橋市の、ひこにゃんは滋賀県彦根市のキャラクターです。ゆるキャラの大切な仕事の一つは自分たちの町をPRして、町の商品を買ってもらったり、観光に来てもらったりすることです。

　くまモンも他のゆるキャラと同じように、熊本県を通る新しい新幹線のPRのために生まれました。ですから、日本全国を回り、たくさんのイベントやテ

15　レビ、新聞などで新幹線のPRをしました。また、くまモンは顔も動きもかわいいので、新幹線以外にも、熊本県の食べ物とのコラボ商品や、その他の色々な商品にも使われたりしました。小さい子供から大人まで、とても人気がありましたから、多くのゆるキャラの中でも成功したゆるキャラだと言えます。

　しかし、他のゆるキャラと少し違うところもあります。それは、2016年に

20　熊本県で大きい地震があり、被害がたくさん出た時のことです。地震が起きたばかりのころは、ニコニコしているくまモンを見ていたら、みんながいい気持ちになるはずがないので、くまモンはテレビやイベントに出るべきではないと考えました。しかし、熊本県の人達、特に子供がくまモンにどうしても会いた

いとロにしたため、くまモンは外に出ることにしました。そして、避難所や保育園、学校に行き、人々を元気づけました。また、復興のために色々な活動をしたため、熊本県の復興のシンボルとなりました。

　ゆるキャラは地域や会社などをPRするために生まれたキャラクターです。ポスターやパンフレットに印刷されたり、お祭りやイベントなどに行ったりしています。その一方で、地域や会社などをPRするだけではなく、くまモンのようにそれ以上の意味を持つこともあります。皆さんも日本を旅行することがあれば、どんなゆるキャラがいるのか調べてみるのも楽しいかもしれません。

ゆるキャラ：costumed mascot character（informal）	復興：reconstruction
キャラクター：character; mascot	ゆるい：loose
ひこにゃん：Name of mascot	ふなっしー：Name of mascot
滋賀県彦根市：City of *Hikone*, *Shiga* Prefecture	千葉県船橋市：City of *Funabashi*, *Chiba* Prefecture
	熊本県：*Kumamoto* Prefecture

読む前に 1　単語の練習　次のa〜fを（　）の中に入れて、文を完成しましょう。

a. 地域　　b. イメージして　　c. 商品　　d. 人気　　e. 成功して　　f. ニコニコして

1) この歌手は最近、若い人に（　　　）があるそうです。
2) この料理は（　　　）によって作り方が違う。
3) あの人はいつも（　　　）いて、友達もたくさんいる。
4) 去年から計画していたプロジェクトが（　　　）、とてもうれしかった。
5) 最近はどんな（　　　）でも、ネットで買えるようになった。
6) このレストランは京都の古い家を（　　　）作られました。

読む前に 2

1) あなたは好きな漫画やアニメ、ゲームのキャラクターがいますか。どんなキャラクターですか。また、どうしてそのキャラクターが好きですか。
2) あなたは地震を経験したことがありますか。それは、いつ、どこで経験しましたか。その時、どう思いましたか。

内容質問 1 正しければ○を違っていれば×をしましょう。

1) (　　)　日本と聞いた時に、みんな日本の食べ物しかイメージしない。
2) (　　)　筆者（この文章を書いた人）はゆるキャラについて知らない人はいないと思っている。
3) (　　)　ゆるキャラは全部人気があって、成功している。
4) (　　)　地震があった時、くまモンは最初、テレビやイベントに出なかった。
5) (　　)　ゆるキャラはポスターやパンフレットでも見ることができる。

内容質問 2 次の質問に答えましょう。

1) ゆるキャラが漫画やアニメのキャラクターと大きく違うのは、どんなところですか。
   a. 地域と関係があるところ
   b. 人気があるところ
   c. コラボ商品があるところ
   d. テレビでよく見るところ

2) どうしてくまモンは「成功したゆるキャラだと言えます」(18行目) か。
   a. たくさんの人が知っているから。
   b. たくさんコラボ商品があるから。
   c. 色々な人に人気があるから。
   d. たくさんの人を元気にするから。

3) 「キャラクター」(27行目) を修飾して (to modify) いるところは、どこから始まりますか。
   a. 「ゆるキャラは〜」から
   b. 「地域や会社などを〜」から
   c. 「PRするために〜」から
   d. 「生まれた」から

4) 「それ以上の意味」(30行目)は、例えば、くまモンでは、どんな意味がありましたか。
   a. 熊本県を通る新しい新幹線がとても有名になった。
   b. 熊本県の食べ物とのコラボ商品がたくさん売れた。
   c. 地震の後、みんなが元気になったり、楽しくなったりした。
   d. 地震の後、たくさんの人が熊本県に観光に来た。

考えをまとめよう

1) あなたの国で町をPRする時、どんな方法がありますか。もしゆるキャラを作るとしたら、どんなゆるキャラがいいと思いますか。
2) あなたの国には、大きい地震や台風などの災害から復興した町がありますか。どうやって町を復興させましたか。

話す前に、あなたの意見や考えをメモしよう。
-
-
-
-

文法・表現リスト

- □ 「日本」といえば、何をイメージしますか → 65
- □ ゆるキャラとは、「ゆるいキャラクター」を → 79
- □ もしかしたら、この言葉を → 124
- □ 耳にしたことがない人 → 19
- □ 「ふなっしー」をはじめ、「くまモン」「ひこにゃん」など → 144
- □ 町の商品を買ってもらったり、観光に来てもらったりすることです → 61
- □ くまモンも他のゆるキャラと同じように → 131
- □ 新幹線のPRのために生まれました → 49
- □ 日本全国を回り／大きい地震があり → 148
- □ 色々な商品にも使われたりしました → 136
- □ 地震が起きたばかりのころは → 109
- □ みんながいい気持ちになるはずがない → 113
- □ テレビやイベントに出るべきではない → 116
- □ くまモンにどうしても会いたい → 68
- □ 会いたいと口にしたため → 48
- □ くまモンは外に出ることにしました → 22
- □ その一方で、地域や会社など → 3
- □ 地域や会社などをPRするだけではなく → 42
- □ 意味を持つこともあります → 18
- □ 旅行することがあれば → 106
- □ どんなゆるキャラがいるのか → 146

17 強い選手の作り方

ジャンル　スポーツ
難しさ　★★

井村雅代　アーティスティックスイミング（シンクロナイズドスイミング）指導者（1950年～　）

小出義雄　マラソン指導者（1939年～2019年）

キーワード　スパルタ教育／ゆとり教育／コーチ／叱る／ほめる

1　井村雅代と小出義雄はともにスポーツの指導者だ。井村は日本や中国といったアーティスティックスイミングの代表チームを指導し、スパルタ教育、つまり非常に厳しい練習をさせることで有名だ。一方、小出は女子陸上のコーチで、何人もオリンピックのメダリストを育てたが、井村とは反対に選手をほめて育
5　てる指導を行っていた。

　井村は、現在（2019年時点）日本代表チームのコーチとして指導を行っている。井村は合宿練習では、選手に朝7時半から12時間以上の練習をさせる。プールではやる気のない選手に「帰れ」とか、泣いている選手には「泣いても上手にならない」とか叱る。そして、アーティスティックスイミングのチームは
10　試合の時にまっすぐ並び、笑顔で泳ぐことが大切なので、毎日の生活の中でも、部屋をきちんと片付けさせ、どんなに大変な時でも、つらそうな顔を見せるなと教える。また、井村によると今の日本人選手は「ゆとり教育」のためみんなと同じがいいという考え方をするので、競争しようという気持ちが出ないそうだ。そのため強い選手になれない。選手はそれぞれ能力が違うのだから、そん
15　な考えは変えなければいけないと井村は選手に話す。

　一方、小出は、自分の教え方は選手に夢と希望を持たせることだと言っていた。だから、シドニーオリンピックの女子マラソンで金メダルを取った高橋尚子選手には毎日「君は、世界一になれる」と言って励ましていたそうだ。そうすると、最初は世界一になんかとてもなれないと思っていた選手が、「もしか
20　したら、なれるのかな」という気になってくる。このように、選手をその気にさせるといいと話していた。そして、選手は一人ひとり違うので、その特徴を

考えて指導することも大事だと考えていた。けれど、ほめるだけではやはり強くならないので、小出も叱ることがあったそうだ。その時は、叱るというより相手が理解できるように説明をしたとのことだ。

25　二人ともすばらしい選手を育てたが、その指導の仕方は正反対だと言っていい。皆さんの国では、どのような指導をするコーチが多いだろうか。そして、皆さんがもしスポーツ選手だったとしたら、井村に指導を受けたいと考えるだろうか。それとも、小出に指導を受けたいと思うだろうか。

アーティスティックスイミング（シンクロナイズドスイミング）：artistic swimming (synchronized swimming)
スパルタ教育：Spartan Education = impose rigid discipline
ゆとり教育：*Yutori* Education = Japanese education policy that reduces the hours and the content of the curriculum (around 2002-2010)
陸上：track and field　　オリンピック：Olympics　　メダリスト：medalist
金メダル：gold medal　　高橋尚子：marathon runner　　励ます：to encourage

読む前に　1　単語の練習

次のa～fを（　）の中に入れて、文を完成しましょう。

| a. 笑顔 | b. 指導して | c. ほめて | d. つらい | e. 希望 | f. 代表 |

1) 友達は、日本の（　　）としてオリンピックに出ます。
2) オリンピックに行きたかったら、有名なコーチに（　　）もらったほうがいい。
3) いいことをした時、両親は私を（　　）くれました。
4) 友達から（　　）がかわいいと言われて、うれしかった。
5) 風邪をひいて、熱があるので、とても（　　）です。
6) 今の若い人はあまり将来に（　　）を持っていないらしい。

読む前に　2

1) あなたの国はどんなスポーツが強いですか。それはどうしてだと思いますか。
2) あなたの国では、スパルタ教育が行われていますか。また、スパルタ教育をどう思いますか。

内容質問 1 正しければ○を違っていれば×をしましょう。

1) (　　) 井村は何人も陸上のメダリストを育てた。
2) (　　) 小出は選手をほめて指導するが、井村はその反対だ。
3) (　　) 井村は、選手が泣けば泣くほど、アーティスティックスイミングが上手になると思っている。
4) (　　) 井村はみんなが同じでいいという考え方では、強い選手になれないと思っている。
5) (　　) 小出はほめることが大事だと思うから、絶対に選手を叱らない。

内容質問 2 次の質問に答えましょう。

1) 「叱る」(9行目)は、誰が叱りますか。
   a. 井村
   b. 小出
   c. 選手
   d. 日本人のコーチみんな

2) 「そのため」(14行目)の「その」は何を指して (to refer) いますか。
   a. 選手があまり長い時間練習をしない。
   b. まっすぐ並び、笑顔で泳ぐことができない。
   c. 毎日の生活の中で、きちんとした生活ができない。
   d. 競争する気持ちがなく、みんな同じがいいと思う。

3) 「高橋尚子」(17行目)を修飾して (to modify) いるところは、どこから始まりますか。
   a. 「だから〜」から
   b. 「シドニー〜」から
   c. 「女子マラソンで〜」から
   d. 「金メダルを〜」から

4）「その気にさせる」(20行目)の「その気」は何を指して (to refer) いますか。
   a. 夢を見ている気持ち
   b. 金メダルを取った高橋尚子になった気持ち
   c. 世界一になれるという気持ち
   d. 世界一にはなれないという気持ち

考えをまとめよう

1）あなたがスポーツ選手だったら、井村と小出とどちらに指導してほしいと思いますか。それはどうしてですか。
2）あなたの国の教育は、スパルタ教育ですか。また、どんな教育方法が一般的ですか。

話す前に、あなたの意見や考えをメモしよう。
・
・
・
・

文法・表現リスト

- □ 井村雅代と小出義雄はともにスポーツの → 81
- □ 日本や中国といったアーティスティックスイミング → 66
- □ 代表チームを指導し／試合の時にまっすぐ並び → 148
- □ 厳しい練習をさせる／12時間以上の練習をさせる → 37
- □ 厳しい練習をさせることで → 21
- □ 一方、小出は → 3
- □ 何人もオリンピックのメダリスト → 88
- □ チームのコーチとして → 76
- □ 帰れ → 127
- □ 「帰れ」とか、〜上手にならない」とか → 70
- □ どんなに大変な時でも → 82
- □ つらそうな顔 → 39
- □ 見せるな → 83
- □ 井村によると → 103
- □ 「ゆとり教育」のため／そのため強い選手 → 48
- □ 気持ちが出ないそうだ／励ましていたそうだ → 38
- □ 世界一になんか → 89
- □ 世界一になんかとてもなれない → 77
- □ もしかしたら、なれる → 124
- □ 気になってくる → 57
- □ このように、選手を → 131
- □ その気にさせるといいと話していた → 62
- □ ほめるだけでは → 42
- □ 小出も叱ることがあった → 18
- □ 相手が理解できるように → 134
- □ 説明をしたとのことだ → 78
- □ スポーツ選手だったとしたら → 75
- □ それとも、小出に〜と思うだろうか → 40

18 3つの金メダル

ジャンル	スポーツ
難しさ	★★

野村忠宏　柔道家（1974年〜　）

キーワード ➡ 柔道／現役／引退／選手寿命

　　英語の"life"という単語は、日本語では「命」「人生」「一生」「生活」などと翻訳されます。その中に「寿命」という言葉があります。寿命とは、生まれてから死ぬまで何年あるかということで、テレビや冷蔵庫などの電化製品にも使われています。さらに、スポーツの分野では、「選手寿命」という言葉もあります。これは何歳まで選手を続けることができるかということです。一般の人は、無理をしなければ、70歳、80歳になっても、運動を続けることはできるでしょう。けれど、プロのスポーツ選手や、競技会で活躍する選手の場合は少し状況が違います。

　　例えば、野球だと30歳ぐらいまで、水泳は20代前半までが平均的な選手寿命だと言われています。このようにスポーツ選手の選手寿命が短い理由としては、なかなか体力が続かないことやけがが多いことなどが考えられます。柔道も選手寿命は30歳ぐらいまでで、長く選手を続けるのが難しい競技です。そのような中で40歳まで柔道を続け、アトランタ、シドニー、アテネという3回のオリンピックで金メダルを取った野村忠宏は、非常に特別だと言えます。

　　野村が最初にオリンピックで金メダルを取ったのは1996年、21歳の大学生の時でした。あまり体も大きくありませんでしたし、まだ日本でも有名ではありませんでしたが、一本勝ちで勝ち続けていくうちに、多くの人の注目を集めるようになりました。野村は2回目のオリンピックで金メダルを取った時、一番強い時に引退したほうがいいのではないかと思ったそうです。そのため、その後2年間は柔道をせず引退を考えたそうですが、まだ柔道が続けたいという気持ちが捨てられず、3回目のオリンピックにも出て、3つ目の金メダルを取りました。その後も柔道を続けましたが、多くの人が「ピークを過ぎた野村は柔道を辞めたほうがいい」と思っていることに野村は抵抗を感じるようになり

ました。また、柔道を続けることでお世話になってきた人達へ感謝の気持ちを伝えてからでないと引退できないと思ったので、思い通りに体が動かなくなる40歳まで柔道を続けました。

　スポーツ選手がいつ選手を辞めるかを決めるのは決して簡単なことではありません。例えば、一度引退した後、また選手としての活動を始める選手もいます。引退に関しては、体力の問題はもちろんですが、自分が納得できるまで続けたいという気持ちの問題や、続けてほしいという周りの人の意見なども考える必要があるかもしれません。さらに、短い選手寿命を考えると、引退した後の生活も考える必要があります。皆さんの国のスポーツ選手はいつ、どうやって引退を決めているのでしょうか。また、それらの選手たちの引退後の生活や周りの人達の反応はどのようなものでしょうか。

金メダル：gold medal　　選手寿命：lifespan of an athlete　　体力：strength
アトランタ：Atlanta　　シドニー：Sydney　　アテネ：Athens
オリンピック：Olympics　　一本勝ち：ippon (knockout)

読む前に 1　単語の練習

次のa～fを（　）の中に入れて、文を完成しましょう。

| a. 引退 | b. 分野 | c. 状況 | d. 抵抗 | e. 感謝 | f. 活動 |

1) あの選手はもう若い人に勝てないと思い、（　　）を決めたそうだ。
2) 卒業する時に先生に（　　）の手紙を書いて渡した。
3) アインシュタイン（Einstein）は物理学者ですが、物理以外の（　　）でも有名です。
4) 最近の若い人のファッションに（　　）を感じるお年寄りも多い。
5) 学生の時は色々なボランティア（　　）に参加していました。
6) 現在のプロジェクトの（　　）について、部長に説明することになっている。

読む前に 2

1) あなたの好きなスポーツは何ですか。あなたは何歳ぐらいまで、そのスポーツをしたい／できると思いますか。
2) あなたの国の平均寿命はどのぐらいですか。また、あなたの国の人は、何歳ぐらいまで仕事を続けますか。

内容質問 1　正しければ○を違っていれば×をしましょう。

1）（　）　プロのスポーツ選手でも無理をしなければ70歳、80歳ぐらいまで続けられる。
2）（　）　柔道は他のスポーツに比べて長く選手を続けることができる。
3）（　）　野村は1回目のオリンピックの時は柔道が強くなかった。
4）（　）　野村は2回目のオリンピックの後、選手を辞めようと思った。
5）（　）　体力が続かないとスポーツ選手は引退してしまう。

内容質問 2　次の質問に答えましょう。

1）「選手寿命」（4行目）について正しくないのはどれですか。
　　a.　どのぐらいの時間、選手を続けられるかという意味だ。
　　b.　一般の人が運動を続けられる時間より短い。
　　c.　スポーツ選手の選手寿命が短いのは様々な理由がある。
　　d.　野村の選手寿命は他の選手よりも短かった。

2）「少し状況が違います」（8行目）と書いてありますが、どんな状況ですか。
　　a.　寿命という言葉が選手にも使えるかどうか
　　b.　年を取っても運動を続けられるかどうか
　　c.　オリンピックに出て、金メダルが取れるかどうか
　　d.　自分で引退を決められるかどうか

3）「40歳」（26行目）を修飾して（to modify）いるところは、どこから始まりますか。
　　a.　「柔道を続けることで～」から
　　b.　「お世話になってきた～」から
　　c.　「引退できないと思った～」から
　　d.　「思い通りに体が～」から

野村忠宏 | 18

4) どうしてプロのスポーツ選手をいつ辞めるか決めるのは難しいですか。
    a. 他の人にいつ辞めるか決められたくないから。
    b. いつ辞めるか自分だけで決められない場合があるから。
    c. 選手は自分が一番強い時に引退したほうがいいと思っているから。
    d. オリンピックなどの大きい大会に出てから辞めたいと思うから。

考えをまとめよう

1) あなたの国では、スポーツ選手は引退した後、どのようなことをする人が多いですか。それはどうしてですか。

2) あなたの国のスポーツ選手は、ファンや支えてくれた人に対して、感謝の気持ちをどのようにして伝えていると思いますか。それはどうしてですか。

> 話す前に、あなたの意見や考えをメモしよう。
> ・
> ・
> ・
> ・

文法・表現リスト

□「生活」などと翻訳されます／使われています → 136	□ 勝ち続けていくうちに → 4
□ 寿命とは、生まれてから → 79	□ 注目を集めるようになりました／感じるようになりました → 133
□ 死ぬまで／納得できるまで → 119	
□ 何年あるかということで／いつ選手を辞めるかを決める → 146	□ と思ったそうです／考えたそうです → 38
	□ そのため、その後2年間 → 48
□ 何年あるかということで → 64	□ 柔道をせず引退を考えた／捨てられず → 31
□ さらに、スポーツの分野では → 28	□ お世話になってきた人達 → 57
□ 無理をしなければ → 106	□ 気持ちを伝えてからでないと引退できない → 55
□ 平均的な選手寿命 → 56	□ 思い通りに体が動かなくなる → 69
□ 選手寿命だと言われています → 67	□ 決して簡単なことではありません → 16
□ このようにスポーツ選手の／そのような中で → 131	□ 引退に関しては → 93
□ 短い理由としては → 76	□ 体力の問題はもちろんですが → 125
□ 一本勝ちで勝ち続け → 52	□ 続けてほしい → 60
□ 勝ち続けていく → 54	

19 車いすテニスで優勝

ジャンル	スポーツ
難しさ	★

国枝慎吾　プロ車いすテニス選手（1984年～　）

キーワード → スポーツ／車いすテニス／障害／スランプ／メンタルトレーニング

　日本のプロテニス選手というと、錦織圭選手や大坂なおみ選手を思い浮かべる人が多いかもしれない。けれど、日本には錦織選手や大坂選手よりももっとすばらしい成績を世界で残している選手がいる。それがプロ車いすテニス選手の国枝慎吾選手だ。彼は全豪、全仏、全米のシングルスで優勝、ダブルスでは全豪、全仏、全英、全米の四つの大会全てで優勝しており、合計の優勝回数は40回を上回っている。

　国枝は9歳の時、病気のせいで腰から下が動かなくなってしまい、車いすでの生活をしなければならなくなった。母親に車いすテニスをしたらどうかと言われ、11歳の時に車いすテニスを始めた。最初は車いすテニスよりもバスケットボールのほうが好きで、障害のない友達と一緒にバスケットボールをして楽しんでいたそうだ。その時の車いすの動かし方が、現在の国枝の基礎となっている。高校の時、オランダで車いすテニスの試合をする機会があり、プロの車いすテニス選手がいることを知り、車いすテニスに対する考えが変わった。けれど、世界とのレベルの差を強く感じ、日本に帰国してから本格的に競技レベルの車いすテニスの指導を受けるようになる。

　世界ですでに活躍していた国枝だが、2006年1月の全豪オープンテニスの時にアン・クインというメンタルトレーナーに出会い、自分が世界一になれると思うかと聞かれた。その時、国枝はもちろんなりたいと答えたが、クインになりたいではなく、自分が世界一だと言えるくらいの練習と、毎日「自分が一番強いんだ」と叫ぶことが大切だと教えられる。クインに言われた通りにしているうちに、弱気になりがちな自分が消えていくのが分かった。そして、クインのアドバイスのおかげで、国枝はその年の5月の世界ランクで1位になる。

　これまで自分より上の人を目標にして頑張っていた国枝だが、世界ランク1

位がしばらく続くと、目標をなくし、テニスを続ける気がなくなりかけてしまったそうだ。しかし、彼は試合でミスをしたり、自分が思った通りのコースにボールを打てなかったりすることが、まだたくさんあることに気づき、試合する相手ではなく、自分の弱さや未熟な部分と戦うことこそが大切だと思い、このスランプから抜けることができたそうだ。スポーツでは技術はもちろんであるが、精神的な部分も大切だとされる。国枝の成功は自身の精神的な部分を強くできたこと、そして、それをコントロールできたことにあるのだろう。

車いす：wheelchair　　スランプ：slump　　錦織圭：professional tennis player
大坂なおみ：professional tennis player　　全豪（オープンテニス）：All Australian (Australian Open Tennis)
全仏：All France (French Open)　　全米：All U.S.A. (U.S. Open)
全英：All England (Wimbledon Championship)　　オランダ：The Netherlands
本格的に：real; full scale; in earnest　　アン・クイン：Ann Quinn (Mental trainer)
未熟な：immature; inexperienced

読む前に 1　単語の練習　次のa～fを（　）の中に入れて、文を完成しましょう。

| a. 成績 | b. 障害 | c. 優勝 | d. 出会った | e. 叫んだ | f. 競技 |

1) テニスの大会で（　　）できるように、毎日練習しています。
2) 日本語の授業でいい（　　）がほしいので、一生懸命勉強しています。
3) 交通事故でけがをして、（　　）が残ってしまった。
4) オリンピックではサッカーや柔道など色々な（　　）が行われます。
5) 友達はお酒をたくさん飲むと、歌を歌ったり、大きい声で（　　）りするので困る。
6) 大学の時に（　　）人と結婚することになりました。

読む前に 2

1) あなたの国には、世界で活躍しているプロスポーツ選手がいますか。その人はどんなスポーツの選手で、どんな活躍をしていますか。
2) あなたの国では、障害者はどんなスポーツをよくしていますか。また、障害者のためのスポーツの大会がありますか。

内容質問 1 　正しければ○を違っていれば×をしましょう。

1) (　　)　プロテニス選手というと、たいてい国枝のことを考える人が多いらしい。
2) (　　)　国枝は病気のために、車いすを使う生活をしなければいけなくなってしまった。
3) (　　)　国枝はバスケットボールの試合に出るために、オランダに行った。
4) (　　)　国枝はいつも、自分より強い人に勝つことを目標として練習していた。
5) (　　)　国枝はクインに会って、試合する相手と戦うことではなくて、自分と戦うことが大切だと分かった。

内容質問 2 　次の質問に答えましょう。

1) 「選手がいる」(3行目)の「選手」を修飾して (to modify) いるところは、どこから始まりますか。
   a. 「日本には〜」から
   b. 「錦織〜」から
   c. 「もっとすばらしい〜」から
   d. 「世界で〜」から

2) 国枝が車いすテニスを始めた理由は何ですか。
   a. 病気のリハビリをしたかったから。
   b. 母親が車いすテニスをしたほうがいいと言ったから。
   c. バスケットボールより車いすテニスがおもしろそうだったから。
   d. 障害のない友達と一緒にできるから。

3) 「思う」(18行目)は、誰が思いますか。
   a. 国枝
   b. クイン
   c. 日本人
   d. 筆者（この文章を書いた人）

4）「それを」(30行目)の「それ」は何を指して (to refer) いますか。

    a.   テニスを続ける気

    b.   試合をする相手

    c.   スポーツの技術

    d.   精神的な部分

考えをまとめよう

1) 国枝が世界ランク1位が続いて目標をなくしてしまった時の気持ちが、あなたは理解できますか。あなたなら、どんな気持ちになると思いますか。

2) あなたは精神的に強いと思いますか。また、あなたはスランプを感じたことがありますか。スランプを感じた時、どうしましたか。(もしスランプを感じたとしたら、どうしますか。)

話す前に、あなたの意見や考えをメモしよう。
-
-
-
-

文法・表現リスト

□ 全てで優勝しており／試合をする機会があり → 148	□ 国枝はもちろんなりたい／技術はもちろんであるが → 125
□ 病気のせいで腰から下が → 34	□ 世界一だと言えるくらいの練習 → 14
□ 車いすテニスをしたらどうかと → 51	□ クインに言われた通りにして／自分が思った通りのコース → 69
□ したらどうかと言われ／なれると思うかと聞かれた → 136	
□ 楽しんでいたそうだ／なくなりかけてしまったそうだ → 38	□ 言われた通りにしているうちに → 4
	□ 弱気になりがちな自分 → 6
□ 車いすテニスに対する考え → 96	□ 自分が消えていく → 54
□ 帰国してから本格的に／精神的な部分 → 56	□ クインのアドバイスのおかげで → 5
□ 指導を受けるようになる → 133	□ 戦うことこそが大切だ → 17
□ 世界ですでに活躍していた → 30	□ 精神的な部分も大切だとされる → 74

20 プレッシャーに負けない泣き虫の努力

ジャンル：スポーツ
難しさ：★

福原愛　卓球選手（1988年〜　）

キーワード　才能／努力／プレッシャー／国民の期待

1 　「泣き虫愛ちゃん。」福原愛が5歳の時に、テレビ番組で大人と卓球をしている最中に、負けそうになって、泣いてしまうシーンはとても有名です。テレビを見ている人は小さい子供が一生懸命頑張っていると思っていましたが、福原は大人と卓球をする時でも、絶対に負けたくないと思っていたそうです。今は
5 大人になり、2018年に引退するまで日本のエースとして世界で活躍しました。
　　福原は3歳の時に卓球を始め、10歳の時にプロになりましたから、小さいころから「天才」と呼ばれて、いつも年上の選手と卓球をしてきました。そして、ロンドンとリオデジャネイロのオリンピックでメダルを取っているので、やはり天才と言っても間違いではないでしょう。しかし、福原は自分は天才で
10 はなく、他の人より努力をしてきたと言っています。例えば、他の選手が帰った後も練習を続けるなど、他の人に比べてたくさん練習していたそうです。大人にも負けるはずがないという福原の自信は、もしかしたらそのような練習が理由なのかもしれません。
　　そんな福原の努力が分かるものの一つに、福原の話す中国語があります。最
15 近は海外で活躍するスポーツ選手も多く、外国語で海外の選手とコミュニケーションができる選手も増えてきました。福原も中国や台湾のメディアからインタビューを受けた時に、通訳を全く使わないで、流暢な中国語で答えています。福原が中国語を話せるのは中国でも非常に有名で、中国にも福原のファンがたくさんいて、中国語のニックネームもあるそうです。
20 　　福原は日本では「愛ちゃん」というニックネームで呼ばれて、福原が子供のころから活躍しているのをいつもテレビで見てきた日本の人達は、福原のことをまるで自分の娘のように感じています。けれども、それは多くの人から注目されているということでもあり、勝たなければいけないというプレッシャーに

もなっていました。そんな彼女はリオデジャネイロオリンピックの試合で負け
た時、「負けてすみませんでした」とテレビのインタビューで応援してくれて
いた人達に謝りました。

　最近では、テニスやスケート、ゴルフや野球など、小さいころからスポーツ
選手を目指す子供が多くなりました。そのような子供たちは、大人からの期待
とプレッシャーを背負いがちになります。では、もし皆さんが福原のように子
供のころから国民の期待とプレッシャーを背負っていたとしたら、どのように
感じるでしょうか。

プレッシャー：pressure　　　　　卓球：table tennis　　　　　ロンドン：London
リオデジャネイロ：Rio de Janeiro　オリンピック：Olympics　　　メダル：medal
ニックネーム：nickname　　　　　応援する：to support; to cheer up

読む前に 1　単語の練習　次のa～fを（　）の中に入れて、文を完成しましょう。

a. 選手　b. 期待　c. 間違い　d. コミュニケーション　e. インタビュー　f. 通訳

1) 田中さんの子供は将来サッカー（　　）になりたいと言っている。
2) 先生になってまだ1年だから、学生と上手に（　　）が取れない。
3) あの人は日本語が話せないので、（　　）が必要だ。
4) 9時のニュースで大統領の（　　）が見られるそうだ。
5) 親の子供への（　　）はプレッシャーになるかもしれない。
6) 漢字の（　　）があったので、もう一度書いて下さい。

読む前に 2

1) あなたの国で人気があるスポーツ選手は誰ですか。その人が人気がある理由は何ですか。
2) 「天才」と聞いたら、どんな人をイメージしますか。あなたの国で天才と呼ばれた人がいますか。その人はどうして天才と呼ばれましたか。

内容質問 1 正しければ○を違っていれば×をしましょう。

1) (　　)　福原は子供の時からテレビに出ていた。
2) (　　)　福原は他の人と同じぐらい練習をした。
3) (　　)　福原は色々な外国語を話すことができるそうだ。
4) (　　)　福原は中国のファンからも日本語で「愛ちゃん」と呼ばれている。
5) (　　)　福原と違って、最近の子供たちはプレッシャーを感じていない。

内容質問 2 次の質問に答えましょう。

1) どうして愛ちゃんは「泣いて」(2行目) しまいましたか。
   a. 大人にも勝ちたかったから。
   b. 福原がとても小さかったから。
   c. 負けてしまったから。
   d. たくさん練習をさせられたから。

2) 「天才」について、筆者(この文章を書いた人)の考えと合うものはどれですか。
   a. 福原は天才だ。
   b. 福原は天才じゃない。
   c. 福原は努力して天才になった。
   d. 福原は天才かもしれない。

3) 「選手」(16行目) を修飾して (to modify) いるところは、どこから始まりますか。
   a. 「最近は〜」から
   b. 「海外で〜」から
   c. 「外国語で〜」から
   d. 「コミュニケーションが〜」から

4)「それは」(22行目)の「それ」は何を指して (to refer) いますか。
   a. 他の選手よりたくさん努力してきたこと
   b. 日本以外にもたくさんファンがいること
   c. 家族のように応援してくれるファンがいること
   d. オリンピックの試合で負けたこと

考えをまとめよう

1) どうして福原はオリンピックの試合で負けた後、応援している人に対して謝ったと思いますか。あなたの国のスポーツ選手は、このような時、インタビューでどんなことを話すと思いますか。

2) あなたは今までに、家族や周りの人からプレッシャーを感じたことがありますか。それはどのようなプレッシャーでしたか。また、あなたはプレッシャーを感じやすいと思いますか。そして、プレッシャーを感じた時、どうしますか。

話す前に、あなたの意見や考えをメモしよう。
・
・
・
・

文法・表現リスト

□ 卓球をしている最中に	→ 25	□ 負けるはずがない	→ 113
□ 負けそうになって	→ 39	□ もしかしたらそのような	→ 124
□ 思っていたそうです／練習していたそうです	→ 38	□ そのような練習が／娘のように感じています	→ 131
□ 今は大人になり／卓球を始め	→ 148	□ まるで自分の娘のように	→ 121
□ 引退するまで	→ 119	□ 注目されているということでもあり	→ 64
□ 日本のエースとして	→ 76	□ 応援してくれていた人達	→ 58
□ 「天才」と呼ばれて／注目されている	→ 136	□ プレッシャーを背負いがちになります	→ 6
□ 卓球をしてきました／努力をしてきた	→ 57	□ プレッシャーを背負っていたとしたら	→ 75
□ 他の人に比べてたくさん	→ 95		

21 ワンマン政治家

ジャンル：政治
難しさ：★★★

吉田茂　外交官／政治家（1878年〜1967年）

キーワード → 政治／ワンマン（和製英語）／リーダーシップ／ユーモア

　1951年が日本にとってどんな年だったか知っていますか。この年、日本はアメリカのサンフランシスコ市で、サンフランシスコ平和条約を結びました。日本は1945年に第二次世界大戦でアメリカやイギリスなどの連合国に負けた後、連合国に占領されて、戦争の状態が続いていましたが、この条約によって、日本と多くの連合国の間の戦争の状態が終わりました。そして、日本が国際的に国として認められるようになりました。その時、この条約に署名をしたのが首相だった吉田茂です。

　吉田は戦争の前は外交官として中国やイギリスの大使館に勤めていましたが、戦争の後の1946年に首相になりました。戦争の後の日本は、政治、経済など全てがとても悪い状態でした。そして、GHQの無理な要求や命令を受けながら、首相として国を動かして、日本を立て直していくことはとても難しいことでした。しかし、吉田はアメリカとも同じ立場で話し合いをして、その後の日本の経済の基礎を作った人物と考えられています。

　吉田はよくワンマンだったと言われています。ワンマンとは日本人が英語から作った言葉（和製英語）で、グループを一人の考えで動かす人という意味の言葉です。この言葉のように、吉田は自分一人の考えだけで政府を動かすことも多かったようです。ワンマンは悪い意味で使われることが多い言葉ですが、戦争の後のような社会が混乱している時代には、吉田のようなワンマンの人がリーダーになることは悪いこととは限らないのかもしれません。

　吉田は非常にユーモアを持った人物だったようです。日本が連合国に占領されている時、日本はGHQのマッカーサー司令官に対して450万トンの食料を日本に輸入しなければ、食べ物がなくて多くの人が死んでしまうと説明しました。結局、日本に輸入できた食料はせいぜい70万トンだけでしたが、この食

料のおかげで、たくさんの人が助かりました。後日、マッカーサーが日本の計
算は間違いだらけで困ると吉田に文句を言うと、吉田は謝るどころか、もし日
本の計算が正しかったら、アメリカとは戦争なんかしなかったと返事をしたそ
うです。マッカーサーはこれを聞いて大笑いをしたと言います。このように、
どんな立場の人に対してでも、吉田はユーモアを使って答えることができるよ
うな性格の人物でもありました。皆さんは、吉田のようなワンマンの政治家を
どう思いますか。あなたの国にも吉田のようなワンマンだった政治家がいます
か。

和製英語：English word coined in Japan　　ユーモア：humor
サンフランシスコ平和条約：The San Francisco Peace Treaty　　第二次世界大戦：Word War II
連合国：the Allies; the Allied Powers　　占領する：to occupy　　署名：signature; autograph
GHQ：General Headquarters (of the Supreme Commander for the Allied Powers after WWII)
マッカーサー司令官：Commander MacArthur (Douglas MacArthur) (General of the Army)

読む前に ① 単語の練習

次のa〜fを（　）の中に入れて、文を完成しましょう。

| a. 首相 | b. 平和 | c. 状態 | d. 要求 | e. 混乱 | f. 食料 |

1) 戦争がなくなって、早く世界が（　　）になってほしい。
2) 大きい地震が起きた時は、電気が消えたり、電車が止まったりして、町は（　　）するだろう。
3) 社員は社長に休みを増やしてほしいと（　　）した。
4) 山に登る時は、自分たちで（　　）を運ばなければいけない。
5) 今年の夏は気温がいつもより高い（　　）が続いている。
6) イギリスと日本には（　　）がいるが、アメリカにはいない。

読む前に ②

1) 第二次世界大戦が終わった後、日本はどんな状態だったでしょうか。あなたは、そのころの日本について、どんなことを知っていますか。
2) あなたは好きな政治家がいますか。どうしてその政治家が好きですか。

内容質問 1 正しければ○を違っていれば×をしましょう。

1) (　)　日本と連合国との戦争の状態が、本当に終わったのは1951年だ。
2) (　)　吉田は、GHQと上手に話し合って、日本の経済の基礎を作った。
3) (　)　筆者（この文章を書いた人）は、戦争の後に、吉田のようなワンマンの人が
　　　　　 リーダーになることはよくないと考えている。
4) (　)　アメリカから70万トンしか食料が来なかったので、たくさんの人が亡くなった。
5) (　)　吉田は誰に対してもユーモアを使うことができた。

内容質問 2 次の質問に答えましょう。

1) 1951年は日本にとってどんな年でしたか。
　　a.　平和条約に署名した吉田が日本の首相になった年
　　b.　日本がアメリカやイギリスなどの連合国に負けてしまった年
　　c.　日本が世界で国として認められるようになった年
　　d.　アメリカが日本の占領を始めた年

2) 「考えられています」(13行目)の「考える」は、誰が考えますか。
　　a.　人々
　　b.　吉田
　　c.　GHQ
　　d.　筆者（この文章を書いた人）

3) 「ワンマン」というのは、どういう意味ですか。
　　a.　一人で何か悪いことをする人という意味
　　b.　グループを自分の考えだけで動かす人という意味
　　c.　みんなの意見を聞きながらグループを動かすリーダーという意味
　　d.　リーダーになれる人が一人しかいないという意味

4）「これを」（27行目）の「これ」は何を指して（to refer）いますか。

a. 食料をアメリカから450万トン輸入しなければいけない。
b. 食べ物がなくて多くの人が死んでしまう。
c. 日本の計算は間違いが多いので困る。
d. 日本が戦争に負けるという計算ができていれば、戦争はしなかった。

考えをまとめよう

1）国のリーダーになるためには、何が必要だと思いますか。どうしてそう思いますか。
2）「ワンマン」は和製英語ですが、あなたはどんな和製英語を知っていますか。また、日本人が和製英語を作って使うことについて、どう思いますか。どうしてそう思いますか。

話す前に、あなたの意見や考えをメモしよう。
-
-
-
-

文法・表現リスト

□ 日本にとってどんな年	→ 99	□ 動かすことも多かったようです／ユーモアを持った人物だったようです	→ 129
□ どんな年だったか知っていますか	→ 146	□ 悪いこととは限らない	→ 80
□ 連合国に占領されて／連合国に占領されている時	→ 136	□ 司令官に対して／どんな立場の人に対して	→ 96
□ この条約によって	→ 100	□ 日本に輸入しなければ	→ 106
□ 国際的に国として認められる	→ 56	□ 食料はせいぜい70万トン	→ 33
□ 国際的に国として／外交官として	→ 76	□ この食料のおかげで	→ 5
□ 認められるようになりました	→ 133	□ 間違いだらけ	→ 50
□ 無理な要求や命令を受けながら	→ 85	□ 吉田は謝るどころか	→ 73
□ 日本を立て直していく	→ 54	□ アメリカとは戦争なんかしなかった	→ 89
□ 人物と考えられています	→ 71	□ 返事をしたそうです	→ 38
□ ワンマンだったと言われています	→ 67	□ 大笑いをしたと言います	→ 63
□ ワンマンとは日本人が	→ 79	□ 吉田のようなワンマンの政治家	→ 131
□ この言葉のように	→ 131		
□ 自分一人の考えだけで政府を動かす／70万トンだけでした	→ 42		

22 政治家の家

ジャンル 政治
難しさ ★★

小泉純一郎　政治家（1942年〜　）

キーワード → 政治家／親子／家／仕事／大臣

　　皆さんの国では、どんな人が政治家になりますか。弁護士や政府の仕事をしている人が政治家になったりすることが多いかもしれませんが、どうですか。日本でも、弁護士や政府の仕事をしている人が政治家になることもありますが、政治を代々仕事にしている家もあります。例えば、以前総理大臣だった小泉純一郎は、お祖父さん、そしてお父さんともに政治家でした。

　　お祖父さんの又次郎は、父親と同じとび職（大工）の仕事をしていましたが、その仕事がいやで、新聞記者から政治家になり、1929年には大臣にもなりました。純一郎のお父さんは純也といい、1964年にやはり大臣になっています。純一郎は1969年に父親が死んだ後、すぐ選挙に出ましたが落ちてしまい、1972年に国会議員になります。そして、その後2001年に総理大臣になりました。戦後の総理大臣の中では、最も国民の人気を集めた総理大臣でした。彼は小さい政府のほうがいいと考えたので、新しい法律を作って、郵便局や色々な国の機関を民間の会社に変えました。純一郎はすでに政治家を辞めましたが、純一郎の息子の進次郎が今は政治家になっています。

　　日本では「かえるの子はかえる」ということわざがあります。これは、かえるの子はおたまじゃくしで、かえるの姿と全然違うけれど、大きくなるとかえると同じ姿になるということです。つまり、子供の性格や能力は親に似るということを言っています。ですから、政治家の子供は親に似て、また政治家になるということも言えます。必ずしも子供が親に似るとは限りませんが、子供のころから親や家族の仕事をそばで見ている間に、親の仕事に興味を持つようになることもあると思います。純一郎や進次郎の場合も親の仕事を見て、自分も親と同じようになりたいと考えたのかもしれません。一方で、子供によっては親と同じ仕事なんかしたくないと考える場合もあるでしょう。

25　皆さんの国の政治家はどうですか。親子で政治家になっている人達がいますか。また、皆さんは親と同じ仕事をするつもりですか。それとも、むしろ親とは違う仕事をしたいと思いますか。

代々仕事にする（だいだいしごと）：to work for generations
又次郎（またじろう）：Junichiro's grandfather
純也（じゅんや）：Junichiro's father
民間（みんかん）：private (as in private sector)
総理大臣（そうりだいじん）：the Prime Minister
とび職（大工）（とびしょく・だいく）：construction worker (carpenter)
選挙（せんきょ）：election
進次郎（しんじろう）：Junichiro's son
おたまじゃくし：tadpole

読む前に 1　単語の練習

次のa〜fを（　）の中に入れて、文を完成（かんせい）しましょう。

a. 最（もっと）も　　b. 性格（せいかく）　　c. 法律（ほうりつ）　　d. 姿（すがた）　　e. 能力（のうりょく）　　f. 議員（ぎいん）

1) 弟はとても明るい（　　）なので、たくさん友達（ともだち）がいる。
2) 日本の国会（こっかい）の中には、（　　）のための食堂があるそうだ。
3) ここから美しい（　　）の富士山（ふじさん）を見ることができます。
4) 日本語の勉強で（　　）難しいことは、何だと思いますか。
5) 日本の大学で歴史を勉強するためには、日本語の（　　）が高くなければいけない。
6) 日本の（　　）では、20歳（さい）以下の人はお酒（さけ）を飲んではいけません。

読む前に 2

1) あなたの国では、子供（こども）が父親（ちちおや）や母親（ははおや）と同じ仕事をすることがありますか。それはどんな仕事が多いですか。
2) あなたの国の過去（かこ）から現在（げんざい）までの政治家（せいじか）の中で、一番人気（にんき）のある政治家は誰（だれ）だと思いますか。その人は、どうして人気があると思いますか。

内容質問 1 正しければ○を違っていれば×をしましょう。

1) (　　) 純一郎のお祖父さんは、大工からすぐ政治家になった。
2) (　　) 純一郎は、お祖父さんが亡くなってすぐ、選挙に出た。
3) (　　) 純一郎は、戦後一番人気のある総理大臣だった。
4) (　　) 純一郎の子供が今、政治家になっている。
5) (　　) 筆者（この文章を書いた人）は、親と同じ仕事をしたくない人もいると思っている。

内容質問 2 次の質問に答えましょう。

1) 「家」(4行目)を修飾して (to modify) いるところは、どこから始まりますか。
   a. 「日本でも〜」から
   b. 「弁護士や〜」から
   c. 「政治家に〜」から
   d. 「政治を代々〜」から

2) 「彼」(11行目) は誰を指して (to refer) いますか。
   a. 又次郎
   b. 純也
   c. 純一郎
   d. 進次郎

3) 「かえるの子はかえる」(15行目) は、どんな意味のことわざですか。
   a. かえるの子供はおたまじゃくしで、親に似ていないという意味
   b. 子供は親を見て大きくなるので、親に似るようになるという意味
   c. 子供の能力と性格は、親の能力と性格に似ているという意味
   d. 子供がいつも親に似ているわけではないという意味

4） 筆者（この文章を書いた人）は、子供はどうして親と同じ仕事をしたいと思うようになると考えていますか。

 a. 子供は親と同じ能力や性格を持っていることが多いから。

 b. 子供のころ、親の仕事を見ていて興味を持つようになるから。

 c. 子供のころ、親の仕事だけを見ているので、他の仕事を知らないから。

 d. 家族の人が、親と同じ仕事をしたほうがいいと言うから。

考えをまとめよう

1） あなたは、ある家族がずっと政治家の仕事を続けることについてどう思いますか。

2） あなたは、親と同じ仕事をしたいと思いますか、思いませんか。どうしてそう思いますか。

話す前に、あなたの意見や考えをメモしよう。
-
-
-
-

文法・表現リスト

☐ 政治家になることもあります／興味を持つようになることもある　→ 18
☐ お祖父さん、そしてお父さんともに政治家　→ 81
☐ 政治家になり／純也といい　→ 148
☐ 純一郎はすでに政治家を　→ 30
☐ 同じ姿になるということです　→ 64
☐ 必ずしも子供が親に似る　→ 8
☐ 親に似るとは限りません　→ 80
☐ そばで見ている間に　→ 1

☐ 仕事に興味を持つようになる　→ 133
☐ 親と同じように　→ 131
☐ 一方で、子供によっては　→ 3
☐ 子供によっては親と　→ 101
☐ 仕事なんかしたくない　→ 89
☐ 仕事をするつもりです　→ 53
☐ それとも、〜と思いますか　→ 40
☐ むしろ親とは違う　→ 122

23 オランダおいね

ジャンル	学者
難しさ	★

楠本イネ　医師（1827年〜1903年）

キーワード ▶ ハーフ／西洋医学／差別／近代化と女性

　日本人と外国人の間に生まれた人のことをハーフと言いますが、まだ日本が鎖国をしていた時代にハーフとして生まれた人が楠本イネです。イネの父親はシーボルトというドイツ人で、母親はお瀧という日本女性でした。父親のシーボルトは、1823年に長崎の出島にあるオランダ商館の医師として来日しました。そこで母親のお瀧に会い、娘のイネが生まれました。父親のシーボルトは出島で西洋医学（蘭学）を教える学校を開き、日本全国から集まった人に教え、たくさんの医師や学者を育てました。しかし、シーボルトはそのころ外国には持って行ってはいけない日本地図を外国に持ち出そうとして、日本から追い出されてしまいます。そして、母親のお瀧と2歳のイネは日本に残されてしまいます。

　最近では国際結婚をして子供が生まれることはめずらしくありませんが、イネが生まれたころはハーフの子供はめったにいなかったので、イネも偏見から差別を受けることが多かったようです。イネ自身も子供のころ、どうして髪の毛の色が違うのか、どうして肌の色が違うのかと悩んでいたそうです。

　イネが育った時代、日本の女性は男性の医師に診てもらうことをはずかしいと思っており、それが原因で命が助からなくなってしまうこともたくさんありました。そのため、女性の医師が必要だとされていましたが、女性の医師はほとんどいませんでした。イネは12歳ごろから、父のような医師になりたいという気持ちを持ち始め、医学やオランダ語を父の弟子だった人達から学び、医師になるための技術や知識を身につけていきます。イネが33歳になった時、父親のシーボルトが30年ぶりに長崎に戻ってきます。イネは父親と再会し、父親からも直接西洋医学を学びました。時代が明治に変わると、イネは東京で産科医を開き、日本で初めての西洋医学を使った女性の医師として活躍しまし

25　た。イネのおかげで多くの女性が救われたと言います。そんなイネを人々は親しみを込めて「オランダおいね」と呼びました。

　　明治時代の日本には外国人やハーフは少なく、その人達を差別する考え方も強かったですが、イネはそんな時代でも信念を持って日本を近代化するために活躍しました。皆さんの国でも差別を受けたけれど、活躍した人物がいるかどうか調べてみましょう。

オランダ：The Netherlands
鎖国：national isolation; the closure of the country
お瀧：Wife of Siebold
オランダ商館：Dutch Trading Post
偏見：prejudice; bias
産科医：obstetrician
ハーフ：mixed nationality children; origin from "half-Japanese"
シーボルト：(Philipp Franz Balthasar von) Siebold (Physician)
長崎の出島：Name of place in *Nagasaki* Prefecture
蘭学：Dutch learning; Western learning
明治(時代)：*Meiji* Period (1868-1912)
活躍する：to be active in; to participate actively in

読む前に 1　単語の練習　次の a～f を（　）の中に入れて、文を完成しましょう。

| a. 差別 | b. 直接 | c. 命 | d. 救って | e. 悩んで | f. 医師 |

1) 私の父も祖父も（　　）として病院に勤めていた。
2) 将来どんな仕事をしたらいいか、多くの人が（　　）いる。
3) 大きい地震の時は（　　）を守ることを最初に考えて下さい。
4) この新しい薬ができれば、病気で困っている人を（　　）あげられる。
5) 仕事をする時に、男性か女性かということで（　　）をしてはいけません。
6) 授業で分からないことがあったら、（　　）先生に聞くのが一番いい。

読む前に 2

1) あなたの国では国際結婚をする人が多いですか。国際結婚をした時に何か問題がありますか。
2) あなたの国では、女性が多い仕事がありますか、男性が多い仕事がありますか。それはどうしてだと思いますか。

内容質問 1　正しければ○を違っていれば×をしましょう。

1）（　）　外国で生まれて育った人をハーフと言う。
2）（　）　イネが生まれたころ、日本にはハーフの人がたくさんいた。
3）（　）　昔の日本の女性は、男性の医師に診てもらうのがはずかしくて、亡くなってしまう人もいた。
4）（　）　イネは、最初から医学やオランダ語を父親から学んだ。
5）（　）　イネはたくさんの女性を助けた。

内容質問 2　次の質問に答えましょう。

1）「人」（2行目）を修飾して (to modify) いるところは、どこから始まりますか。
   a. 「まだ〜」から
   b. 「日本が〜」から
   c. 「鎖国を〜」から
   d. 「ハーフとして〜」から

2）シーボルトはどうして、日本から追い出されてしまいましたか。
   a. 日本人と結婚してイネという子供が生まれたから。
   b. 出島で西洋医学を日本人に教えたから。
   c. たくさんの医師や学者を育てたから。
   d. 日本の地図を外国に持ち出そうとしたから。

3）イネが子供のころ差別を受けていた理由は何だと思いますか。
   a. 父親がいなかったから。
   b. 父親が日本から追い出されていたから。
   c. 日本人の母親が外国人と国際結婚したから。
   d. 日本人が髪の毛や肌の色が違う人に偏見を持っていたから。

4）「そのため」(17行目)の「その」は何を指して (to refer) いますか。

    a.   女性という差別を受けないで、医師に診てもらう。

    b.   女性がはずかしくて、医師に診てもらわないで、死んでしまう。

    c.   男性の医師に診てもらって、死んでしまう。

    d.   男性の医師は女性をすぐに診ないので、命が助からなくなって、死んでしまう。

考えをまとめよう

1) あなたの国では、国際結婚で生まれた子供はどう思われていますか。昔と今ではその子供たちについて考え方が変わりましたか。

2) あなたの国では、差別を受けている人がいますか。どうしてその人達は差別を受けていますか。

> 話す前に、あなたの意見や考えをメモしよう。
> ・
> ・
> ・
> ・

文法・表現リスト

- □ ハーフとして生まれた／オランダ商館の医師として来日 → 76
- □ お瀧に会い／学校を開き → 148
- □ 外国に持ち出そうとして → 130
- □ 日本から追い出されてしまいます → 43
- □ 追い出されて／日本に残されてしまいます → 136
- □ 子供はめったにいなかった → 123
- □ 偏見から差別を受ける → 9
- □ 差別を受けることが多かったようです → 129
- □ どうして髪の毛の色が違うのか／どうして肌の色が違うのか → 146
- □ 悩んでいたそうです → 38
- □ 医者に診てもらうこと → 61
- □ 助からなくなってしまうこともたくさんありました → 18
- □ そのため、女性の医師が → 48
- □ 必要だとされていました → 74
- □ 父のような医師になりたい → 131
- □ 気持ちを持ち始め → 111
- □ 医師になるための技術／日本を近代化するために → 49
- □ 技術や知識を身につけていきます → 54
- □ イネのおかげで多くの女性が → 5
- □ 女性が救われたと言います → 63
- □ 活躍した人物がいるかどうか → 7

24 ガーナで有名な日本人

ジャンル 学者
難しさ ★

野口英世　細菌学者（1876年〜1928年）

キーワード → 医療／黄熱病の研究／ガーナ／国際協力

　アフリカ西部、大西洋に面したところにガーナ共和国という国があります。日本では特にチョコレートが有名です。しかし、飛行機で約23時間かかりますから、日本からは行きにくい国の一つでしょう。ですから、チョコレート以外にガーナについて知っている人もめったにいません。そんな日本から遠く離れた国で有名な日本人が世界的な細菌学者の野口英世です。では、なぜ野口はガーナで有名になったのでしょうか。

　野口は1歳半の時に左手に大きいやけどをしたため、子供の時は、ほとんど左手を使うことができませんでしたが、15歳の時に手術をして、少しだけ左手が使えるようになりました。野口はこのことに感動して、医者を目指したそうです。医者と聞くと、まじめでしっかりした人を想像するかもしれませんが、野口は医者になるために借りたお金を遊んで使い切ってしまったり、家賃が払えなくなって、知り合いの家に住ませてもらったりしたそうです。その他にも、お金に関係する、あまりよくないエピソードがいくつもあります。

　しかし、24歳でアメリカに渡って医療に関する研究を始めてからは、本当に実験してばかりいました。周りのアメリカ人からは「実験マシーン」と呼ばれたり、「いつ寝ているか分からない」と言われたりしていたくらいだそうです。42歳の時には黄熱病という病気について研究を始め、中南米やガーナに行きました。今も黄熱病は怖い病気ですが、このころの黄熱病は分からないことがたくさんあって、死んでしまう人が多い、恐ろしい病気でした。

　中南米で研究をしていた野口は、黄熱病のワクチンを作ることができたと思いましたが、アフリカの黄熱病はそのワクチンでは治らないと報告がありました。そこで、上司に「アフリカに行かせてほしい」と頼み、ガーナでさらに黄熱病の研究を続けました。ガーナでもほとんど寝ないで黄熱病の研究をしてい

た野口ですが、帰国の少し前に黄熱病にかかってしまいました。しかし、野口はその数ヶ月前に一度、軽い黄熱病にかかったと診断されていたため、自分には免疫があり、黄熱病にはかからないと考えていました。だから、どうして自分が黄熱病にかかったか分からず、最後は「私には分からない…」と言って死んだそうです。

この言葉からも野口が最後の最後まで研究のことを考えていたことが分かります。結局、黄熱病のワクチンは野口が死んだ後、他の研究者によって作られました。しかし、野口がガーナで黄熱病の研究を行ってきたことをきっかけに、その後、日本とガーナが特に医療の分野で協力を始めることになりました。現在、ガーナには野口の名前がついたウイルスの研究所が作られています。

ガーナ（共和国）：Republic of Ghana	細菌：bacteria	黄熱病：Yellow Fever
大西洋：Atlantic Ocean	中南米：Latin America	ワクチン：vaccine
診断する：to diagnose	免疫：immunity	ウイルス：virus

読む前に 1 単語の練習

次の a〜f を（　　）の中に入れて、文を完成しましょう。

a. 医療　　b. 協力　　c. 手術　　d. 報告　　e. 家賃　　f. 現在

1) この仕事は色々な人の（　　）が必要です。
2) 将来は父と同じように（　　）に関する仕事がしたいと思っている。
3) 知り合いから来年の夏に結婚するという（　　）をもらった。
4) 土曜日に入院をして、日曜日に（　　）をすることになった。
5) （　　）が払えなくて、両親と住んでいる若者が多いらしい。
6) （　　）、多くの場所で医者が足りないと言われている。

読む前に 2

1) あなたの国で有名な日本人は誰ですか。どうしてその人は有名ですか。そして、あなたはその人についてどう思っていますか。
2) あなたが将来したいと思っている仕事は何ですか。その仕事を選ぼうと思ったきっかけは何ですか。

内容質問 1 正しければ○を違っていれば×をしましょう。

1) (　　) ガーナは日本から行くのは大変だ。
2) (　　) 日本ではガーナについて色々知っている人は少ない。
3) (　　) 野口は昔からとてもまじめで、すばらしい人だった。
4) (　　) 黄熱病は今はもう恐ろしい病気ではない。
5) (　　) 野口は自分に黄熱病の免疫があると思っていた。

内容質問 2 次の質問に答えましょう。

1) 「このこと」(9行目)の「この」は何を指して (to refer) いますか。
   a. 使えなかった左手が使えるようになった。
   b. やけどをした手がきれいになった。
   c. 手術をした医者がまじめな人だった。
   d. ガーナで有名になった医者がいた。

2) 医者になる前の野口のエピソードで正しいものはどれですか。
   a. いいエピソードがたくさんある。
   b. いいエピソードは全然ない。
   c. よくないエピソードもある。
   d. よくないエピソードは全然ない。

3) 「恐ろしい病気」(19行目)を修飾して (to modify) いるところは、どこから始まりますか。
   a. 「今も黄熱病は〜」から
   b. 「このころの黄熱病は〜」から
   c. 「分からないことが〜」から
   d. 「死んでしまう人が〜」から

4） どうして野口はガーナに行ったと思いますか。
- a. 実験をするのがとても好きだったから。
- b. ガーナの黄熱病について、もっと知りたいと考えたから。
- c. 中南米で研究することがなくなってしまったから。
- d. 自分は黄熱病にかからないと思っていたから。

考えをまとめよう

1） 日本はあなたの国と何か協力をしていることがありますか。それはどんなことですか。
2） あなたは、自分がどんなことで国際協力ができると思いますか。また、したいと思いますか。それはどうしてですか。

話す前に、あなたの意見や考えをメモしよう。
- ・
- ・
- ・
- ・

文法・表現リスト

☐ 日本からは行きにくい国 → 94	☐ 医療に関する研究 → 93
☐ ガーナについて知っている人／病気について → 98	☐ 本当に実験してばかりいました → 108
☐ 知っている人もめったにいません → 123	☐ 呼ばれたり／言われたりしていた → 136
☐ 世界的な細菌学者 → 56	☐ していたくらいだそうです → 14
☐ 大きいやけどをしたため／診断されていたため → 48	☐ 研究を始め／「ほしい」と頼み → 148
☐ 少しだけ左手が → 42	☐ アフリカに行かせてほしい → 35
☐ 使えるようになりました → 133	☐ ガーナでさらに黄熱病の研究 → 28
☐ 医者を目指したそうです／住ませてもらったりしたそうです → 38	☐ どうして自分が黄熱病にかかったか分からず → 146
☐ 医者になるために借りたお金 → 49	☐ かかったか分からず → 31
☐ 遊んで使い切ってしまったり → 13	☐ 他の研究者によって作られました → 102
☐ 知り合いの家に住ませてもらったりした → 37	☐ 黄熱病の研究を行ってきたこと → 57
☐ 知り合いの家に住ませてもらったりした → 61	☐ 研究を行ってきたことをきっかけに → 142
	☐ 協力を始めることになりました → 24

25 日本人になった アメリカ人

ジャンル　学者
難しさ　★★★

ドナルド・キーン （鬼怒鳴門）
日本文学研究者／文芸評論家
（1922年〜2019年）

キーワード ➡ 日本人／国籍／東日本大震災

1　　2011年3月11日、マグニチュード9の大きな地震が日本で起こりました。この東日本大震災では、約15,900人が亡くなり、福島県にある原子力発電所も大きな被害を受けました。この地震で、日本に住む外国人も影響を受けました。多くの国の政府が、日本にいる自分の国の人達に、自分の国に戻ってくる

5　ように指示しました。そんな中、「今こそ私は日本人になりたい」と考え、日本国籍を取り、日本に引越してきたのが、日本文学研究者のドナルド・キーンです。

　　キーンの両親はロシア系ユダヤ人で、彼は1922年にニューヨークで生まれました。コロンビア大学に入学して、はじめは中国語を勉強していましたが、

10　ある本屋で英語に翻訳された『源氏物語』を目にし、日本語や日本文学に興味を持つようになりました。太平洋戦争の時には、アメリカ海軍の学校で日本語を勉強して、その後、海軍で通訳として働きました。戦争の後、せっかく勉強した日本語の知識を捨てたくないと考え、コロンビア大学に戻り、日本文学の研究を始めました。川端康成や三島由紀夫などの日本の有名な作家たちと交流

15　を深めながら、また、1955年からはコロンビア大学の教授として、日本文学を海外に紹介してきました。日本文学の研究においては、日本を含め、優れた研究者の一人であると言えます。

　　国籍の制度は国によって違います。日本人は基本的に日本の国籍と他の国の国籍を同時に持ってはいけないことになっています。父親と母親の国籍が違う

20　子供は、22歳になるまでに、父親か母親かどちらかの国籍を選ばなければいけません。日本の国籍を持っているかどうかは、日本人と考えられるためには重要な要素だと言えます。しかし、ある研究では、日本の国籍があるかどうか

も大切ですが、外見が「日本人」に見えるかどうかも大切な要素であると言われています。

25　キーンは2011年に日本へ引越した時、日本に「帰る」ような感じがしたそうです。キーンは、日本文学についての研究を長年行い、いったい「日本人」とはどういう人間かを考え続けている間に、自分も日本人になってしまったと感じていたそうです。もちろん日本の国籍を取ることは、キーンにとって大きな意味のあることだったと考えられますが、キーンが「日本人」になったこと
30　を日本人はどのように考えるでしょうか。

国籍：nationality
マグニチュード：magnitude
原子力発電所：nuclear power plant
源氏物語："The Tale of Genji" (Name of book)
川端康成：writer
東日本大震災：Great East Japan Earthquake (2011)
福島県：*Fukushima* Prefecture
ロシア系ユダヤ人：Russian Jewish
太平洋戦争：the Pacific War (1941-1945)
三島由紀夫：writer
外見：appearance

読む前に 1　単語の練習
次のa～fを（　）の中に入れて、文を完成しましょう。

a. 被害　b. 知識　c. 制度　d. 重要　e. 要素　f. 感じ

1) 先日の台風で、この地域は大きな（　　）を受けました。
2) 日本の学校の（　　）は私の国とは少し違います。
3) 花を育てる時に必要な（　　）は水と光と温度です。
4) 家族の顔を見ると、家に帰ってきた（　　）がする。
5) 新しい（　　）を得るために本を読むようにしています。
6) 結果だけではなく、どうやってやったかも（　　）です。

読む前に 2

1) あなたの国では、2つ以上の国籍を持つことができますか。（例：アメリカとカナダの2つの国籍を持つことができる。）
2) あなたが日本語や日本文化に興味を持ったきっかけは何ですか。また、日本語を勉強している目標は何ですか。

内容質問 1 正しければ○を違っていれば×をしましょう。

1）（　） 東日本大震災が起こったので、たくさんの日本人も海外に行った。
2）（　） キーンは東日本大震災の前に大学を辞めて、日本に引越してきた。
3）（　） キーンは大学に入る前から日本語に興味があった。
4）（　） 日本では誰も2つの国籍を持つことができない。
5）（　） キーンにとって、日本の国籍を持つことは大事なことだった。

内容質問 2 次の質問に答えましょう。

1）「そんな中」（5行目）の「そんな」は何を指して (to refer) いますか。
  a. 地震でたくさんの国の政府が自分の国の人に国に帰るように言った。
  b. 地震で日本にボランティアをする人がたくさん来た。
  c. 地震で日本国籍を捨てる人がたくさんいた。
  d. 地震で日本国籍を取るのをやめる人がたくさんいた。

2）どうしてキーンは日本文学の研究を始めましたか。
  a. 中国語を勉強していたから。
  b. 『源氏物語』がおもしろかったから。
  c. 日本語を忘れたくないと思ったから。
  d. 有名な作家と交流したいと思ったから。

3）日本の国籍について正しくないものはどれですか。
  a. 日本の国籍の制度は他の国の制度と違うところもある。
  b. 22歳以上になったら、2つの国籍を持ってはいけない。
  c. 子供の国籍は父親の国籍と同じでなければならない。
  d. 父親か母親が日本人だったら、日本の国籍を取ることができる。

4）「日本に「帰る」ような感じ」(25行目)は、どんな気持ちだと思いますか。

    a.　旅行するような気持ち

    b.　引越しをするような気持ち

    c.　自分の国に戻るような気持ち

    d.　日本国籍を取ったような気持ち

考えをまとめよう

1）あなたはキーンのように国籍を変えることができると思いますか。それはどうしてですか。

2）あなたは日本人に対して、どんなイメージ（性格や外見）を持っていますか。どうしてそのようなイメージを持っていると思いますか。

> 話す前に、あなたの意見や考えをメモしよう。
> ・
> ・
> ・
> ・

文法・表現リスト

□ 約15,900人が亡くなり／なりたいと考え → 148	□ 持ってはいけないことになっています → 24
□ 自分の国に戻ってくる → 57	□ 日本の国籍を持っているかどうかは → 7
□ 戻ってくるように指示しました → 134	□ 日本人と考えられるためには → 49
□ 今こそ私は日本人になりたい → 17	□ 日本に「帰る」ような感じ → 131
□ 英語に翻訳された → 136	□ 感じがしたそうです → 38
□ 興味を持つようになりました → 133	□ 日本文学についての研究を長年行い → 98
□ 海軍で通訳として働きました／教授として → 76	□ いったい「日本人」とはどういう人間か → 2
□ 作家たちと交流を深めながら → 85	□ 考え続けている間に → 52
□ 日本文学の研究においては → 90	□ 考え続けている間に → 1
□ 国籍の制度は国によって違います → 101	□ もちろん日本の国籍を取る → 125
□ 日本人は基本的に → 56	□ キーンにとって大きな意味 → 99

26 失敗は成功のもと

ジャンル：学者
難しさ：★★★

田中耕一　化学者／エンジニア（1959年～　）

キーワード → ノーベル賞／サラリーマン／失敗／技術

　ノーベル賞をもらった人と聞いたら、皆さんはどんな仕事をしている人だと思いますか。多くの人は、大学で教授をしている人じゃないかと思うでしょう。けれど、日本には、博士号を持っていない普通のサラリーマンでノーベル賞をもらった人がいます。その人は田中耕一という人で、43歳の若さで2002年のノーベル化学賞を受賞しました。

　田中は東北大学の工学部を卒業して、病院で使うCTスキャンや飛行機のコックピットで使うディスプレイシステムなどを作る会社に就職しました。田中がこの会社に入った理由は、医療に関する仕事がしたかったからだそうです。ところが、会社からもらった仕事はたんぱく質の重さを量る技術を考え出すことで、田中の希望とは違う仕事でしたが、田中はレーザーを使ってそれを実現して、ノーベル化学賞を受賞することになります。

　では、田中はどのようにして、この技術を考え出したのでしょうか。1985年のある日、田中はいつものように研究をしていました。田中は実験中に間違って、別の実験に使う材料を混ぜてしまうという失敗をしてしまいました。けれど、田中は捨てるのはもったいないと思って、それを調べてみました。すると、たんぱく質の重さを量るために必要な状態になっていました。その後、田中は研究を続けて、レーザーを使って重さを量る技術を考え出しました。1987年に京都で開かれた研究会でそれを発表しましたが、その時の会場での評価はあまりよくなかったようです。けれど、田中はさらに熱心に研究を続けて、たんぱく質の重さを量る機械を作ることに成功しました。

　田中が考え出したたんぱく質の重さを量る技術は、どうしてノーベル賞をもらえるぐらい大切なのでしょうか。たんぱく質の重さや形が分かると、将来新しい安全な薬を作ったり、人工の心臓や肝臓を作ったりすることができるよう

になると言います。ですから、私達にとって、田中によって考え出された技術
は非常に大切なわけです。

　ノーベル賞をもらった後、田中はノーベル賞はもらわなかったことにして、今までと同じように研究を続けたいと話しました。そして、今でも研究員として自由に研究を続けています。日本には「失敗は成功のもと」ということわざがありますが、田中の場合は本当に失敗が成功になったわけです。

ノーベル賞：Nobel Prize　　ノーベル化学賞：Nobel Prize in Chemistry　　受賞する：to be awarded
東北大学：Tohoku University　　CTスキャン：computed tomography scan; CT scan
たんぱく質：protein　　量る：to measure; to weigh　　混ぜる：to mix
もったいない：to be wasteful; to be a waste

読む前に 1 　単語の練習
次のa〜fを（　　）の中に入れて、文を完成しましょう。

a. 機械　　b. 熱心　　c. 実現　　d. 材料　　e. 就職　　f. 博士

1）この料理の（　　）は外国でも見つけられるので、どこでも作れます。
2）（　　）になるためには、5年以上かかるそうです。
3）50年後には、車が空を飛ぶ技術が（　　）していると思う。
4）昔は何でも手で作っていたが、今は（　　）で作ってしまうことが多い。
5）大学を卒業したら、銀行に（　　）するつもりです。
6）ピアニストになりたい妹は（　　）にピアノを習っています。

読む前に 2

1）あなたの国でノーベル賞を受賞した人がいますか。その人はどんな人で、どんな賞を受賞しましたか。
2）あなたはテストに失敗するとか、料理に失敗するとか、何かに失敗したことがありますか。どんなことに失敗しましたか。その時、どう思いましたか。

内容質問 1 正しければ○を違っていれば×をしましょう。

1) (　　) ノーベル賞をもらった時、田中は日本の大学の教授をしていた。
2) (　　) 田中がノーベル賞をもらった時、43歳だった。
3) (　　) 田中がレーザーを使ってたんぱく質の重さを量る方法を考え出した。
4) (　　) 田中が研究会で発表した時、会場にいた人はみんなすごい研究だと思った。
5) (　　) 田中はノーベル賞をもらった後、大学の教授になった。

内容質問 2 次の質問に答えましょう。

1) 田中がしたいと思っていた仕事は何ですか。
   a. たんぱく質についての研究
   b. 飛行機に関係する仕事
   c. レーザーを使った研究
   d. 病気や病院に関係する仕事

2) 「技術」(9行目)を修飾して (to modify) いるところは、どこから始まりますか。
   a. 「ところが〜」から
   b. 「会社から〜」から
   c. 「たんぱく質の〜」から
   d. 「量る」から

3) 「それを」(15行目)の「それ」は何を指して (to refer) いますか。
   a. いつものように研究しているもの
   b. いつも実験中には使わないもの
   c. いつもとは違う別の実験に使っているもの
   d. いつもの材料と別の実験に使う材料を混ぜてしまったもの

4） たんぱく質の重さや形が分かると、何ができるようになりますか。
   a. 新しい安全な薬を作ることができる。
   b. 病気の心臓や肝臓を治すことができる。
   c. 新しい技術のレーザーを作ることができる。
   d. 非常に大切な薬をたくさん作れるようになる。

考えをまとめよう

1） あなたは、何かに成功するためには、どんなことが大切だと思いますか。それはどうしてですか。
2） あなたの国には「失敗」という言葉を使ったことわざがありますか。そのことわざは、どんな意味ですか。

話す前に、あなたの意見や考えをメモしよう。
-
-
-
-

文法・表現リスト

□ 医療に関する仕事	→ 93	□ ノーベル賞をもらえるぐらい大切	→ 14
□ したかったからだそうです	→ 38	□ 作ったりすることができるようになる	→ 133
□ ところが、会社から	→ 72	□ できるようになると言います	→ 63
□ 技術を考え出す	→ 43	□ 私達にとって	→ 99
□ 受賞することになります	→ 24	□ 田中によって考え出された技術	→ 102
□ 田中はいつものように／今までと同じように研究	→ 131	□ 考え出された技術	→ 136
□ すると、たんぱく質の重さ	→ 32	□ 非常に大切なわけです／成功になったわけです	→ 138
□ たんぱく質の重さを量るために	→ 49	□ もらわなかったことにして	→ 23
□ 評価はあまりよくなかったようです	→ 129	□ 今でも研究員として	→ 76
□ さらに熱心に研究を続けて	→ 28		

27 中国に学ぶ

ジャンル：歴史
難しさ：★★

空海（弘法大師）　僧（774年〜825年）

キーワード　→　仏教／天才／社会貢献／留学

　日本の仏教には色々な宗派（グループ）がありますが、平安時代に真言宗という新しい宗派を作った人が空海です。空海は今の香川県で力のある豪族の子供として生まれました。空海は子供の時から頭がよかったので、家族は空海に都のある京都に行って、政府で仕事をしてもらいたいと思っていました。しかし、そのころは地方の子はどんなに頭がよくても、政府でいい仕事をもらうことはできませんでした。そのような現実を知った空海は、仏教に興味を持ち始めて、僧になることを決めたようです。

　僧になることを決めた空海は、奈良や四国の山の中で修行をしました。空海はそのころすでに日本に伝わっていた多くの仏教の本を読みましたが、仏教をさらに深く理解するためには、中国に渡って勉強するべきだと考えました。空海のように有名でない僧が留学に選ばれる機会はほとんどなかった時代でしたが、なんとか留学に選ばれた空海は中国に渡ります。そのころ、留学した僧は中国に行ったら、中国で20年間勉強することになっていました。しかし、空海はたった2年間で仏教の中でも分かりにくいと言われる密教を理解してしまいました。そして、これ以上中国で学ぶものはないと考えて、日本に戻ります。このように短い間に難しい密教を理解できるようになったのは、もちろん空海が一生懸命勉強したからに違いありませんが、それ以上に空海には天才的な才能があったのだと思います。

　日本に戻った空海は、中国で習った新しい仏教の教えを広めるために、寺を作るとか、身分に関係なく勉強できる大学のような学校を開いたりするとかしました。また、水が足りなくて困っている人々のために、ため池を作ったり、温泉を見つけたりして社会貢献したとも言われています。このような理由から、空海は亡くなった後、天皇から「弘法大師」という名前をもらって、人々から

も「お大師さん」として親しまれるようになりました。

25　今でも、日本全国に空海と関係のある寺がありますが、特に四国にはたくさんあります。その中の88の寺を四国八十八ヶ所と言って、その寺を歩いて回る（1,400km）ことを「お遍路」と言います。昔のお遍路は健康を祈ったり、運をよくしたりするために行うことが多かったですが、最近では自分探しのためなど様々な理由でお遍路をする人がいるようです。皆さんも四国八十八ヶ所
30　を歩いて、空海がどんな気持ちで中国に留学していたか考えてみるのもいいかもしれませんね。

僧：priest; monk　　仏教：Buddhism　　社会貢献：philanthropy　　宗派：sect
平安時代：*Heian* Period（794-1185）　　真言宗：*Singon* sect of Buddhism
香川県：*Kagawa* Prefecture　　豪族：powerful clan　　奈良：Name of Prefecture
四国：Name of region in Japan（*Kagawa, Ehime, Kochi* and *Tokushima* Prefecture）　　密教：Esoteric Buddhism
ため池：pond; small reservoir　　天皇：the Emperor of Japan
弘法大師：Another name for 空海　　四国八十八ヶ所：*Shikoku* Pilgrimage of 88 temples

---

読む前に 1　単語の練習

次のa～fを（　）の中に入れて、文を完成しましょう。

| a. 学ぶ | b. 地方 | c. 健康 | d. 全国 | e. 理解する | f. 政府 |

1) この本は難しくて、（　　）のに時間がとてもかかりました。
2) 将来、日本の（　　）で、外国と関係がある仕事がしたいです。
3) 弟は英語を（　　）ために、来年からアメリカに留学する予定だ。
4) このレストランは（　　）どこの町にもあると思います。
5) （　　）の小さい町で大きくなったので、将来は都会で働きたい。
6) このお寺には、（　　）を祈るためにたくさんの人が集まります。

読む前に 2

1) あなたの国には、仏教を信じている人がいますか。仏教はいつごろ、あなたの国に入ってきましたか。
2) あなたの国で、外国に留学してから自分の国に戻って、国のために仕事をした人がいますか。その人は、外国でどんなことを勉強して、国に帰ってどんなことをしましたか。

内容質問 1 正しければ○を違っていれば×をしましょう。

1）（　　）　空海が生きていた時代、頭がよくても政府ではいい仕事がもらえなかった。
2）（　　）　空海はもっといい仏教の本を読みたいと思ったので、中国に行こうと思った。
3）（　　）　普通、中国に留学することができる僧は、有名な人だけだった。
4）（　　）　空海は、難しい密教を理解するために20年かかった。
5）（　　）　「お遍路」というのは、空海について勉強するための旅行のことだ。

内容質問 2 次の質問に答えましょう。

1）「思っていました」（4行目）の「思って」は、誰が思いますか。
　　a.　日本人
　　b.　空海
　　c.　空海の家族
　　d.　読んでいる人

2）「仏教の本」（9行目）を修飾して（to modify）いるところは、どこから始まりますか。
　　a.　「そのころ〜」から
　　b.　「すでに〜」から
　　c.　「日本に〜」から
　　d.　「多くの」から

3）「これ以上」（15行目）の「これ」は何を指して（to refer）いますか。
　　a.　2年間、中国に住んだ。
　　b.　中国で密教の本を書いた。
　　c.　難しい密教を理解した。
　　d.　中国でたくさん仏教の本を読んだ。

4) 空海が中国から戻ってから、しなかったことはどれですか。
   a. 仏教を教えるための寺を作った。
   b. 色々な人が勉強できる学校を作った。
   c. 温泉を見つけた。
   d. 天皇の名前を考えた。

考えをまとめよう

1) あなたの国で、天才だと考えられている人がいますか。その人はどんな人で、どんなことをしましたか。
2) 日本人は願いごとがある時などに「お遍路」をしますが、あなたやあなたの国の人は、何か願いごとがある時は、どんなことをしますか。

```
話す前に、あなたの意見や考えをメモしよう。
 ・
 ・
 ・
 ・
```

文法・表現リスト

□ 豪族の子供として／「お大師さん」として → 76	□ 20年間勉強することになっていました → 24
□ 仕事をしてもらいたい → 61	□ 仏教の中でも分かりにくい → 94
□ どんなに頭がよくても → 82	□ 分かりにくいと言われる／社会貢献したとも言われています → 67
□ そのような現実を知った／空海のように → 131	
□ 興味を持ち始めて → 111	□ 理解できるようになった／親しまれるようになりました → 133
□ 僧になることを決めたようです／お遍路をする人がいるようです → 129	□ もちろん空海が → 125
□ そのころすでに日本に → 30	□ 勉強したからに違いありません → 97
□ 仏教をさらに深く理解する → 28	□ 天才的な才能があった → 56
□ 深く理解するためには／教えを広めるために → 49	□ 寺を作るとか、〜学校を開いたりするとか → 70
□ 中国に渡って勉強するべきだ → 115	□ どんな気持ちで中国に留学していたか考えてみる → 146
□ 留学に選ばれる機会／親しまれるように → 136	

28 日本のヒーロー

ジャンル 歴史
難しさ ★★★

源義経(みなもとのよしつね) 武士(ぶし)(1159年〜1189年)

キーワード → ヒーロー／武士／兄弟／判官びいき

1　ヒーローと聞いた時、皆さんはどんな人を考えますか。もちろん人によって違うと思いますが、かっこよくて強いスーパーマンやスパイダーマンでしょうか。では、日本人だったら、いったいどんな人を考えると思いますか。

　日本の歴史の中にも、たくさんヒーローがいます。その中で、多くの日本人
5　が 源義経という人をヒーローだと思っています。義経は、日本で初めて武士の政府を作った 源頼朝の弟です。二人の父親は力のある武士でしたが、平という武士との戦いの間に、殺されてしまいました。父親がいなくなってしまった頼朝は都のある京都から遠い田舎の関東で、義経は都から遠いさびしい山の中で大きくなりました。二人が大きくなった時、頼朝と義経は平を倒すために
10　戦いを始めます。義経は頼朝に代わって、強いと思われた平と少ない兵士で何度も戦い、平を京都から追い出してしまいます。ところが、戦いに勝ち続けた義経はだんだん態度が大きくなって、兄の命令を聞かなくなりました。最後には頼朝も義経の自分のことだけを考える態度を見て、怒ってしまいます。義経は頼朝に手紙を書いて謝りますが、頼朝は義経を捕まえるように命令を出しま
15　す。義経は弁慶という家来だけを連れて東北に向かいますが、最後は平泉という場所で隠れているところを頼朝の兵士に見つかってしまい、自殺してしまいます。

　この話はハッピーエンドというわけではありませんが、それでも日本人は義経をヒーローだと考えています。この義経の話から出来た言葉に「判官びいき」
20　という言葉があります。これは強い人と弱い人がいた時、弱い人のほうを応援したいと思うことです。そして、日本には「判官びいき」の人が多いようです。兄のために一生懸命戦ったけれど、最後は一人きりになって死んでしまうという、どこか弱いところがある義経のような人のほうが、パーフェクトなヒー

ローより人気があるのです。

25　義経は自殺したと考えられていますが、自殺しないでモンゴルに逃げてチンギス・ハンになったというおもしろい話もあります。日本には、もちろん義経の他にも色々なヒーローがいますが、皆さんの国のヒーローと日本のヒーローを比べて、ヒーローについての考え方の違いがあるかどうか、考えてみませんか。

武士：*samurai*; warrior　　　　　　スーパーマン：Superman　　　　スパイダーマン：Spiderman
源 頼朝：the first *shogun* of the *Kamakura* Shogunate　　　　　　　平：Name of *samurai* family
関東：Name of region (around *Tokyo*)　　兵士：soldier; troops　　　弁慶：Yoshitsune's retainer
家来：retainer　　東北：Name of region in Japan (Northeast region)　モンゴル：Mongolia
チンギス・ハン：Genghis Khan (Mongolian warrior-ruler)

読む前に 1　単語の練習　次の a～f を（　　）の中に入れて、文を完成しましょう。

a. 都	b. 隠れて	c. 捕まえて	d. 態度	e. 逃げて	f. 自殺

1) 家で飼っていた犬が（　　）しまったので、町中を探した。
2) 私に（　　）妹は私のコンピュータを使うので、困っている。
3) 悲しいけれど、学校でいじめられて（　　）する人がいる。
4) 先生は学生の授業中の（　　）が悪かったので、怒った。
5) 昔、人間は色々な動物を（　　）食べていたらしい。
6) 京都は1000年の間、日本の（　　）があった場所だ。

読む前に 2

1) あなたの国の人はヒーローについて、どんなイメージを持っていますか。それはどうしてですか。
2) あなたの周りに態度が大きい人がいますか。あなたは、どうしてその人は態度が大きいと思いますか。

内容質問 1 正しければ○を違っていれば×をしましょう。

1)（　）　義経の父親は平という武士と戦っていた。
2)（　）　義経と頼朝は京都で一緒に大きくなった。
3)（　）　義経は平と戦って、ずっと負けていたが、最後の戦いで平に勝った。
4)（　）　義経は、一人で東北の平泉というところに逃げた。
5)（　）　義経はモンゴルに行って、チンギス・ハンになった。

内容質問 2 次の質問に答えましょう。

1)　日本で初めて武士の政府を作った人は誰ですか。
   a.　義経の父親
   b.　平
   c.　頼朝
   d.　義経

2)　頼朝はどうして義経を捕まえようとしましたか。
   a.　義経が頼朝が送った大切な手紙を読まないで捨ててしまったから。
   b.　義経が平との戦いに勝って、頼朝に命令をするようになったから。
   c.　義経が戦いで何度も平に負けてしまったから。
   d.　義経が頼朝の言うことを聞かなくなって、自分の好きなことを始めたから。

3)　「この話」(18行目) の「この」は何を指して (to refer) いますか。
   a.　義経と平の戦いの話
   b.　義経と頼朝の兄弟の話
   c.　義経が東北に逃げた話
   d.　義経がモンゴルに行った話

4）「判官びいき」の意味は何ですか。
　　a.　強い人が弱い人を助けるという意味
　　b.　強い人よりも弱い人に頑張ってほしいと思う意味
　　c.　強い人は弱い人をいじめてはいけないという意味
　　d.　自殺してしまうような弱い人を助けようという意味

考えを まとめよう

1）あなたの国の言葉には「判官びいき」と同じような言葉がありますか。また、同じような考え方がありますか。

2）あなたが個人的にヒーローだと考える人は、誰ですか。その理由は何ですか。

> 話す前に、あなたの意見や考えをメモしよう。
> ・
> ・
> ・
> ・

文法・表現リスト

□ もちろん人によって／もちろん義経の他にも → 125	□ 自分のことだけ／家来だけを連れて → 42
□ もちろん人によって違う → 101	□ 捕まえるように命令 → 134
□ 日本人だったら、いったいどんな人を → 2	□ ハッピーエンドというわけではありません → 139
□ 武士との戦いの間に → 1	□ 人が多いようです → 129
□ 殺されてしまいました → 136	□ 最後は一人きりになって死んでしまう → 12
□ 平を倒すために／兄のために → 49	□ 義経のような人のほうが → 131
□ 義経は頼朝に代わって → 92	□ 自殺したと考えられています → 71
□ 何度も戦い → 88	□ もちろん義経の他にも → 117
□ 京都から追い出してしまいます → 43	□ ヒーローについての考え方 → 98
□ ところが、戦いに勝ち続けた → 72	□ 考え方の違いがあるかどうか → 7
□ 戦いに勝ち続けた → 52	

29 我慢の武士

ジャンル	歴史
難しさ	★★★

徳川家康　将軍（1543年〜1616年）

キーワード → 性格／我慢／失敗

　日本人は外国人に「よく働く、まじめ、我慢強い」と言われます。我慢強い日本人といえば、江戸幕府を作った将軍の徳川家康が有名です。武士の将軍が作った政府を「幕府」と言いますが、家康が幕府を作った時に住んでいたのが、江戸（今の東京）だったので、私達は家康の政府を江戸幕府と呼んでいます。

　家康は今の愛知県の三河で生まれました。家康の子供の時の名前は竹千代です。竹千代の父は三河のあまり力のない豪族でした。そのころ、三河の周りには、駿河の今川氏をはじめ尾張の織田氏など力の強い大名がたくさんいて、自分の国を大きくするために、よく戦争をしていました。ある日、今川氏は竹千代の父に今川氏に逆らわないように「竹千代を人質に出せ」という命令を出しました。力のない竹千代の父は命令を聞かないわけにはいかず、竹千代は6歳の時に父と母と別れてとなりの国の人質になって、19歳のころまで人質の生活を送ります。竹千代は人質になったせいで、色々なことを我慢する生活が続きました。そのため、竹千代はとても我慢強い性格になったと言われています。

　家康は人質の生活が終わると、だんだん力をつけて、自分の国を大きくしていきました。そして、家康は62歳の時、将軍になります。我慢強く自分にチャンスが来るのを待っていたのです。しかし、家康はただ我慢強く待っていたわけではありません。家康は31歳の時、三方ケ原という場所で行われた戦いで大きく負けてしまいました。家康はその失敗を決して忘れないようにするために、わざわざ絵師に失敗で困っている自分の顔を描かせて残したそうです。そして、その絵を見るたびに、同じ失敗をしてはいけないと強く思ったという話があります。

　子供の時に覚えたり、学んだりしたことは、死ぬまで忘れないと言われます。また、失敗したことから学ぶことはとても大切なことです。家康が将軍になれ

25 たのは、子供の時に覚えた我慢と失敗した経験を大切にしたからでしょう。外国人は、日本人のよいところは我慢強いところだと言いますが、日本人も我慢強いことは、とても大切だと思っています。ですから、我慢強い家康を好きだと思う日本人も多いようです。

江戸幕府：*Tokugawa* Shogunate
愛知県の三河：Name of region in *Aichi* Prefecture
豪族：powerful clan
駿河：Name of region
今川：Name of feudal lord family
尾張：Name of region
織田：Name of feudal lord family
大名：feudal lord
人質：hostage
三方ヶ原：Name of place

読む前に 1　単語の練習

次の a〜f を（　）の中に入れて、文を完成しましょう。

| a. 我慢 | b. 送って | c. 経験 | d. 行って | e. 命令 | f. 戦い |

1）紙などのリサイクルを（　　）いる学校や会社は多いと思います。
2）アメリカにいる友達がよく手紙を（　　）くれます。
3）高校生の時は英語が嫌いだったので、（　　）をして勉強していた。
4）昔、政府の（　　）で、ヨーロッパに留学した日本人がたくさんいる。
5）ここは、イギリスとフランスの間で大きい（　　）があった場所だ。
6）仕事の時に、アルバイトをした（　　）が役に立ちました。

読む前に 2

1）あなたは日本人に対してどんなイメージを持っていますか。どうしてそのイメージがありますか。
2）あなたは我慢強い性格だと思いますか。どうしてそう思いますか。

内容質問 1 正しければ○を違っていれば×をしましょう。

1) (　　)　外国人は、日本人はよく働くし、まじめだし、我慢強いと思っている。
2) (　　)　家康の父親は弱い豪族だったので、子供を人質に出さなければいけなかった。
3) (　　)　家康は6歳から19歳まで、三河の国に住んでいた。
4) (　　)　家康は何もしないで、我慢強く将軍になれるのを待っていた。
5) (　　)　筆者（この文章を書いた人）は、家康が子供の時に学んだことを大切にしたので、大きくなって成功したと思っている。

内容質問 2 次の質問に答えましょう。

1) 「よく戦争をしていました」(8行目) は、誰がよく戦争をしていましたか。
   a. 竹千代
   b. 家康
   c. 三河の力のない豪族
   d. 駿河の今川氏や尾張の織田氏

2) 「そのため」(13行目) の「その」は何を指して (to refer) いますか。
   a. よく戦争をしていた。
   b. 竹千代の父が命令した。
   c. 6歳の時に父と母と別れた。
   d. 人質の生活を長い間した。

3) 家康はどんな絵を描かせましたか。
   a. 人質になった時の絵
   b. 戦いで負けてしまった時の絵
   c. 我慢強く待っている時の絵
   d. 将軍になった時の絵

4）「思っています」(26行目) は、誰が思っていますか。
- a. 家康
- b. 外国人
- c. 日本人
- d. 筆者（この文章を書いた人）

考えを まとめよう

1）あなたは子供のころから続けている習慣や、子供のころから変わっていない考え方などがありますか。その習慣や考え方は、あなたが生活する時に役に立っていると思いますか。

2）あなたの国の人は、どんな性格の人が好きだと思いますか。それはどうしてですか。

> 話す前に、あなたの意見や考えをメモしよう。
> ・
> ・
> ・
> ・

文法・表現リスト

□「我慢強い」と言われます／性格になったと言われています → 67	□ 家康はただ我慢強く待っていた → 44
□ 我慢強い日本人といえば → 65	□ 待っていたわけではありません → 139
□ 今川氏をはじめ尾張の織田氏 → 144	□ 三方ケ原という場所で行われた戦い → 136
□ 大きくするために → 49	□ 決して忘れないようにするために → 16
□ 逆らわないように → 134	□ 忘れないようにするために → 132
□ 人質に出せ → 127	□ わざわざ絵師に失敗で → 141
□ 聞かないわけにはいかず → 140	□ 自分の顔を描かせて残した → 37
□ 聞かないわけにはいかず → 31	□ 描かせて残したそうです → 38
□ 人質になったせいで → 34	□ その絵を見るたびに → 47
□ そのため、竹千代は → 48	□ 死ぬまで忘れない → 119
□ 自分の国を大きくしていきました → 54	□ 日本人も多いようです → 129

30 日本を洗濯しようとした男

ジャンル	歴史
難しさ	★★★

坂本龍馬　武士（1835年～1867年）

キーワード → 幕末／改革／目標／名言／貿易

　江戸時代の終わりから明治時代のはじめにかけては、日本の歴史の中でも非常に多くの優れた人が現れた時代です。幕末になると、鎖国をしていた日本の開国を求め、イギリスやフランス、アメリカが日本にやってきました。一方で、力が弱くなっていた幕府は開国について日本国内の意見をまとめる力さえありませんでした。このままでは日本を外国から守れるわけがないと心配した人々は、将軍の代わりに天皇を中心とした強い国家を作ろうとしました。この人達の中に坂本龍馬という人物がいました。

　龍馬は、土佐（今の高知県）の地位の低い武士の子として生まれました。小さいころの龍馬についてはよく分かっていませんが、他の子供より成長が遅れていたらしいです。けれど、14歳で剣術を始めると、だんだん腕を上げ、19歳の時には剣術を学ぶために江戸（今の東京）に出ます。そのころの龍馬は、多くの日本人と同じように日本は外国と付き合うべきではないという考えを持っていましたが、佐久間象山という学者から日本が世界で生き残るためには、大きな船とそれを動かす人が必要だと教えられ、龍馬は考え方を変えることになります。

　その後、龍馬は長崎で仲間と一緒に日本で最初と言われる貿易をする会社を作り、船で荷物を運んだり銃を売ったりする仕事をしました。のちに、この会社は海援隊という組織に変わりましたが、海援隊は貿易などの仕事だけでなくて、政治や教育活動、そして私的な海軍としての仕事もしていました。

　ところで、龍馬は色々な名言を残しています。例えば、龍馬が姉に送った手紙の中に「日本を今一度せんたくいたし申候（日本をもう一度洗濯しよう）」という有名な言葉があります。この言葉から、龍馬が日本をもっといい国に改革したいという目標があったことが分かります。また、相手が地位の高い人で

も、そうでない人でも、その人から学ぶことがあれば聞く耳を持つべきだとも言っています。このような考え方を持っていた龍馬は、様々な人の意見を聞き、大政奉還という大きな働きをしました。

しかし、その大政奉還がされた1867年に龍馬は残念なことに殺されてしまいます。その時、龍馬はまだ31歳でした。歴史に「もし」という言葉はないのですが、龍馬がもし長生きをしていたとしたら、龍馬は日本の歴史の中で、必ずもっと大きな仕事をしていたに違いありません。

幕末：the last days of the *Tokugawa* Shogunate
鎖国：national isolation; the closure of the country
土佐：Former name of *Kochi* Prefecture
剣術：Japanese swordsmanship
佐久間象山：scholar
長崎：Name of city
改革：reform
将軍：*shogun*; general
高知県：*Kochi* Prefecture
江戸：Former name of *Tokyo*
大政奉還：the Restoration of the Imperial Rule
名言：saying; maxim
天皇：the Emperor of Japan

読む前に 1　単語の練習　次のa〜fを（　）の中に入れて、文を完成しましょう。

| a. 優れた | b. 現れた | c. 地位 | d. 仲間 | e. 活動 | f. 船 |

1) 兄は子供に本を読んであげるボランティア（　　）をしている。
2) 初めての英語の授業に（　　）先生は、日本人じゃなかったので、驚いた。
3) 昔は飛行機がなかったので、日本からアメリカまで（　　）に乗った。
4) 現在の社会で、女性の（　　）は100年前より高くなったと思う。
5) レオナルド・ダ・ヴィンチ (Leonardo da Vinci) はイタリアの画家で、（　　）作品を残した。
6) 夏休みはサークルの（　　）と一緒に旅行に行きます。

読む前に 2

1) あなたの国の歴史の中で、大きく社会が変わった時がありましたか。いつ、どのように社会が変わりましたか。
2) あなたが好きな名言がありますか。それは、誰のどんな名言ですか。

内容質問 1 正しければ○を違っていれば×をしましょう。

1）（　　）江戸時代の終わりごろ、日本と関係を持ちたいヨーロッパの国やアメリカが日本に来た。
2）（　　）子供の時の龍馬は、他の子供と同じように成長した。
3）（　　）龍馬は、海援隊という貿易だけをする会社を作った。
4）（　　）龍馬の名言には、古い日本を新しく変えて、もっといい日本を作りたいという意味がある。
5）（　　）筆者（この文章を書いた人）は、龍馬がもっと長く生きていたら、日本の歴史の中で、さらに活躍しただろうと思っている。

内容質問 2 次の質問に答えましょう。

1）「この人達」（6行目）の「この」は何を指して（to refer）いますか。
　a．イギリスやフランスからやってきた。
　b．力が弱くなっていた幕府で働いていた。
　c．外国を日本から守らなければいけないと心配した。
　d．天皇を中心とした強い国を作ろうと考えた。

2）龍馬は江戸に出たばかりのころ、どんな考えを持っていましたか。
　a．天皇を中心とした強い国を作ろうと考えていた。
　b．日本は外国と付き合ってはいけないと考えていた。
　c．日本には大きな船とそれを動かす人が必要だと考えていた。
　d．外国と貿易をする会社を作ることが大切だと考えていた。

3）「会社」（16行目）を修飾して（to modify）いるところは、どこから始まりますか。
　a．「龍馬は〜」から
　b．「長崎で〜」から
　c．「日本で〜」から
　d．「貿易をする」から

4）「言っています」(25行目)は、誰が言っていますか。
   a. 龍馬
   b. 日本人
   c. 地位の高い人
   d. 筆者（この文章を書いた人）

考えをまとめよう

1) 龍馬がもっと長く生きていたら、日本の歴史は大きく変わったかもしれないと言われています。あなたの国で、もし長生きしていたら、歴史を大きく変えたと考えられる人がいますか。その人はどんな人で、どう歴史を変えたと思いますか。

2) あなたの国では、どんな社会的な問題がありますか。それを解決するためには何が必要ですか。

話す前に、あなたの意見や考えをメモしよう。
-
-
-
-

文法・表現リスト

□ 明治時代のはじめにかけては	→ 10	□ 剣術を学ぶために／生き残るために	→ 49
□ 開国を求め／だんだん腕を上げ	→ 148	□ 多くの日本人と同じように／このような考え方	→ 131
□ 一方で、力が弱くなっていた	→ 3	□ 外国と付き合うべきではない	→ 116
□ 幕府は開国について／龍馬について	→ 98	□ 必要だと教えられ／大政奉還がされた	→ 136
□ 意見をまとめる力さえありませんでした	→ 26	□ 考え方を変えることになります	→ 24
□ このままでは日本を	→ 120	□ 最初と言われる	→ 67
□ 外国から守れるわけがない	→ 137	□ 貿易などの仕事だけでなく	→ 42
□ 将軍の代わりに天皇を	→ 11	□ 私的な海軍として	→ 56
□ 天皇を中心とした	→ 143	□ 学ぶことがあれば聞く耳を持つ	→ 106
□ 強い国家を作ろうとしました	→ 130	□ 聞く耳を持つべきだ	→ 115
□ 武士の子として／私的な海軍としての仕事	→ 76	□ 長生きをしていたとしたら	→ 75
□ 遅れていたらしいです	→ 135	□ 大きな仕事をしていたに違いありません	→ 97

■文法・表現リスト　Grammar/Expression List　语法・表现一览表　Danh mục ngữ pháp-mẫu câu
〈説明の表記・記号　Grammatical Terms and Symbols　说明的标记・记号　Một số ký hiệu・cách trình bày giải thích〉

記号		意味	例
S		文　Sentence　句子　câu	--------
aff.		肯定形　affirmative　肯定形　thể khẳng định	食べる、おもしろい、有名だ、 食べた、おもしろかった、有名だった
neg.		否定形　negative　否定形　thể phủ định	食べない、おもしろくない、有名じゃない、 食べなかった、おもしろくなかった、有名じゃなかった
V	Ru-Verb	動詞　　　　る動詞 (2グループ) 　　verb　动词　る动词 (2类动词)　động từ -ru (nhóm 2)	食べる
	U-Verb	動詞　　　　う動詞 (1グループ) 　動詞　动词　う动词 (1类动词)　động từ -u (nhóm 1)	走る
	Irr. Verb	不規則動詞 (3グループ) 不规则动词 (3类动词)　động từ bất quy tắc (nhóm 3)	勉強する、来る
Ai		い形容詞　i-adjective　い形容词　tính từ -i	おいしい、楽しい、高い
Ana		な形容詞　na-adjective　な形容词　tính từ -na	便利、元気、有名
N		名詞　Noun　名词　danh từ	本、家、テニス、学校
Np		名詞句　Noun phrase　名词句　câu danh từ	大学のある町、日本語を勉強している人
V masu-stem		動詞ます形の語幹　动词连用形的语干　gốc của động từ thể masu	食べ、走り、勉強し、来
V neg.		動詞否定形　动词否定形　phủ định của động từ	食べない、走らない、勉強しない、来ない
V neg. stem		動詞否定形の語幹　动词否定形的语干　gốc động từ ở thể phủ định	食べ、走り、勉強し、来
V potential		動詞可能形　动词可能形　thể khả năng của động từ	食べられる、走れる、勉強できる、来られる
V volitional		動詞意志形　动词意志形　thể ý chí của động từ	食べよう、走ろう、勉強しよう、来よう
V conditional		動詞仮定形　动词假定形　thể giả định của động từ	食べれば、走れば、勉強すれば、来れば
V causative		動詞使役形　动词使役形　thể cầu khiến của động từ	食べさせる、走らせる、勉強させる、来させる
Ai stem		い形容詞の語幹　い形容词的语干　gốc của tính từ -i	おいし、楽し、高
Ai neg. stem		い形容詞否定形の語幹 い形容词否定形的语干　gốc của thể phủ định tính từ -i	おいしく、たのしく、高く
Ana stem		な形容詞の語幹　な形容词的语干　gốc của tính từ -na	便利、元気、有名
Ana stem な		な形容詞名詞修飾形 な形容词的名词修饰形　hình thức bổ nghĩa cho danh từ của tính từ -na	便利な、元気な、有名な
te-form		て形　て形　thể -te	動詞：食べて、走って、勉強して、来て い形容詞：おいしくて、たのしくて、高くて な形容詞：便利で、元気で、有名で 名詞：本で、家で、テニスで
non-past	plain	普通形　非過去　普通形　非过去　thể ngắn phi quá khứ	動詞：食べる、食べない い形容詞：おいしい、おいしくない な形容詞：便利だ、便利じゃない 名詞：本だ、本じゃない
past	plain	普通形　過去　普通形　过去　thể ngắn quá khứ	動詞：食べた、食べなかった い形容詞：おいしかった、おいしくなかった な形容詞：便利だった、便利じゃなかった 名詞：本だった、本じゃなかった
counter		助数詞　量词　trợ từ đếm	枚、個、人
particle		助詞　助词　trợ từ	が、は、で、を、に etc.
adv		副詞　adverb　副词　phó từ	たいてい、ゆっくり、よく
QW		疑問詞　Question Word　疑问词　từ hỏi	どこ、だれ、いつ、どんな
phr		句　phrase　句子　cụm từ	きれいな本、昨日見た映画
( )		省略可能項目 Things that can be omitted.　可省略项目　phần có thể lược bỏ	スーパー（か）または、コンビニで買える。

1.	～間に		文型	V te-form いる＋間に；Nの＋間に
本文	家族の仕事をそばで見ている間に、親の仕事に興味を持つ　㉒小泉純一郎 平という武士との戦いの間に、殺されてしまいました　㉘源義経			
翻訳／説明	while ／～之间／ trong khi, trong lúc ある行動や出来事などが、ある時間内に起こることを表す。 An action is taken or an event takes place during the indicated period of time. 在某种行为或事件所表示的时间之内发生。 Diễn tả hành động hoặc một sự việc xảy ra trong một thời gian xác định.			
例文	1. 来週東京に行くので、東京にいる間に友達に会うつもりです。 2. 高校生の間に、イギリスに留学して英語を勉強した。			

2.	いったい～か		文型	いったい（＋QW～）＋か
本文	フランス人になるというのは、いったいどんな気持ちだったのだろうか　❹藤田嗣治 日本人だったら、いったいどんな人を考えると思いますか　㉘源義経			
翻訳／説明	(what, how, why, etc.) on earth ／究竟、到底～／ Rốt cuộc thì ～ 質問の中で使われる強調の意味の副詞。話している人の驚きや疑問などを表す場合もある。 An empatic adverb used in question; in some cases, it expresses the speaker's astonishment or wonder. 用在疑问句中表示强调语气的副词。有时也表示说话者的惊讶或疑问等。 Phó từ được dùng để nhấn mạnh trong câu hỏi. Có những trường hợp diễn tả nghi vấn hoặc bất ngờ của người nói.			
例文	1. いったい何時になったら起きるんですか。早く起きてください。 2. いい時計ですね。いったいどこで買ったんですか。			

3.	（その）一方（で）		文型	S1。(その)一方(で) S2。；S1＋が、(その)一方(で) S2。
本文	一方、小出は女子陸上のコーチで、何人もオリンピックのメダリストを育てたが　⓱井村雅代／小出義雄 一方で、力が弱くなっていた幕府は開国について　㉚坂本龍馬			
翻訳／説明	on the other hand; meanwhile ／另一方面／ trong khi đó, mặt khác 2つの反対、対立する行動や状況、または、2つの同時に起こる行動をつなぐ接続詞。 A conjunction that connects two contrastive or contradictory actions/states, or two concurrent actions. 接续词，连接两种截然不同或相反的行为和状况，或者两种同时发生的行为。 Liên từ được dùng để diễn tả hai tình huống hoặc hành vi tương phản hoặc trái ngược, hoặc hai hành vi diễn ra đồng thời cùng một lúc.			
例文	1. 外国に留学したいと思うが、一方で、外国での生活が心配だ。 2. 父は私に医者になってほしいと思っている。その一方、母は学校の先生になってほしいと思っている。			

4.	～うちに		文型	V non-past plain＋うちに；Ai＋うちに；Ana stem な＋うちに；Nの＋うちに
本文	日本料理の説明をするうちに、初めて日本料理が　⓮村田吉弘 言われた通りにしているうちに、弱気になりがちな自分が消えていく　⓳国枝慎吾			
翻訳／説明	while; as ／里、中、期间／ trong khi ある行動をしたり、あることが起こる時間の範囲を表す表現。とても急いでいる、早くしなければいけないというニュアンスがある時もある。 A conjunction that indicates the timeframe during which an action is taken or/an event takes place. In some cases, it implies a sense of urgency. 接续表现，表示某种行为或某个事件发生的时间范围。有时带有事情很紧迫的含义。 Liên từ nhấn mạnh khoảng thời gian trong đó một hành động hoặc một sự việc xảy ra. Có những trường hợp nhấn mạnh sắc thái gấp rút, vội vã, phải làm nhanh.			
例文	1. 勉強しているうちに、だんだん日本語が話せるようになった。 2. この料理は温かいうちに召し上がってください。			

5.	～おかげで・～おかげだ	文型	non-past: V/Ai plain ＋おかげ；Ana stem な＋おかげ；Nの＋おかげ；Ana/N neg. plain ＋おかげ
本文	クインのアドバイスのおかげで、国枝はその年の5月の世界ランクで1位になる ⑲国枝慎吾 この食料のおかげで、たくさんの人が助かりました ㉑吉田茂		
翻訳／説明	because ~; thanks to ～／多亏、幸亏／Nhờ vào, nhờ いい結果を表す時の表現。 An expression that indicates the reason, accompanied by a good result. 接续表现，表示造成良好结果的理由。 Cách diễn đạt lý do dẫn đến một kết quả tốt.		
例文	1. 日本に留学したおかげで日本語が上手になった。 2. 友達のおかげでいい成績が取れた。		

6.	～がち・～がちだ	文型	V masu-stem ＋がち；N＋がち
本文	弱気になりがちな自分が消えていくのが分かった ⑲国枝慎吾 大人からの期待とプレッシャーを背負いがちになります ⑳福原愛		
翻訳／説明	to tend to; to be liable to ／每每、常常、动辄／ có khuynh hướng, có xu hướng 誰かが何かをする、または何かが起こりやすいことを表す表現。「がち」はたいていあまり良くないことを表す。 A suffix that expresses a tendency for someone to do something or for something to happen. がち usually carries a negative connotation. 接尾词，表示某人做某事或某件事情发生的可能性很大。"がち"通常带否定的意义。 Tiếp vĩ ngữ dùng để diễn tả khuynh hướng một ai đó làm một việc gì hoặc một sự việc gì đó sẽ xảy ra.		
例文	1. 体が弱いので、学校を休みがちだ。 2. 来週はくもりがちな日が続くらしい。		

7.	～かどうか	文型	Yes-no questions: S plain (exception だ after Ana/N must be dropped.) ＋かどうか
本文	この記事を読んだかどうか分かりませんが ⑫三宅一生 日本の国籍を持っているかどうかは、日本人と考えられるためには ㉕ドナルド・キーン		
翻訳／説明	whether or not; if ／是否／ ～ làm gì đó hay không ～ 文の中にYes/Noの文を入れる時に、「か」の後ろに「どうか」をつける。 どうか attaches to only embedded yes-no questions. 在句子中间加入Yes/No的句子时，"か"后面加上"どうか"。 Trong câu phức có chứa câu YES/NO thì sau「か」thêm「どうか」。		
例文	1. 明日テストがあるかどうか知っていますか。 2. 初めて作ったから、おいしいかどうか分からないけど、食べてみて下さい。		

8.	必ずしも～ない	文型	必ずしも ＋ V/Ai/Ana/N neg.
本文	必ずしも子供が親に似るとは限りませんが ㉒小泉純一郎		
翻訳／説明	not always; not necessarily ／不一定、未必／ không chắc ~, không có nghĩa là ~ 「あることがいつもそうではない」という意味。 The phrase indicates that something is not always the case. 表示"某件事并非总是完全符合"之意。 Thể hiện ý nghĩa "một sự việc hiện tượng không phải lúc nào đúng, cũng áp dụng được".		
例文	1. 高校で英語を勉強しますが、必ずしも英語が話せるようになるわけではありません。 2. 大きい町が必ずしも便利で住みやすいということではないと思います。		

9.	～から	文型	N＋から
本文	安藤は経済的な理由から大学には行くことができなかった ⑥安藤忠雄 このような考えから、「和食；日本人の伝統的な食文化」が ⑭村田吉弘		

翻訳／説明	because of ／因为／ Vì, do
	次の文で話されることについての理由を表す。
	A particle that indicates the reason for what is stated in the following sentence.
	助词，表示在后续的文中所叙述事项的理由。
	Trợ từ diễn tả lý do cho kết quả của hành động phía sau.
例文	1. 計画の遅れから、さらに2000億円が必要になった。
	2. 失礼なことを言ってはいけないという気持ちから、何も話せなかった。

10.	～から～にかけて	文型	N1 から N2 にかけて
本文	江戸時代の終わりから明治時代のはじめにかけては ㉚坂本龍馬		
翻訳／説明	from ~ though ~; all the time from ~ to ~; all over from ~ to ~ ／从～到～／ Từ ~ đến ~		
	ある時間からある時間、ある場所からある場所まで、ずっとそれが続いていることを表す。		
	A structure that indicates a duration or area covering all the period/space from one time/location to another.		
	表示从某时或某场所到别的时间或场所，包含全部的期间或区域。		
	Mẫu câu diễn tả thời gian, không gian dàn trải từ thời điểm, địa điểm này đến thời điểm, địa điểm khác.		
例文	1. 台風が近づいているので、関東から東北にかけて大雨になりそうだ。		
	2. この町では1月から3月にかけてよく雪が降る。		

11.	～代わりに	文型	Nの＋代わりに；V plain＋代わりに
本文	勉強する代わりに、大学4年間で読まなければいけない本 ❻安藤忠雄		
	将軍の代わりに天皇を中心とした強い国家を作ろうとしました ㉚坂本龍馬		
翻訳／説明	instead of ~ ／代替／ Thay vì, thay cho		
	あるものの代わりを表す。		
	A compound particle that represents a substitution or a replacement.		
	复合助词，表示代理或代替的东西或事情。		
	Trợ từ ghép thể hiện ý nghĩa thay mặt, thay thế.		
例文	1. 今日は母の代わりに私が晩ご飯を作りました。		
	2. 最近は電話をする代わりに、携帯電話からメッセージを送る人が多い。		

12.	～きり	文型	N＋きり；number＋counter＋きり；V past plain aff.＋きり
本文	最後は一人きりになって死んでしまう ㉘源義経		
翻訳／説明	only; since ／只／ chỉ		
	名詞や数字＋助数詞（例：枚、本）の後ろについて、「だけ」という意味を表す。「だけ」と言い換えることができる。「きり」を動詞と一緒に使う時は、その動きがその後、ずっと変わっていないことを表す。話す時は「っきり」を使う。		
	きり attaches to a noun or a number with a counter and expresses the meaning of "only." This use of きり can be replaced with だけ. When きり is used with a verb, it expresses that something occurred and since then the situation has not changed. For spoken language きり becomes っきり.		
	"きり"接带有名词或量词的数字时，表示"だけ"的意思，能跟"だけ"互换。"きり"与动词同时使用时，表示某件事发生之后状况都没有改变。在口语中，"きり"会变成"っきり"。		
	「きり」được dùng sau số từ của động từ hay trợ từ đếm, có ý nghĩa là 「だけ」.「きり」được dùng để thay thế cho 「だけ」. Khi 「きり」được dùng chung với động từ thì có nghĩa là sau khi một việc gì đó xảy ra, thì tình trạng được giữ nguyên không thay đổi. Trong văn nói thì 「きり」chuyển thành 「っきり」.		
例文	1. 残っているケーキはこれきりです。		
	2. 弟は公園に行ったっきり、まだ家に帰ってきていません。		

13.	V＋切る	文型	V masu-stem＋切る
本文	借りたお金を遊んで使い切ってしまった ㉔野口英世		

翻訳/説明	thoroughly; completely; totally; all ／V＋光、尽／làm hết mình, làm hết sức 何かを全部する、十分にするという意味を持つ動詞。 The element of compound verbs that attaches the meaning of "doing something thoroughly." 复合动词的构成要素，带有完全地或彻底地进行某事之意。 Thành phần để tạo động từ ghép có ý nghĩa làm một điều gì một cách hoàn chỉnh, triệt để.		
例文	1. 10km 走ったところで転んでしまったが、42.195km を走り切った。 2. たくさん料理があって、食べ切ることができませんでした。		

14.	～くらい・ぐらい	文型	V plain ＋くらい・ぐらい
本文	本当の女性だと思ってしまうくらい美しい　⑬坂東玉三郎 どうしてノーベル賞をもらえるぐらい大切なのでしょうか　㉖田中耕一		
翻訳/説明	to the extent that ~; to the point that ~; so ~ that ~ ／大约、大概／cỡ như, giống như あるものやことがどのぐらいの状態にあるかを表す。比喩的な意味でも使う。 A particle that indicate the degree of a state. Also used in a figurative sense. 助词，表示某种状态的程度，也有比喻的引申意。 Trợ từ diễn tả mức độ của trạng thái. Cũng được sử dụng với ý nghĩa ẩn dụ.		
例文	1. この問題は小学生でも答えらえるぐらい簡単です。 2. マラソンの後は、もう一歩も歩けないくらい疲れる。		

15.	～くらい・ぐらい～はない	文型	N/Np＋くらい・ぐらい＋Np＋はない
本文	日本料理くらい古くて変化のないものはないと思っていた　⑭村田吉弘		
翻訳/説明	no ~ is more ~ than; the most ~ ／没有像~那样，不到~程度／không ~ bằng (như) これが一番いい、一番上だという意味を表す。「他のどんなもの／誰も～ほど～ではない（何かをしない）」という意味を表す。 A superative sentence pattern. The literal meaning is "Nothing/Nobody is (or does something) as ~ as ~." 表示程度最高。字面意义为"没有任何东西或人比～更～／没有任何人会像～做～"。 Mẫu câu ý nghĩa mức độ cao nhất. Ý nghĩa theo câu chữ "không có gì bằng, hoặc không ai bằng".		
例文	1. このレストランぐらい時間をかけてカレーを作っている店はない。 2. 『ワンピース』ぐらいたくさんの人に見られているアニメはない。		

16.	決して～ない	文型	決して＋V/Ai/Ana/N neg.
本文	この色を出す方法を亡くなるまで決して誰にも話さなかった　④藤田嗣治 家康はその失敗を決して忘れないようにするために　㉙徳川家康		
翻訳/説明	never; not ~ at all; definitely not; by no means ／决(不)／tuyệt đối không 強い否定を表す。 A strong negation. 强烈的否定。 Mang ý nghĩa phủ định một cách mạnh mẽ.		
例文	1. この仕事は大変かもしれませんが、決して辞めないでください。 2. 私は怖い映画が嫌いだから、決して見たくないと思います。		

17.	～こそ	文型	N＋こそ；S plain＋こと＋こそ
本文	これこそが自分のしたかったことだと感動したそうです　❶広岡浅子 未熟な部分と戦うことこそが大切だと思い　⑲国枝慎吾		
翻訳/説明	definitely; the very ~; precisely ／才是、正是／chính ~ 前にある名詞や文を強く言うための助詞。 A particle that emphasizes the preceding noun or sentence. 助词，强调之前的名词或句子。 Trợ từ dùng nhấn mạnh câu hoặc danh từ đi trước nó.		
例文	1. 来年こそ日本に行きたいと思っている。 2. こちらこそどうぞよろしくお願いします。		

18.	～ことが（も）ある	文　型	non-past: V/Ai plain ＋ことが（も）ある；Ana stem な＋ことが（も）ある；Nの＋ことが（も）ある；Ana/N neg. plain ＋ことが（も）ある
本　文	くまモンのようにそれ以上の意味を持つこともあります　**16** くまモン 小出も叱ることがあったそうだ　**17** 井村雅代／小出義雄		
翻訳／説明	occasionally; sometimes; there are times when ~ ／有时、偶尔／ có những trường hợp, có khi… 時々誰かが何かをする（または何かが起こる）ことを表す。 Someone does something (or something happens) from time to time. 有时某人会做某事（或是某事会发生）。 Ai đó đôi khi làm gì đó (hoặc sự việc gì đó xảy ra).		
例　文	1. たいてい図書館で勉強するが、喫茶店で勉強することもある。 2. 先生も人間なので、間違えることがある。		

19.	～ことがある	文　型	V past plain aff. ＋ことがある
本　文	名前を聞いたことがあるのではないでしょうか　**12** 三宅一生 この言葉を耳にしたことがない人も多いかもしれません　**16** くまモン		
翻訳／説明	have V-ed; there was a time when ~ ／有时、偶尔／ đã từng… 自分の前にしたこと（経験）を表す。 One's experience. 自身的经验。 kinh nghiệm của bản thân.		
例　文	1. 高校生の時に日本へ行ったことがある。 2. 日本人はお正月に神社に行くと聞いたことがありますが、本当ですか。		

20.	～ことから	文　型	non-past: V/Ai plain ＋ことから；Ana stem な＋ことから；Ana plain neg. ＋ことから｜past: V/Ai/Ana/N plain ＋ことから
本　文	多くの店が焼けて、困っていたことから、たとえ大きい店でも　**1** 広岡浅子 教師の考え方が好きになれなかったことから、学校ではあまり　**4** 藤田嗣治		
翻訳／説明	because ~; from the fact that ~ ／因为／ vì rằng 理由や原因。 A reason or cause. 理由或原因。 Lý do hay nguyên nhân.		
例　文	1. 留学したことから、将来外国で仕事をしたいと思うようになった。 2. 駅に近くて便利なことから、私もこのアパートに引っ越しました。		

21.	～ことで	文　型	V non-past plain ＋ことで
本　文	叱ることで自分の言いたいことを伝える　**2** 松下幸之助 戦争画を描くことで、日本人に自分の日本人としての　**4** 藤田嗣治		
翻訳／説明	by V-ing ／用～方式／ bằng cách… ある目的のために使う方法を表す。 A compound particle that expresses a means. 表示方式的复合助词。 Trợ từ ghép thể hiện phương tiện, cách thức.		
例　文	1. 外国の文学を読むことで、外国の文化を知ることができる。 2. 熱はこの薬を飲むことで、下がると思う。		

22.	～ことにした	文　型	V non-past plain ＋ことにした
本　文	独学で建築家を目指すことにしたそうである　**6** 安藤忠雄 フランスに料理の勉強をしに行くことにしました　**14** 村田吉弘		

翻訳/説明	decided to V ／決定、決心／ quyết định làm gì đó 誰かが自分の気持ちや考えで決め、そして、その決めたことがまだ続いていることを表す。 Someone made a decision and the decision is still in effect. 表示某人根据自己的意志决定的事情，且该决定仍然持续不变。 Thể hiện ý chí một ai đó quyết định một việc gì, và quyết định đó được duy trì.		
例文	1. 天気がいいので、公園に行くことにしました。 2. 日本語が上手になりたいから、日本に行って勉強することにした。		

23.	～ことにする	文型	V past plain＋ことにする；Ai/Ana/N non-past/past plain＋（という）ことにする
本文	ノーベル賞はもらわなかったことにして、今までと同じように 26 田中耕一		
翻訳/説明	pretend that ~ ／假装／ xem như, vờ như 「ふりをする」という意味を表す文型。 A sentence pattern that expresses the idea of "to pretend." 表示"假装"之意。 Mẫu câu mang ý nghĩa "xem như, giả vờ như".		
例文	1. この話は聞かなかったことにしましょう。 2. 病気だということにして、学校を休んでしまった。		

24.	～ことになる	文型	V non-past plain＋ことになる
本文	中国で20年間勉強することになっていました 27 空海 龍馬は考え方を変えることになります 30 坂本龍馬		
翻訳/説明	ことになる：It will turn out that ~ ／変成／ trở nên ことになっている：be supposed to ~; It's been arranged that ~ ／按规定／ trở nên thế nào đó ことになった：It's been decided that ~; be going to ~ ／决定／ được quyết 誰かの行動について、これから決められる、または決められたことや決まりを表す。 Some decision, or arrangement will be or was made about someone's action. 针对某人的行为，接下来会做的、或已经做出的决定或意见。 Nói về hành động của một ai đó được an bài, quyết định theo ý của một người nào khác.		
例文	1. 図書館では静かにすることになっている。 2. 弟は来年から留学することになりました。		

25.	～最中に	文型	V te-form＋いる＋最中に；Nの＋最中に
本文	トットちゃんは授業の最中に大きい音を立てたり 11 黒柳徹子 大人と卓球をしている最中に、負けそうになって 20 福原愛		
翻訳/説明	in the middle of; while ／正~中／ Trong khi ある出来事や誰かが行動している間のちょうど真ん中ぐらいの時間に、何かが起こる（または誰かが何かをする）ということを表すために使う表現。 A conjunction that is used to describe a situation in which something happens (or someone does something) in the middle of an event or someone's action. 接续表现，描写在某事或某人的行为正发生时，某事发生(或某人做某事)的状况。 Cách nói dùng để nối hai câu với nhau diễn tả ý nghĩa một sự vật, sự việc xảy ra trong khi một sự việc hoặc hành động của ai đó đang diễn ra (hoặc là ai đó làm gì).		
例文	1. 結婚式の最中に鳥が教会の中に入ってきてしまった。 2. お風呂に入っている最中に電話がかかってきたので、出られなかった。		

26.	～さえ	文型	N（＋particle）＋さえ
本文	GHQでさえ間違えて本物のドキュメンタリー映画だと思ってしまう 10 円谷英二 日本国内の意見をまとめる力さえありませんでした 30 坂本龍馬		

翻訳/説明	even ／连、甚至／ ngay cả 前にある名詞を強く言うための助詞。 An emphatic particle. 强调的助词。 Trợ từ dùng để nhấn mạnh.
例文	1. この漢字は難しいので、日本人でさえ間違えてしまう。 2. 野菜さえ食べれば、病気にならないと思う人がいる。

27. 〜さえ〜ば　　文型　N さえ V conditional

本文	いくら貧しくても、絵を描くことさえできれば幸せだったらしい　**3** 伊藤若冲 時間やお金さえあれば、もっと色々な方法が考えられる　**6** 安藤忠雄
翻訳/説明	if ~ only ／只要~就／ Ngay cả (chỉ cần) ~ 「もしこのたった一つの条件がうまくいけば／できれば」という意味を表す。 Expresses the meaing of "if just a certain codntion is fulfilled." 表示"只要满足这唯一的条件的话"之意。 Mẫu câu mang ý nghĩa "chỉ cần một điều kiện gì đó thoả mãn thì …".
例文	1. スマホさえあれば、テレビも見られるし、インターネットもできる。 2. レストランの名前さえ分かれば、スマホで場所を探して行きます。

28. さらに　　文型　さらに＋V/Ai/Ana/Adv

本文	弟子になり、さらに踊りと芝居を学ぶことになった　**13** 坂東玉三郎 仏教をさらに深く理解するためには、中国に渡って　**27** 空海
翻訳/説明	さらに V：further; even more; in addition ／又 V／ Hơn nữa さらに Ai/Ana：more ／又 Ai/Ana／ Hơn nữa + tính từ -i/tính từ -na さらに Adv：more ／更加 Adv／ Hơn nữa + Adv 「もっと；その上」の意味を表す副詞。たいてい書き言葉で使う。 An adverb that expresses the meaning of "more; futher; in addition." Primarily used in written language. 副词，表示"更；再加上"之意。主要用在书面语。 Phó từ dùng để thể hiện ý nghĩa "hơn nữa, ngoài ra". Được dùng chủ yếu trong văn viết.
例文	1. 3年間日本語を勉強した後、さらに勉強したいと思って留学することにした。 2. もう少し塩を入れたら、さらにおいしくなると思いますよ。

29. 〜次第　　文型　V masu-stem ＋次第

本文	それが終わり次第、次の科目を勉強することができました　**11** 黒柳徹子
翻訳/説明	immediately after; as soon as ／立刻~、随即~、马上~／ Ngay sau khi あることが終わって、そのあとすぐに他のことが続くことを表す。 A conjunction that indicates one action/event follows immediately after another action/event. 接续词，表示某行为或事件结束之后，其他的行为或事件接着马上发生。 Liên từ diễn tả ý nghĩa ngay sau một sự việc, hành vi xảy ra thì một sự việc, hành động khác diễn ra.
例文	1. 資料の印刷が終わり次第、会議室に持っていきます。 2. A：何時に出発しますか。 　B：準備ができ次第、出発しましょう。

30. すでに

本文	スマートフォンのように、色々なところですでに AI は使用され　**15** 羽生義治 純一郎はすでに政治家を辞めましたが　**22** 小泉純一郎
翻訳/説明	already ／已经／ đã ~ rồi 何かがもう起こった、または誰かがもう何かをしたことを表す副詞。 An adverb that indicates something has already happened or that someone has already done something. 副词，表示某事已经发生或某人已经做了某事。 Phó từ diễn tả ý một hành động nào đó đã được thực hiện hoặc ai đó đã làm một điều gì.

例 文	1. この漢字は古い漢字で、すでに使われていない。 2. 私が友達の家に行った時には、すでにパーティは終わっていた。

31.	～ず（に）	文 型	V neg. stem ＋ず（に）(exception: する→せず（に）)
本 文	安藤は、昼休みや週末も休まず勉強を続け ６ 安藤忠雄 怖がらずに、新しいことにチャレンジしていく ９ 又吉直樹		
翻訳/説明	without V-ing／不～、没～／không ～ 「ず」は否定を表し、誰かがそのことをしないで他の行動をすることを表す。 A conjunction that expresses that someone does a certain thing without doing something. 接续表现，某人没有进行用「ず」表示的行为，而是做了其他的行为。 Cách diễn đạt để nói hai câu diễn tả ý nghĩa một ai đó không làm một điều gì mà làm một điều gì đó khác.		
例 文	1. 毎朝、朝ご飯を食べずに学校に行く。 2. 勉強せずに試験を受けたので、ぜんぜん分からなかった。		

32.	すると	文 型	S1。すると、S2。
本 文	新しい日本料理を作るようになりました。すると、だんだん村田の店にも ⑭ 村田吉弘 それを調べてみました。すると、たんぱく質の重さを量るために必要な状態になっていました ㉖ 田中耕一		
翻訳/説明	then ～; and ～／于是／Hễ ～ thì ～ 最初の文の行動や出来事の後に何かが起こることを表す接続詞。後ろの文には、人（主語）によってコントロールできないことが続く。 A conjunction indicates that after the action/event in the first sentence, something happens. The second sentence cannot represent a controllable action by the subject person. 接续词，表示前句(S1)的行为／事件发生后某事发生。在「すると」之后的句子(S2)，不能出现表示主语的人物所能操控的行为。 Liên từ diễn tả ý sau một sự việc, hiện tượng xảy ra trong câu đầu (S1) sẽ kéo theo một sự việc khác xảy ra. Trong câu thứ hai (S2) theo sau「すると」, hành động không kiểm soát được theo ý chí của chủ ngữ.		
例 文	1. 風邪薬を飲みました。すると、眠くなってしまいました。 2. 急に空が暗くなりました。すると、雨が降ってきました。		

33.	せいぜい	文 型	せいぜい＋number＋counter；せいぜい＋N＋ぐらい
本 文	日本に輸入できた食料はせいぜい70万トンだけでしたが ㉑ 吉田茂		
翻訳/説明	no more than ～; at best ～; at the utmost／充其量／hết sức, hết mình 「せいぜい X」は誰かが X ぐらいしか何かをできない（または、しない）ことを表す。 せいぜい X means that someone can do (or does) something no more than X. "せいぜい X" 带有某人做某事时只能达到 X 的程度（或只做到 X 的程度）之意。 「せいぜい X」có nghĩa là một ai đó chỉ có thể làm được (hoặc chỉ làm) ở một mức độ X mà thôi.		
例 文	1. 私が作れるのは、せいぜい卵焼きぐらいです。 2. 今忙しいので、会社を休めるのはせいぜい3日だと思う。		

34.	～せいで	文 型	non-past: V/Ai plain＋せいで；Ana stem な＋せいで；Nの＋せいで；Ana/N neg. plain＋せいで｜past: V/Ai/Ana/N plain＋せいで
本 文	そのせいで、円谷は戦争に協力した人物だと思われて ⑩ 円谷英二 病気のせいで腰から下が動かなくなってしまい ⑲ 国枝慎吾		
翻訳/説明	because of; due to; because／因为～、由于～、怨～／vì, do ～ 希望していないような結果になってしまった理由や原因を表す。 A conjunction that indicates a reason/cause that results in an undesirable consequence. 接续表现，表示导致最终结果不合乎心愿的理由／原因。 Cách diễn đạt để nói hai câu diễn tả nguyên nhân hoặc lý do của một hành động kết thúc bằng kết quả không như mong muốn.		
例 文	1. 地震のせいで、たくさんの家が壊れた。 2. 休まなかったせいで、病気がもっとひどくなった。		

35.	～せてほしい		文型	V causative te-form＋ほしい
本文	上司に「アフリカに行かせてほしい」と頼み　24 野口英世			
翻訳／説明	want (someone) to allow (me) to V ／希望～／ cho phép ～ làm gì 他の人(たいてい話している相手)に許可をもらって、あることをしたいという希望を表す。 Expresses someone's desire (usually the speaker's desire in affirmative sentences) to do something that requires someone's permission. 表示想做某件需要得到他人许可的事情(肯定句中一般指说话者)。 Diễn tả ý nghĩa mong muốn ai đó cho phép làm một điều gì đó cần thiết (trong câu khẳng định thường là người nói).			
例文	1. A：ちょっとパソコンを使わせてほしいんだけど…。 　　B：いいよ。 2. 私は両親に留学させてほしいと頼みました。			

36.	～せられる・～させられる《使役受身》		文型	Ru-Verb　食べる→食べさせられる；寝る→寝させられる U-Verb　飲む→飲ませられる(long form)、飲まされる(short form)；買う→買わせられる(long form)、買わされる(short form) Irr. Verb　する→させられる；来る→来させられる
本文	定年まで辞めさせられることもなかった　9 又吉直樹 GHQによって映画会社を辞めさせられてしまいます　10 円谷英二			
翻訳／説明	to be made to V ／被／ bị bắt làm gì 使役受身。その人の考えや気持ちとは違うのに、誰かがその人に何かをさせてしまうことを表す動詞の形。 The verb form expresses that someone is made to do something against his/her will. 使役被动。此动词形式表示让某人做某事，但并不合乎那个人的意愿。 Thể sai khiến bị động. Hình thức động từ diễn tả ý bị ai đó bắt làm gì trái với mong muốn của người đó.			
例文	1. 子供の時、運動が嫌いでしたが、学校では運動をさせられました。 2. 母にスーパーに買い物に行かせられました。			

37.	～せる・～させる《使役》		文型	Ru-Verb　食べる→食べさせる；寝る→寝させる U-Verb　飲む→飲ませる；買う→買わせる Irr. Verb　する→させる；来る→来させる
本文	玉三郎はいい役をさせてもらえない　13 坂東玉三郎 絵師に失敗で困っている自分の顔を描かせて残した　29 徳川家康			
翻訳／説明	to make (someone) V; to allow (someone) to V ／让、使／ bắt/cho 使役。「誰かに何かをさせる／許可する」という意味を表す動詞の形。 The verb form expresses the meaning of "to cause/allow someone to do something." 使役。此动词形式表示"让／允许某人做某事"。 Thể sai khiến. Hình thức động từ thể hiện ý nghĩa "bắt hoặc cho ai đó làm gì".			
例文	1. 子供の時、お母さんはジョンさんにピアノを習わせました。 2. 高校生の時、両親は私をアメリカに行かせてくれました。			

38.	～そうだ		文型	V/Ai/Ana/N plain＋そうだ
本文	同じデザインのものを何枚も持っていたそうです　12 三宅一生 どうして肌の色が違うのかと悩んでいたそうです　23 楠本イネ			
翻訳／説明	I hear that ～; I heard that ～ ／听说～、据说～／ Nghe nói là 前に来る文が聞いた情報であることを表す。 An auxiliary verb that indicates that preceding sentence represents hearsay information. 助动词，表示前句为传闻的信息。 Trợ động từ diễn tả ý nghĩa nghe được thông tin nào đó từ ai trong phần trước cụm từ này.			
例文	1. あの人は昔、先生だったそうだ。 2. 駅前のイタリアレストランはあまりおいしくないそうだ。			

39.	～そう（な・に）	文型	V masu-stem/Ai stem/Ana stem +そう（な・に）
本文	どんなに大変な時でも、つらそうな顔を見せるなと教える **17** 井村雅代／小出義雄 負けそうになって、泣いてしまう **20** 福原愛		
翻訳／説明	look like; appears; seems ／好像、似乎、显得～似的／ trông có vẻ 話している人が見た情報から考えた推測。 A compound particle that indicates the speaker's conjecture based on what is observed. 复合动词，表示说话者根据观察到的事物所进行的推测。 Trợ từ ghép thể hiện suy đoán của người nói dựa trên những gì quan sát được.		
例文	1. 雨が降りそうだから、早く帰ったほうがいいですよ。 2. 田中さんは病気だと聞いたけど、元気そうだね。		

40.	それとも～か	文型	S1 か。それとも S2 か。
本文	それとも、小出に指導を受けたいと思うだろうか **17** 井村雅代／小出義雄 それとも、むしろ親とは違う仕事をしたいと思いますか **22** 小泉純一郎		
翻訳／説明	or ／是～还是～／ A hay là B 2つの疑問文をつなげる接続詞で、聞いている人にどちらかを選ばせる表現。 A conjunction that connects two questions about alternatives. 接续两个疑问句的接续词，给听话者选择权。 Liên từ dùng để nối hai câu hỏi, trao quyền lựa chọn cho người nghe.		
例文	1. お茶にしますか。それともコーヒーがいいですか。 2. パーティは土曜日がいいですか。それとも日曜日がいいですか。		

41.	それほど～ない	文型	それほど + V/Ai/Ana neg.
本文	日本ではそれほど有名ではないけれど、外国で有名な日本人 **4** 藤田嗣治		
翻訳／説明	not very ~; not ~ that (much); not ~ so much ／没那么～／ không đến mức, không bằng あるものの程度があまり高くないという意味を表す。 Expresses the meaning of "not so much." 表示"并没那么～"之意。 Diễn tả ý nghĩa không đến mức.		
例文	1. 今度のテストはそれほど難しくないらしい。 2. それほど歩いたわけではないけど、すごく疲れました。		

42.	～だけ	文型	non-past: V/Ai plain +だけ；N +だけ（を、が）；N + particle（に、から etc.）+だけ；Ana stem な +だけ ｜ past: V/Ai/Ana/N plain +だけ
本文	ほめるだけではやはり強くならないので **17** 井村雅代／小出義雄 弁慶という家来だけを連れて東北に向かいますが **28** 源義経		
翻訳／説明	only ／只、仅／ chỉ これ以上はない、他にはないという限界を表す助詞。助詞「を、が」は「だけ」の後に来るが、「に、へ、から」などの他の助詞はたいてい「だけ」の前に来る。 A particle expressing limitation. Particle を and が comes after だけ abut other particles such as に、へ、から etc. usually comes before だけ. 表示极限的助词。助词"を、が"放在"だけ"之后，"に、へ、から"等其他的助词则一般在"だけ"之前。 Trợ từ thể hiện giới hạn. Trờ từ「を、が」thì「だけ」được đặt đàng sau, những trợ từ khác như「に、へ、から」thì「だけ」thường được đặt phía trước.		
例文	1. 家族の中で、父だけが英語が上手に話せます。 2. スポーツは好きですが、下手なので、いつも見るだけです。		

43.	V + 出す	文型	V masu-stem + 出す
本文	レーザーを使って重さを量る技術を考え出しました **26** 田中耕一 平を京都から追い出してしまいます **28** 源義経		

翻訳／説明	out; to start to; to begin to ／V＋起来、开始V／ ~ ra, bắt đầu ~ 「何かがはっきりする／分かる」または「何かが始まる」という意味を表す動詞。 The element of compound verbs that expresses the meaing of "something become visible or starting." 复合动词的构成要素，表示"某事即将明朗化"或"某事将开始"之意。 Thành phần của động từ ghép mang ý nghĩa "cái gì đó trở nên rõ ràng" hay "cái gì đó bắt đầu".
例文	1. エジソンは、色々な物を作り出したことで有名だ。 2. 雨が急に降り出して、困ってしまった。

44.	ただ		
本文	経営をただ手伝うというより、積極的に経営に参加し　**①広岡浅子** 家康はただ我慢強く待っていたわけではありません　**㉙徳川家康**		
翻訳／説明	only; just; simply ／只是／ chỉ duy nhất 「誰かが言われること以上はしない」、または「何かがある状態にあり、それが全てである」という意味を表す副詞。 An adverb that expresses the meaning of "someone does not do more than what is said" or "something is in a certain state and that's all." 副词，表示"某人不会做非指示的事情"或"某事只处于某种状态"之意。 Phó từ thể hiện ý nghĩa "ai đó không làm gì hơn những điều được nói" hoặc "một việc gì ở một trạng thái không thay đổi".		
例文	1. 病気じゃないけど、今日はただちょっと疲れました。 2. 壊れているように見えますが、ただ古いだけです。		

45.	～たて	文型	V masu-stem ＋たて
本文	歌舞伎役者になりたてのころは　**⑬坂東玉三郎**		
翻訳／説明	have just been V-ed; newly; freshly ／刚~、新~／ vừa mới 動詞ます形の語幹につく接尾語。「ちょうど～した」という意味を表す。決まった動詞だけが「たて」と一緒に使われる。 　焼き＋たて→　焼きたて：作り＋たて→　作りたて 　食べ＋たて→×食べたて：聞き＋たて→×聞きたて A suffix that is attached to verb *masu* stems. It represents the meaning of "has just been." Only limited verbs can be used with たて。 接在动词连用形语干上的结尾词。表示"刚好做了～"之意。能跟"たて"一起使用的动词为数不多。 Tiếp vĩ ngữ được thêm vào sau gốc động từ bỏ masu, có ý nghĩa "vừa mới ~ xong". Động từ dùng cùng với 「たて」 cũng giới hạn ở một số động từ.		
例文	1. ピザは焼きたてが一番おいしいですね。 2. まだ先生になりたてなので、上手に教えられない。		

46.	たとえ～ても	文型	たとえ＋V/Ai/Ana/N te-from＋も；たとえ＋V/Ai/Ana/N neg. te-from＋も
本文	たとえ大きい店でも安心しているわけにはいかない　**①広岡浅子** たとえ経営が大変な時でも、誰も辞めさせようとしなかった　**②松下幸之助**		
翻訳／説明	even if; even though; even ／即便、即使、哪怕／ Cho dù ~ đi chăng nữa 「もし～でも」、または「～さえ」という意味を強く表現する。 Expresses the meaning of "even if/though" or "even" emphatically. 强烈表示"即便～，也～"或"连～"之意。 Mang ý nghĩa nhấn mạnh "cho dù ~ đi chăng nữa" hoặc "chỉ cần ~".		
例文	1. たとえ給料がとても高くても、やりたくない仕事はやりたくない。 2. たとえみんなが行かなくても、私は行くつもりです。		

47.	～たびに	文型	V non-past plain＋たびに；Nの＋たびに
本文	その絵を見るたびに、同じ失敗をしてはいけないと強く思った　**㉙徳川家康**		

翻訳／説明	whenever; every time ／毎逢／ Cứ mỗi độ, mỗi lần 「いつも」「毎回」という意味を表す。 A conjunction that represents the meaning of "always," "every time." 接续表现，表示"总是"、"每次"之意。 Cách nói dùng nối câu mang ý nghĩa "cứ mỗi lần", "mỗi độ".
例　文	1. 両親の家に帰るたびに、母はおいしい料理を作ってくれます。 2. 日本に行くたびに、京都に住んでいる友達に会います。

48.	～ため（に）《原因・理由》	文　型	non-past: V/Ai plain＋ため（に）；Ana stem な＋ため（に）；Nの＋ため（に）；Ana/N neg. plain＋ため（に） ｜ past: V/Ai/Ana/N plain＋ため（に）

本　文	父親が亡くなったため、家の商売をすることになった　❸ 伊藤若冲 そのため、女性の医師が必要だとされていました　㉓ 楠本イネ
翻訳／説明	because (of) ~; since ~; due to ~ ／因为~／ Do, vì 原因や理由を表す。 A conjunction that indicates a cause or a reason. 表示原因或理由的接续表现。 Cách nói dùng nối câu diễn tả lý do hoặc nguyên nhân.
例　文	1. 先週は忙しかったために、あまり運動ができなかった。 2. 台風のために学校が休みになった。

49.	～ため（に）《目的》	文　型	V non-past plain＋ため（に）；Nの＋ため（に）

本　文	日本人と考えられるためには重要な要素だ　㉕ ドナルド・キーン 仏教をさらに深く理解するためには、中国に渡って勉強するべきだ　㉗ 空海
翻訳／説明	in order to ~; for the purpose of ~; for ~ ／为了~／ Để 目的を表す表現。 A conjunction that indicates a purpose. 表示目的接续表现。 Cách nói dùng nối câu diễn tả mục đích.
例　文	1. 日本語の本を読むために、どのぐらい漢字が読めなければいけませんか。 2. 母の誕生日のために、レストランの予約をした。

50.	～だらけ	文　型	N＋だらけ

本　文	そして傷だらけで逃げ回る人々の様子を　⓬ 三宅一生 日本の計算は間違いだらけで困ると吉田に文句を言うと　㉑ 吉田茂
翻訳／説明	full of ~; covered with ~ ／满是~、净是~／ đầy~, toàn là ~ 「誰か／何かがいっぱいだ」、または「よくないものでいっぱいだ」という意味を表す。 A suffix that adds the meaning that someone/something is full of, or covered with undesirable things. 结尾词，能添加"净是某些人／某些事"或"充斥着令人不满意的事物"之意。 Tiếp vĩ ngữ diễn tả ý nghĩa "đầy người, vật, sự việc" hoặc là "phủ kín những thứ không tốt".
例　文	1. 友達は全然掃除しないので、部屋の中はゴミだらけです。 2. 雨が降った後、サッカーをしたら泥だらけになってしまった。

51.	～たらどうか	文　型	V past plain aff.＋らどうか

本　文	母親に車いすテニスをしたらどうかと言われ　⓳ 国枝慎吾
翻訳／説明	why don't you ~; how about ~ ／~，怎么样？／ làm cái gì đó thì thấy thế nào アドバイスや助言、提案を表す表現。 A suggestion or a recommendation. 提案或推荐。 Đề xuất hoặc tiến cử.

例　文	1. A：おもしろい本が読みたいんだけど。 　　B：じゃあ、この本を読んだらどう？おもしろいよ。 2. 先生にこの留学のプログラムに申し込んだらどうかと言われました。

52.	V ＋ 続ける	文　型	V masu-stem ＋ 続ける
本　文	出版から 30 年以上経った今もまだ売れ続けているベストセラーです　⑪ 黒柳徹子 いったい「日本人」とはどういう人間かを考え続けている間に　㉕ ドナルド・キーン			
翻訳／説明	continue V-ing ／持续＋V／Tiếp tục làm gì 「あることをずっとしている、またはその状態が変わらない」という意味を表す動詞。「続ける」の前に使う動詞は意志動詞（例：食べる、話す）で、無意志動詞（例：（電気が）つく、できる）は使えない。 The element of compound verbs that attaches the meaning of "continue doing something." The preceding verb must be a volitional verb. 复合动词的构成要素，带有"持续进行某事"之意。前项动词必须是意志动词。 Thành phần của động từ ghép có ý nghĩa "tiếp tục làm gì đó". Động từ đi trước phải là động từ ý chí.			
例　文	1. 小学校の時から 30 年間、日記を書き続けています。 2. 先月から仕事を探し続けているのですが、なかなか見つかりません。			

53.	〜つもり（だ）	文　型	V non-past plain ＋ つもり（だ）；N の ＋ つもり（だ）
本　文	小説を書くつもりはなかったと言っている　⑨ 又吉直樹 そのリハビリのつもりで、日本の伝統的な踊りを習い始めた　⑬ 坂東玉三郎			
翻訳／説明	be going to; intend to; plan to; consider ／打算、准备／ định làm gì đó 話している人の意思を表す表現。 A dependent noun that expresses one's intention. 表示自身意愿的形式名词。 Danh từ hình thức thể hiện ý chí bản thân.			
例　文	1. 来年はヨーロッパに旅行に行くつもりです。 2. 英語の勉強のつもりで、ホームステイをすることにしました。			

54.	〜ていく	文　型	V te-form ＋ いく
本　文	男達は、その注文の通りにしていきますが　⑧ 宮沢賢治 誰もが本物だと思うような映画やテレビ番組を作っていきました　⑩ 円谷英二			
翻訳／説明	to continue V-ing; to go on V-ing ／～下去／ ~ tiếp, ~ lên ある状態や動きが話している時から、または話している人が考えているある時点から続くことを表す。たいていひらがなで書く。 An auxiliary verb indicating a state or action continues starting from the moment of speech or the point in time at which the speaker's viewpoint is placed. It is usually written in *hiragana*. 补助动词，表示说话时，或是从说话者视点所在的时间点开始，某种状态或行为持续进行。一般用平假名表示。 Trợ động từ thể hiện một trạng thái hay một hành vi được tiếp diễn từ lúc nói, hoặc từ thời điểm người nghe để ý đến.			
例　文	1. まだ 11 月なので、これからもっと寒くなっていきます。 2. そのころから、アメリカに来る日本の留学生が増えていきました。			

55.	〜てからでないと〜ない	文　型	V te-form ＋ からでないと
本　文	感謝の気持ちを伝えてからでないと引退できないと思った　⑱ 野村忠宏			
翻訳／説明	not ~ until; not ~ before; only after ／不～，就不能～／ Nếu như không làm gì đó thì ~ không được. ある条件が満たされるまで、「誰かが何かをしない／できない」、または「何かが起こらない」という意味を表す。 Someone won't/can't do something, or something won't happen, until a certain condition is fulfilled. 表示在满足某项条件之前，"某人不／不能进行某事"或"某事不会发生"之意。 Thể hiện ý nếu như một điều kiện nào đó không được thỏa mãn thì "ai đó sẽ không làm gì hoặc không thể làm gì" hoặc "điều gì đó không xảy ra".			
例　文	1. お金を入れてからでないと、この機械は動きませんよ。 2. 京都に行ってからでないと、国に帰りたくないです。			

56.	～的（な・に）	文型	N＋的（な・に）
本文	日本に帰国してから本格的に競技レベルの車いすテニスの指導を ⑲国枝慎吾 それ以上に空海には天才的な才能があったのだ ㉗空海		
翻訳／説明	-ic; -al; -ive; in terms of ／ ~般的、~様的／ mang tính ~ (-na/-ni) 名詞をな形容詞に変える表現。 A suffix that changes a noun into a *na*-adjective. 把名词变成"な形容词"的词语。 Tiếp vĩ ngữ được dùng để biến danh từ thành tính từ -na.		
例文	1. ホットドッグは、アメリカ的な食べ物だと思います。 2. アメリカとメキシコは地理的に近いが、文化的には大きな違いがある。		

57.	～てくる	文型	V te-form＋くる
本文	「もしかしたら、なれるのかな」という気になってくる ⑰井村雅代／小出義雄 野口がガーナで黄熱病の研究を行ってきた ㉔野口英世		
翻訳／説明	begin to; come to ／（一直）~下来／ bắt đầu, trở nên ~ 話しているその時まで、何かが続いてきたことを表す。たいていひらがなで書く。 An auxiliary verb that expresses that something that has continued up to the moment of speech. It is usually written in *hiragana*. 补助动词，表示某件事到说话为止都持续进行着。一般用平假名表示。 Trợ động từ thể hiện ý một sự việc gì tiếp diễn đến thời điểm nói. Thường được viết bằng Hiragana.		
例文	1. 3月になって、暖かくなってきました。 2. 日本に来る観光客がとても増えてきたそうです。		

58.	～てくれる	文型	V te-form＋くれる
本文	ずっと生活を助けてくれていた弟が亡くなってしまった ❸伊藤若冲 テレビのインタビューで応援してくれていた人達に謝りました ⑳福原愛		
翻訳／説明	kindly V; for me ／替我~／ Ai đó làm gì giùm tôi 話している人、または話している人の家族や友達など近くにいる人のための誰かの行動や出来事を表す。 A phrase that describes an action taken by someone for the speaker or a person very close to the speaker. 描写让某人为说话者或说话者身边的人进行的行为。 Đây là cách diễn tả hành động của một ai đó được thực hiện vì lợi ích của người nói hoặc những người thân thuộc với người nói.		
例文	1. 去年の誕生日は友達がプレゼントを買ってくれました。 2. 病気の時、友達が家に来て、ご飯を作ってくれました。		

59.	～てはじめて	文型	V te-form＋はじめて
本文	あるテレビ番組を見てはじめて、自分が学習障害だったと気づいた ⑪黒柳徹子		
翻訳／説明	only after; not ~ until; it wasn't until ~ that ／ ~之后才~、终于~／ bắt đầu làm gì 「~てはじめて」の前にある行動や出来事の後に、初めて誰かが何かをした（または何かが起こった）ことを表す。 Someone did something (or something happened) for the first time after the action or event represented by the preceding verb phrase. 前项的动词句中表示的行为或事件发生后，第一次有某人做了某些事（或有某事发生）。 Sau khi một sự việc hoặc hành động được thực hiện ở câu động từ ở trước thì một ai đó làm một việc gì đó lần đầu tiên (hoặc một sự việc gì đó được xảy ra).		
例文	1. 私の国は温泉がないので、日本へ来てはじめて温泉に入りました。 2. 大学で勉強してはじめて、勉強の大切さに気がつきました。		

60.	～てほしい	文型	V te-form＋ほしい；V non-past neg.＋で＋ほしい
本文	自分の弟には死なないでほしいと歌っていた ❼与謝野晶子 オバマ氏に広島に行ってほしいと思うし ⑫三宅一生		

翻訳／説明	want (someone) to ／希望~／ muốn ai đó làm gì
	誰かに何かをしてもらいたいという話している人の希望や願いを表す表現。 A speaker's wish or desire for someone to do something. 表示说话者的希望或愿望，期盼某人为自己做某事。 Thể hiện mong muốn, nguyện vọng của người nói muốn người nghe làm gì đó.
例文	1. 両親は私に大学に行ってほしいと思っていた。 2. 子供の時、私は両親に海に連れて行ってほしかった。

61.	～てもらう	文型	V te form ＋ もらう
本文	日本人に自分の日本人としてのアイデンティティを認めてもらいたいという気持ち ④藤田嗣治 教えてもらったり、学校で日本語の授業を受けたりする ⑥安藤忠雄		
翻訳／説明	have (someone) V; ask to V ／请(表示让他人做某种行为)／ làm giùm, làm giúp 話している人が自分のために、他の人に何かをさせるという表現。 The speaker has someone do something for him/her. 说话者为了自己让他人做某事。 Người nói bắt ai đó làm gì vì mục đích của bản thân.		
例文	1. 先生に分からない漢字の読み方を教えてもらいました。 2. すみません、ここに水を持ってきてもらえませんか。		

62.	～といい	文型	V non-past plain ＋ といい
本文	よく好きなことを仕事にするといいという意見がある ③伊藤若冲 選手をその気にさせるといいと話していた ⑰井村雅代／小出義雄		
翻訳／説明	it is good to; I suggest; I recommend ／~的话就好了／ Nếu được thì tốt quá アドバイスや助言、または提案を表す表現。 A suggestion or recommendation. 提案或推荐。 Đề xuất hoặc tiến cử.		
例文	1. 日本に行ったら、京都に行くといいと言われた。 2. 外国語が早く上手になりたい人は、たくさん話すといい。		

63.	～と言う	文型	S plain ＋ と言う
本文	これを聞いて大笑いをしたと言います ㉑吉田茂 心臓や肝臓を作ったりすることができるようになると言います ㉖田中耕一		
翻訳／説明	I hear that ~; they say that ~; it is said that ~／听说／ Nghe nói 「～と言う」の前の文は話している人が聞いた情報を表す。 The preceding sentence is what the speaker heard. "～と言う"的前句表示说话者听到的事情。 Câu trước「～と言う」thể hiện thông tin mà người nói nghe được.		
例文	1. 日本人はお正月に神社やお寺に行くと言う。 2. 最近この町では雪が降らなくなったと言います。		

64.	～ということだ	文型	S plain ＋ ということだ
本文	考えてこなかったことを考えるいい機会だということです ⑮羽生義治 かえると同じ姿になるということです ㉒小泉純一郎		
翻訳／説明	it means that ~／~是这么回事／ Có nghĩa là ~ 前に話したことについての意味の説明や、その中で言いたいと思っていることについて説明する表現。 The meaning or implication of what is said earlier. 说明前面陈述事情的意义或从那里得到的启发。 Giải thích ý nghĩa sự việc được nêu hoặc đề cập trước đó.		

例文	1. A：来月アメリカに帰ります。 B：まだ夏休みじゃないですよ。じゃあ、学校を辞めるということですか。 2. 100点ということは間違いが一つもないということだ。

65.	～といえば	文型	non-past: V/Ai plain ＋といえば；Ana stem/N ＋といえば；Ana/N neg. plain ＋といえば ｜ past: V/Ai/Ana/N plain ＋といえば
本文	「日本」といえば、何をイメージしますか ⑯くまモン 我慢強い日本人といえば、江戸幕府を作った ㉙徳川家康		
翻訳/説明	when you talk of ~; if you say ~; talking of ~／说到~、谈到~、提及~／Nếu nói đến 今聞いたことを、別の新しい話のトピックとして使う時の表現。 A phrase that presents what was just mentioined by the hearer as a new topic. 将听者刚提及的事情作为另外一个新话题时所使用的表现。 Cách nói thể hiện ý người nói sử dụng thông tin, đề tài được người nghe đề cập đến làm nội dung mới cho câu chuyện.		
例文	1. 日本といえば、富士山を思い出す人が多いと思う。 2. A：最近、忙しくて休みがないんですよ。 B：休みといえば、来週は連休で月曜日も休みですよね。		

66.	～といった	文型	V/Ai/Ana plain ＋といった＋N/Np；N ＋といった＋N/Np；N plain neg. ＋といった＋N/Np
本文	ノーベル賞を受賞した山中伸弥といった自分とは違う ⑮羽生義治 井村は日本や中国といったアーティスティックスイミングの ⑰井村雅代／小出義雄		
翻訳/説明	such as ~; like ~／~等的~／~ như là ~ 名詞の前に使われて、その名詞の具体的な例を表す。 A compound particle that is used to present a specific emample(s) of what the following noun refers to. 复合助词，用于名词之前，表示该名词的具体例子。 Trợ từ ghép đứng trước danh từ thể hiện ý liệt kê cụ thể cho danh từ.		
例文	1. このレストランの食べ物は安くておいしいといった意見が多かった。 2. 日本に行ったら、東京や京都といった町に行ってみたいと思っている。		

67.	～と言われる	文型	V/Ai/Ana/N plain ＋と言われる
本文	吉田はよくワンマンだったと言われています ㉑吉田茂 仏教の中でも分かりにくいと言われる密教 ㉗空海		
翻訳/説明	to be said; it is said that ~／被说成~／được nói là, được cho là 「～と言われる」の前に来る文が、一般的にみんなが言っていることを表す。 A phrase that indicates that what the preceding sentence states is what is generally said. "～と言われる"前接的句子表示人们一般所说的事情。 Cách nói có ý nghĩa việc được nhắc đến trước cụm từ「～と言われる」là những cái phổ biến, thường được nói đến.		
例文	1. 京都は外国人に人気がある町だと言われている。 2. 日本語は英語を話す人には難しい言葉だと言われている。		

68.	どうしても～たい	文型	どうしても＋V masu-stem＋たい
本文	人々に喜んでもらえる仕事がどうしてもしたいと ⑫三宅一生 特に子供がくまモンにどうしても会いたいと口にした ⑯くまモン		
翻訳/説明	no matter what ~; at all costs／无论如何~也想／Dù sau cũng muốn làm gì đó ~ 簡単にはすることができない話している人の強い希望や願いを表す。 The speaker's strong desire when it may not be easily realized. 说话者相当希望、但无法简单实现的事情。 Thể hiện ý chí mạnh mẽ của người nói cho một việc gì đó khó thực hiện.		
例文	1. 子供のころから、どうしてもアニメーターになりたいと思っていた。 2. 将来どうしても自分の会社を作りたいと思っている。		

69.	**〜通り（に）**とお	文型	V plain＋通り（に）；N＋通り（に）とお・どお；Nの＋通り（に）
本文	男達おとこたちは、その注文の通とおりにしていきますが **8** 宮沢賢治 クインに言われた通とおりにしているうちに **19** 国枝慎吾		
翻訳／説明	as; in the same way ／照〜的样子／ giống với 〜 「〜と同じように」という意味を付け加える表現ひょうげん。 An dependent noun that adds the meaning of "as; the (same) way (as)." 添加"像〜一样"之意的表现。 Cách nói mang ý nghĩa "giống với 〜".		
例文	1. 先生に言われた通とおりに勉強したら、テストでいい点てんが取とれた。 2. ガイドブックの通とおり、東京はとても人が多かった。		

70.	**〜とか〜とか**	文型	S1 plain＋とか S2 plain＋とか；N1＋とか N2＋とか
本文	「ぼうしとコートをぬいで下さい」とか、「牛乳ぎゅうにゅうのクリームを体にぬって下さい」とか色々な注文ちゅうもん **8** 宮沢賢治 寺てらを作るとか、身分みぶんに関係かんけいなく勉強できる大学のような学校を開いたりするとかしました **27** 空海		
翻訳／説明	and such 〜／〜或〜／〜 chẳng hạn いくつかの例れいを並ならべる表現ひょうげん。 A construction that lists examples. 此句型用来列举多个例子。 Cách nói liệt kê ra một số ví dụ tiêu biểu.		
例文	1. 夏休みは、旅行するとか本を読むとかするつもりだ。 2. 週末しゅうまつは家で本とかマンガとか（を）読んで過すごしています。		

71.	**〜と考かんがえらえる**	文型	S plain＋と考えられる
本文	その後の日本の経済の基礎きそを作った人物じんぶつと考えられています **21** 吉田茂 義経よしつねは自殺したと考えられています **28** 源義経		
翻訳／説明	it is thought that 〜; it is believed that 〜／一般认为〜／ được cho rằng là 〜 「〜と考えられる」の前に来る文ぶんが、一般的いっぱんてきにみんなが信じていることを表あらわす。 A phrase that indcates that what the preceding sentence states is what is generally believed. "〜と考えられる"前接的句子表示一般人们相信的事情。 Cách nói thể hiện ý việc được nhắc đến trước「〜と考えられる」là những việc phổ biến, được tin tưởng.		
例文	1. 富士山ふじさんは昔むかし、神かみだと考えられていました。 2. これからもっとお年寄としよりが増ふえていくと考えられる。		

72.	**ところが**	文型	S1。ところが S2。
本文	ところが、会社からもらった仕事はたんぱく質しつの重さを量はかる技術ぎじゅつを考え出すことで **26** 田中耕一 追おい出してしまいます。ところが、戦いに勝かち続けた義経は **28** 源義経		
翻訳／説明	however ／然而／ Tuy nhiên 「ところが」の前にある出来事できごとから、話している人が想像そうぞうできなかった、考えられなかった何かが起おきたことを表あらわす。 A conjunction that indicates that something not expected from what is stated in the preceding sentence happened. 接续词，表示发生了某些无法从前述的事情中预想到之事。 Liên từ diễn tả ý một sự việc gì đó xảy ra mà không có một dự báo trước đó.		
例文	1. 日本で困こまらないように日本語を勉強して日本へ行きました。ところが、全然ぜんぜん日本語を使いませんでした。 2. 昨日の夜よるたくさん勉強しました。ところが、テストはあまりできませんでした。		

73.	**〜どころか**	文型	non-past: V/Ai plain＋どころか；Ana stem/N＋どころか；Ana/N plain neg.＋どころか ｜ past: V/Ai/Ana/N plain＋どころか
本文	よくないことだと考えるどころか、将棋しょうぎが進歩しんぽする機会きかいだ **15** 羽生義治 吉田は謝あやまるどころか、もし日本の計算けいさんが **21** 吉田茂		

翻訳/説明	far from ~; on the contrary ~ ／別说~，就连~也／Không phải lúc		
	「～どころか」の前に話されていた出来事からとても考えることができなかったことが、本当だったことを表す。 A conjunction indicates something far from what is stated in the preceding sentence is the case. 接续表现，表示跟前述的事情相当不同的某些情况才为真。 Cách nói dùng để nối câu, thể hiện ý nghĩa một sự việc gì đó là có thực xảy ra trái với mệnh đề trước.		
例文	1. 週末は休みどころか土曜も日曜も仕事で会社に行かなければいけなかった。 2. このレストランは静かだと聞いていたが、静かどころかうるさくて話もできなかった。		

74.	～とされる	文型	S plain（だ after Ana and N can drop）+ とされる
本文	スポーツでは技術はもちろんであるが、精神的な部分も大切だとされる　**19** 国枝慎吾 女性の医師が必要だとされていましたが　**23** 楠本イネ		
翻訳/説明	it is considered that ~ ／被视为~／được cho là		
	「～とされる」の前の文は一般的にみんなが信じていることを表す。 An expression indicates what the preceding sentence states is what is commonly believed by people. "～とされる"前接的句子表示一般人们相信的事情。 Cách nói thể hiện ý việc được nhắc đến trước 「～とされる」là những việc phổ biến, được tin tưởng.		
例文	1. 日本でひらがなが使われはじめたのは、9世紀ごろ（だ）とされる。 2. 新聞を読むためには漢字を 3,000 字ぐらい知っている必要があるとされる。		

75.	～としたら	文型	V/Ai/Ana/N past plain + としたら；Nだ+ としたら
本文	もしスポーツ選手だったとしたら、井村に指導を受けたい　**17** 井村雅代／小出義雄 龍馬がもし長生きをしていたとしたら、龍馬は日本の歴史の中で　**30** 坂本龍馬		
翻訳/説明	if ~; if we assume ~ ／要是~、如果~／Nếu như		
	「もし～だったら」という事実ではないことを表す。 A conjunction that expresses a hypothetical counter-factual condition. 表示假定的、与事实相反条件的接续表现。 Cách nói dùng để nối hai câu, thể hiện ý giả định trái thực thế.		
例文	1. 東京に行けたとしたら、おいしい寿司を食べてみたい。 2. サービスが悪かったとしたら、レストランの食べ物がおいしくても多分お客さんはあまり来ないと思います。		

76.	～として	文型	N+として
本文	藤田は 1886 年に医者の子供として生まれた　**4** 藤田嗣治 私的な海軍としての仕事もしていました　**30** 坂本龍馬		
翻訳/説明	as ~ ／作为／với tư cách, lập trường		
	誰かや何かの地位や立場、仕事、役割などを表す。 A compound particle that indicates the status, position, role or function of somone/something. 复合助词，表示某人或某种地位、职位、任务或功能。 Trợ từ ghép diễn tả địa vị, lập trường, vai trò, chức năng của một ai đó.		
例文	1. 姉は留学生として今、中国で勉強しています。 2. 東京は日本の首都として世界的に有名だ。		

77.	とても～ない	文型	とても + V potential neg.
本文	世界一になんかとてもなれないと思っていた選手が　**17** 井村雅代／小出義雄		
翻訳/説明	it is totally impossible that ~; by no means ／根本不~／không có chuyện		
	「～は絶対に不可能だ」「決して～できない」という誰かができることを強く否定する表現。 Strongly denies that someone can do something. 表示"～完全不可能"、"绝非~"，强烈否定某人能做某事。 Cách nói phủ định một cách quyết liệt một ai đó không thể làm gì, "tuyệt đối không thể", "không có chuyện".		
例文	1. この時計は高すぎて、とても私には買えません。 2. 山田さんが嘘をつくなんて、とても信じられない。		

78.	～とのことだ		文　型	S＋とのことだ
本　文	相手が理解できるように説明をしたとのことだ　17 井村雅代／小出義雄			
翻訳／説明	said that ~; is saying that ~ ／听说～、据说～／ Ai đó nói là 誰かの伝言を伝える表現。 A phrase that is used to convey someone's message. 用于表达某人的留言。 Cách nói truyền đạt lời của một ai đó.			
例　文	1. 先生が少し遅れるので待っていて下さいとのことでした。 2. 日本は暑いとのことですが、いかがお過ごしですか。			

79.	～とは		文　型	N/Np/S ＋とは
本　文	料亭とは高級な日本料理のレストランのこと　14 村田吉弘 ゆるキャラとは、「ゆるいキャラクター」を短くした言葉です　16 くまモン			
翻訳／説明	is; mean ／所谓的、就是／ ~ có nghĩa là ~ 「とは」の前には言葉や表現が使われ、「とは」の後ろには、その言葉や表現の定義や説明が来る。 A particle that marks a word, phrase, etc. that is to be defined or explained in the following part of the sentence. "とは"前接某种表现，后接该词语或表现的定义或说明。 Trước「とは」là từ ngữ hoặc cụm từ, thành phần phía sau「とは」là những giải thích hay định nghĩa cho những từ ngữ hoặc cụm từ đó.			
例　文	1. メタボとはメタボリックシンドロームを短くした言葉です。 2. お手洗いとはトイレのことです。			

80.	～とは限らない		文　型	S plain（だ after Ana and N can be drop）＋とは限らない
本　文	ワンマンの人がリーダーになることは悪いこととは限らない　21 吉田茂 必ずしも子供が親に似るとは限りませんが　22 小泉純一郎			
翻訳／説明	not necessarily; not always ／不见得～、未必～／ không hẳn 何かが必ずしも当てはまったり、本当ではないことを表す。 A phrase that expresses that something is not necessarily the case or true. 表示某件事并非完全符合或者是真实的。 Cách nói thể hiện một sự việc gì đó không phải là tuyệt đối, không có nghĩa là hoàn toàn.			
例　文	1. 日本語の先生がみんな日本人（だ）とは限りません。 2. 運動していても病気にならないとは限らない。			

81.	（と）ともに		文　型	N1 と N2 はともに：N ＋とともに
本　文	井村雅代と小出義雄はともにスポーツの指導者だ　17 井村雅代／小出義雄 お祖父さん、そしてお父さんともに政治家でした　22 小泉純一郎			
翻訳／説明	both; together with; with ／（跟）~一起／ Cùng với 「どちらも」という意味を表す。たいてい書き言葉で使う。 A compound particle that expresses the meaning of "both." This is usually used in written language. 复合助词，表示"哪个都"之意。一般用于书面语。 Trợ từ phức diễn tả ý nghĩa "cái nào cũng". Thường được sử dụng trong văn viết.			
例　文	1. トヨタはホンダとともに日本の車の会社だ。 2. 兄と姉はともに外国で暮らしている。			

82.	どんなに～ても		文　型	どんなに＋（Adv）V/Ai/Ana/N te-form ＋も
本　文	どんなに大変な時でも、つらそうな顔を見せるな　17 井村雅代／小出義雄 どんなに頭がよくても、政府でいい仕事をもらうことはできませんでした　27 空海			

翻訳／説明	no matter how (much; hard) ／怎么样都~／Cho dù thế nào đi chăng nữa ~
	「誰かや何かの状態の度合い」、または「誰かが何かをする程度」に関わらず、誰かが何かをする(もしくは何かが起こる)ということを意味する表現。 A phrase that means that someone does something (or something happens) regardless of the level of the state of something or someone or the extent to which someone does something. 带有不管"某人或某种状态的程度"或"某人做某事的程度"如何，某人都会做某事(或某事都会发生)之意。 Cách nói thể hiện ý cho dù "một người nào đó hoặc mức độ trạng thái của một sự việc" hay "mức độ một người nào đó làm gì" như thế nào đi chăng nữa thì một người nào đó sẽ làm một điều gì (hoặc một việc gì đó sẽ xảy ra).
例文	1. 母はどんなに忙しくても、いつもおいしい料理を作ってくれた。 2. どんなに大変でも、日本語の勉強は続けます。

83.	～な《禁止》	文型	V non-past plain aff. ＋ な
本文	子供の時にするなと言われていた勉強を始めました　**1**広岡浅子 つらそうな顔を見せるなと教える　**17**井村雅代／小出義雄		
翻訳／説明	Don't V (in direct speech) ; not to V (in indirect speech) ／别~／Cấm ~ 禁止を表す助詞。 A particle that expresses prohibition. 表示禁止的助词。 Trợ từ thể hiện ý cấm đoán.		
例文	1. 先生が明日の宿題を忘れるなと言っていた。 2. 図書館の中では、携帯電話を使うなと書いてあった。		

84.	～ないわけにはいかない	文型	V non-past neg. ＋ わけにはいかない
本文	AIを使わないわけにはいかないでしょう　**15**羽生義治 父は命令を聞かないわけにはいかず　**29**徳川家康		
翻訳／説明	cannot afford not to ~; must ~; have to ~; one has no choice but to ~ ／必须~、不得不~／không lý nào 何か難しい状況の中で、ある出来事をしなければいけないという意味を表す。 A phrase that means one has no choice but to do something in a difficult situation. 表示必须得在某种困难的状况中做某件事之意。 Cấu trúc mang ý nghĩa trong hoàn cảnh khó khăn, phải làm một việc gì đó.		
例文	1. お金がないので、勉強が忙しくてもアルバイトをしないわけにはいかない。 2. 明日は大切な試験があるので、熱があっても学校に行かないわけにはいきません。		

85.	～ながら	文型	V masu-stem ＋ ながら
本文	教える仕事をしながら、賢治は詩や童話を書きました　**8**宮沢賢治 国の違いも考えながら、自分がおいしいと思うものを作る　**14**村田吉弘		
翻訳／説明	while; as ／边~边~／vừa ~ vừa ~ 一人の人が2つのことを同じ時間に一緒にすることを表す。この文型で使う動詞は、動作を表す動詞(例：食べる、考える)で、状態を表す動詞(例：知る、住む)は使えない。 A conjunction that expresses two simultaneous actions by one person. The verbs that are used in this pattern have to be an action verb. 接续助词，表示一个人同时进行两种行为，用在此句型中的动词必须是表示动作的动词。 Trợ từ nối hai hay nhiều câu thể hiện ý một người cùng lúc thực hiện hai sự việc. Động từ sử dụng trong cấu trúc này phải là động từ thể hiện hành động.		
例文	1. 私はよく喫茶店でコーヒーを飲みながら本を読みます。 2. 妹はアルバイトをしながら、大学に入るための勉強をしている。		

86.	なぜなら～からだ	文型	S1。なぜなら S2 plain からだ。
本文	気づいたそうです。なぜなら、その番組に出ていたLDの子供たちが　**11**黒柳徹子 なぜなら、歌舞伎の仕事は親から子に伝えるのが普通だから　**13**坂東玉三郎		

翻訳／説明	\multicolumn{4}{l	}{It is because 〜 ／是因为〜／ Vì lý do gì mà 〜 là do 〜}

翻訳／説明	It is because 〜 ／是因为〜／ Vì lý do gì mà 〜 là do 〜
	前に話したことについての理由。書き言葉で使う。 The reason for the statement in the preceding sentence. Used in written language. 前述事项的理由。用于书面语。 Nói về lý do giải thích cho điều nói trước đó. Thường được sử dụng trong văn viết.
例　文	1. このパソコンは人気があります。なぜなら、安くて使いやすいからです。 2. 昨日は学校が休みになった。なぜなら、多くの人が病気になったからだ。

87.	〜なら		文　型	V/Ai plain＋なら；Ana stem＋なら；N＋なら；Ana/N plain neg.＋なら
本　文	\multicolumn{4}{l	}{日本人ならみんな心を打たれるのではないだろうか　⓭坂東玉三郎}
翻訳／説明	\multicolumn{4}{l	}{if 〜; if it is true that 〜 ／如果〜／ Nếu như 〜 話している人の推測を表す。 A conjunctin that indicates the speaker's supposition. 接续助词，表示说话者的推测。 Trợ từ nối hai câu thể hiện ý dự đoán của người nói.}
例　文	\multicolumn{4}{l	}{1. 休めるなら、旅行に行きたいけれど、休みが取れない。 2. このサイズが大きすぎるなら、もっと小さいサイズもありますよ。}

88.	何＋counter＋も		文　型	何＋counter＋も
本　文	\multicolumn{4}{l	}{モデルとなる鶏を庭に何十羽も飼い、絵を描かずに　❸伊藤若冲 出版社の人は何度も依頼をして、結局、小説を書くことになった　❾又吉直樹}
翻訳／説明	\multicolumn{4}{l	}{many ／几(量词)也／ đến mấy 〜 あるものがとても多い、またはたくさんあることを表す。 An adverbial structure that indicates large quantity or number of something. 副词结构，表示某种东西的数量庞大。 Cấu trúc sử dụng phó từ thể hiện ý phóng đại số lượng của một sự việc gì.}
例　文	\multicolumn{4}{l	}{1. 昨日は暑かったので、何杯もジュースを飲んでしまった。 2. 何時間も電話していたので耳が痛くなった。}

89.	〜なんか		文　型	N（particle）＋なんか
本　文	\multicolumn{4}{l	}{最初は世界一になんかとてもなれないと思っていた　⓱井村雅代／小出義雄 親と同じ仕事なんかしたくないと考える場合もある　㉒小泉純一郎}
翻訳／説明	\multicolumn{4}{l	}{(things) like ／总觉得〜／ làm gì có 〜 驚いた気持ちや信じられない気持ち、また、軽蔑の気持ちなど、話している人の強い気持ちを表す。 A particle that expresses the speaker's strong feeling of disdain, incredulousness, surprise, etc. 助词，表示轻蔑或怀疑、惊讶等强烈的情绪。 Trợ từ thể hiện tâm trạng bất ngờ, hoài nghi hay khinh thường.}
例　文	\multicolumn{4}{l	}{1. 勉強が忙しくて、遊ぶ時間なんか全然ない。 2. 東京は人が多いから、東京になんか住みたくない。}

90.	〜において		文　型	N＋において
本　文	\multicolumn{4}{l	}{藤田は特にフランスにおいて有名な日本人だ　❹藤田嗣治 日本文学の研究においては、日本を含め、優れた研究者の一人　㉕ドナルド・キーン}
翻訳／説明	\multicolumn{4}{l	}{at; in; regarding ／在〜地点、在〜时候、在〜方面／ Ở, tại 場所や時間を表す。たいてい書き言葉で使う。 A compound particle that indicates a location or a time. Usually used in writing language. 表示场所或时间的复合助词。一般用于书面语。 Trợ từ diễn tả thời gian và nơi chốn. Thường được sử dụng trong văn viết.}
例　文	\multicolumn{4}{l	}{1. 日本では札幌と長野において冬のオリンピックが行われた。 2. 21世紀において、環境がもっと大きい社会問題になっていくだろう。}

91.	~に限られる		文型	N＋に限られる
本文	歌舞伎は男性だけに限られるようになった ⑬坂東玉三郎			
翻訳／説明	be limited to ~; to be restricted to ~ ／限于 ~ ／ giới hạn ở ~ 時間や場所や数などの範囲を決める、または限定されるという意味を表す。 A phrase that expresses the meaning of "be limited/restricted to." 表示"受限／限定"之意。 Cách nói thể hiện ý "được giới hạn, hạn chế ở ~".			
例文	1. 私の大学の図書館を使える人は、大学の学生と先生に限られています。 2. この留学のプログラムに申し込める人は、2年生と3年生に限られます。			

92.	~に代わって		文型	N＋に代わって
本文	義経は頼朝に代わって、強いと思われた平と ㉘源義経			
翻訳／説明	instead of ~; in place of ~; for ~ ／代替 ~ ／ thay thế cho ai, thay mặt cho ai 交替をしたり、入れ替わったりしてという意味を表す。 A compound particle that expresses the meaning of "instead of." 复合助词，表示"代替~"之意。 Trợ từ ghép thể hiện ý "thay cho, thay mặt cho".			
例文	1. 病気で働けない父に代わって、兄は家族のために働いてくれた。 2. 土曜日に代わって、水曜日が休みになった。			

93.	~に関して・~に関する		文型	N＋に関して；N＋に関する＋N
本文	引退に関しては、体力の問題はもちろんですが ⑱野村忠宏 医療に関する仕事がしたかったからだ ㉖田中耕一			
翻訳／説明	concerning; about; as to ／关于 ~ ／ liên quan đến 「~について」という意味を表す。 A compound particle that expresses the meaning of "related to." 复合助词，表示"关于~"之意。 Trợ từ ghép có ý nghĩa "liên quan đến".			
例文	1. 週末、日本の文化に関する本を読みました。 2. 日本語のクラスで、日本の若者に関して発表することになった。			

94.	V＋にくい		文型	V masu-stem＋にくい
本文	日本からは行きにくい国の一つでしょう ㉔野口英世 仏教の中でも分かりにくいと言われる ㉗空海			
翻訳／説明	difficult to ~; hard to ~ ／难以 ~ ／ khó ~ 動詞と一緒に使って、「~するのが難しい」という意味を表す。い形容詞と同じ活用。 An auxiliary adjective that is attached to verbs and adds the meaning of "be hard to V." 补助形容词，接在动词后，能添加"难以~"之意。跟"い形容词"的活用相同。 Tính từ bổ trợ được thêm vào ngay sau động từ thể hiện ý "khó làm gì". Cách dùng giống với tính từ -i.			
例文	1. この本は漢字が多いので、私には読みにくい。 2. 私の家は駅からだと分かりにくいので、地図を書いておきました。			

95.	~に比べて		文型	N＋に比べて
本文	他の人に比べてたくさん練習していたそうです ⑳福原愛			
翻訳／説明	compared to ~; in comparison to ~ ／跟 ~ 相比 ／ so với 誰か／何かを比較するものを表す。 A compound particle that indicates an item to be compared with someone or something. 复合助词，表示跟谁或什么相比的项目。 Trợ từ ghép thể hiện ý so sánh với cái gì hoặc ai đó.			

例文	1. 去年に比べて、今年は雨の日が多い。 2. 半年前に比べて、日本語が上手になったと思う。

96.	～に対して・～に対する	文型	N＋に対して；N＋に対するN
本文	最近はこのような仕事に対する考え方も変わってきている ❾又吉直樹 マッカーサー司令官に対して450万トンの食料を日本に輸入しなければ ㉑吉田茂		
翻訳/説明	toward; to; for; against; regarding ／対～／ đối với 誰かが人やものにすること、または態度を表す。 A compound particle that expresses that someone takes an action toward someone/something, that someone's attitude toward someone/something is in a cetain way, etc. 复合助词，表示某人对"某人／某事"采取的行为、某人对"某人／某事"抱持的特定态度。 Trợ từ ghép thể hiện thái độ đặc biệt đối với "một người hoặc sự việc gì", hoặc hành vi của một ai đối với "ai hoặc sự việc gì".		
例文	1. 子供のころ、父は私に対してとても厳しかったです。 2. 将来に対してあまり夢を持っていない若者が多いらしい。		

97.	～に違いない	文型	non-past: V/Ai plain＋に違いない；Ana stem＋に違いない；N＋に違いない；Ana/N plain neg.＋に違いない ｜ past；V/Ai/Ana/N plain＋に違いない
本文	空海が一生懸命勉強したからに違いありませんが ㉗空海 もっと大きな仕事をしていたに違いありません ㉚坂本龍馬		
翻訳/説明	must be; there is no doubt that ～／必定～、肯定～／ chắc chắn là, không sai 話している人が絶対にそうだと思っていることを表す。 A phrase that indicates the speaker's certainty about what is stated. 表示说话者对提及的事情坚信不疑。 Cách nói thể hiện tính xác tín của người nói đối với sự việc được nói đến.		
例文	1. 東京は大きい町だから、人が多いに違いない。 2. このアパートは近くにコンビニや駅があるから、便利に違いありません。		

98.	～について	文型	N＋について
本文	努力や研究が大切だという考え方をすることについて ⓭坂東玉三郎 力が弱くなっていた幕府は開国について日本国内の意見を ㉚坂本龍馬		
翻訳/説明	about; regarding ／关于～／ về ～ 何かの範囲を限定するという意味を表す。 A compound particle that indicates the meaning of "regarding." 复合助词，表示"关于～"之意。 Trợ từ ghép thể hiện ý "về việc gì đó".		
例文	1. 昨日、日本語のクラスで政治について話し合いをした。 2. テレビでオリンピックについてのニュースを見ました。		

99.	～にとって	文型	N＋にとって
本文	1951年が日本にとってどんな年だったか知っていますか ㉑吉田茂 私達にとって、田中によって考え出された技術は非常に大切なわけです ㉖田中耕一		
翻訳/説明	for; to ／对～来说／ đối với 誰の立場から話をしているかを表す。 A compound particle that indicates whose point of view is taken in the statement. 复合助词，表示是从哪个人的角度来陈述事情。 Trợ từ ghép thể hiện ý bày tỏ quan điểm từ phương diện của một ai đó.		
例文	1. 私にとって、一番大切なのは友達です。 2. この家は人間にとっても、ペットにとっても住みやすい家です。		

100.	～によって《方法・原因》		文型	N＋によって
本文	玉三郎は女形の演技によって日本の政府から 13 坂東玉三郎 この条約によって、日本と多くの連合国の間の戦争の状態が終わりました 21 吉田茂			
翻訳／説明	by means of; due to; because of ／由于～、因为～／ bằng phương pháp, do ~ 方法や原因を表す。 A compound particle that indicates a means or a cause. 表示方法或原因的复合助词。 Trợ từ ghép thể hiện ý giải thích nguyên nhân, hoặc phương pháp thực hiện.			
例文	1. 台風によって、大きな被害が出てしまった。 2. このアニメはコンピュータグラフィックスによって作られているそうだ。			

101.	～によって《準拠》		文型	N＋によって
本文	子供によっては親と同じ仕事なんかしたくないと考える 22 小泉純一郎 どんな人を考えますか。もちろん人によって違うと思いますが 28 源義経			
翻訳／説明	depending on ~; according to ~ ／由于～、因为～／ theo như 何に基づいているかを表す表現。 A compound particle that expresses the meaning of "depending on." 复合助词，表示"由于～"之意。 Trợ từ ghép thể hiện ý "tuỳ theo, theo như".			
例文	1. 何歳で結婚できるかは、国によって違う。 2. 大学によって、取らなければいけない授業の数が違うらしい。			

102.	～によって《動作主》		文型	N＋によって
本文	男性によって眠らされていた山は、今、動き出さなければならない 7 与謝野晶子 ワクチンは野口が死んだ後、他の研究者によって作られました 24 野口英世			
翻訳／説明	by ~ ／由～、被～／ do, bởi 受身の文の中でその動作をした人を表す。 A compound particle that indicates the agent of the action in a passive sentence. 复合助词，表示被动句中的行为主体。 Trợ từ ghép biểu hiện chủ thể của hành vi trong câu bị động.			
例文	1. この本は有名な科学者によって書かれました。 2. 電話はアレキサンダー・グラハム・ベルによって発明されました。			

103.	～によると		文型	N＋によると
本文	松下に叱られたことがある人によると、松下は叱る時 2 松下幸之助 厚生労働省の調査によると、大学を卒業した人の約30％が 9 又吉直樹			
翻訳／説明	according to ~ ／根据～、按～／ theo như 情報の元になっているものを表す。 A compound particle that indicates a source of information. 表示情报来源的复合助词。 Trợ từ ghép thể hiện nguồn thông tin.			
例文	1. 天気予報によると、明日は東京でも雪が降るそうです。 2. 先生によると、来週から新しい学生が来るそうだ。			

104.	～によれば		文型	N＋によれば
本文	又吉の両親によれば、昔からおもしろいことは好きだったようだ 9 又吉直樹			

翻訳/説明	according to ～ ／根据～、按～ ／ theo như 情報の元になっているものを表す。書き言葉で使う。 A compound particle that indicates a source of information. Used in written language. 表示情报来源的复合助词。用于书面语。 Trợ từ ghép thể hiện nguồn thông tin. Được sử dụng trong văn viết.		
例文	1. みんなの話によれば、彼はもうすぐ結婚するらしい。 2. ある調査の結果によれば、この携帯電話が一番人気があるようだ。		

105.	～のだから	文型	non-past: V/Ai plain ＋のだから；Ana stem/N な＋のだから； Ana/N plain neg.＋のだから ｜ past: V/Ai/Ana/N plain ＋のだから
本文	選手はそれぞれ能力が違うのだから、そんな考えは変えなければいけない		17 井村雅代／小出義雄
翻訳/説明	because; since ／因此～ ／ vì rằng 「～のだから」の後ろに来ることの理由（または原因）を表す。 A compound conjunction that expresses the reason for (or the cause of) what is stated in the following sentence. The literal meaning is "The fact is that ~, so ~." 复合助词，表示后续的句子中所陈述事情的理由（或原因）。字面上的意思为"因为事实是～，所以～"。 Trợ từ nối hai câu thể hiện lý do (nguyên nhân) được nêu ở câu sau. Ý nghĩa đúng theo câu chữ là "Vì sự thật là ～ nên ～".		
例文	1. 彼は日本語を4年間勉強したのだから、これぐらいの文法は知っているはずだ。 2. キムさんは、日本語が上手なのだから、日本語が使える仕事をしたほうがいい。		

106.	～ば《条件》	文型	Ru-Verb 起きる→起きれば／起きなければ U-Verb 書く→書けば／書かなければ Irr. Vreb する→すれば／しなければ；来る→来れば／来なければ Ai 大きい→大きければ／大きくなければ
本文	何もしなければ、将来、日本料理はなくなっていく 14 村田吉弘 食料を日本に輸入しなければ、食べ物がなくて多くの人が死んでしまう 21 吉田茂		
翻訳/説明	if ／如果～ ／ Nếu như 「～ば」の前の文が条件を表す。もしこの条件が満たされれば、後ろの文で話すことが本当に起こる。 A conjuction that indicates that the preceding sentence is a condition. If this condition is satisfied, the statement in the main clause will become true. 表示前句为条件的接续助词。若能达成此条件，则主句中陈述的事情就能实现。 Trợ từ nối hai câu, diễn tả điều kiện. Nếu điều kiện này thoả mãn thì hành động được nhắc đến ở vế chính sẽ được thực hiện.		
例文	1. 宿題が分からなければ、先生に聞いたほうがいいですよ。 2. 安ければ、アルバイトしたお金で自転車を買いたいと思っています。		

107.	～ば～ほど	文型	V/Ai conditional ＋ V/Ai non-past plain aff. ＋ほど
本文	このような考え方をする人々が増えれば増えるほど 12 三宅一生		
翻訳/説明	the more ～, the more ／越～越～ ／ càng ～ càng ～ 「～ば」で表すことが進んだり、その状況が変わると、それと一緒に「～ほど」で話すことが進んだり変わったりすることを表す。 A sentence structure that expresses the meaning of "the more ~, the more." 用"～ば"表示的事情有进展，其状况有变化时，同时用"～ほど"表示的内容也会有进展和变化。 Sự việc trong câu có 「～ば」 tiến triển, thay đổi thì nội dung được thể hiện trong 「～ほど」 cũng tiến triển thay đổi đồng thời.		
例文	1. 練習すれば（練習）するほど、日本語は上手になると思います。 2. 試験はやさしければやさしいほどいいと思う学生が多い。		

108.	～ばかり	文型	N＋ばかり；V te-form ＋ばかりいる
本文	本当に好きなことばかりはできなくなるかもしれない 3 伊藤若冲 先生を困らせてばかりいたトットちゃんは 11 黒柳徹子		

161

翻訳/説明	only; doing nothing but; always ／仅~、只~／ chỉ suốt, chỉ mãi
	「いつも~している」や「~以外はしない」という意味を追加する助詞。たいてい否定的な意味を表す。
	A particle that adds the meaning of "doing ~ all the time" or "doing nothing but ~." Usually carries a negative connotation.
	能添加"总是做~"或"除了~之外其他都不做"之意的助词，一般带否定意义。
	Trợ từ diễn ý "chỉ làm gì đó mãi" hay "ngoài việc gì ra không làm cái gì khác". Thường mang ý nghĩa phủ định.
例文	1. 私は子供の時、ゲームばかりしていて、全然勉強しなかった。
	2. コーヒーばかり飲んでいると、健康によくないそうですよ。

109.	~ばかり（だ）	文型	V past plain aff. + ばかり（だ）
本文	地震が起きたばかりのころは、ニコニコしているくまモンを　⑯くまモン		
翻訳/説明	just ／刚~／ vừa mới		
	「ちょうど~したところだ」のような「ちょうど」の意味を付け加える助詞。		
	A particle that adds the meaning of "just" as in "someone has just V-ed."		
	能添加"刚做完~"的"刚"之意的助词。		
	Trợ từ thể hiện ý "ngay vừa mới" như trong cách nói "ngay vừa mới làm gì xong".		
例文	1. A：田中さんは？		
	B：田中さんは、今、帰ったばかりですよ。		
	2. さっきご飯を食べたばかりなんですが、もうお腹がすいてきました。		

110.	~ばかりでなく~も	文型	N1＋ばかりでなく N2 も；V/Ai plain＋ばかりでなく phr も； Ana stem な＋ばかりでなく phr も
本文	戦争画を描いた画家は藤田ばかりでなく他にもいたのに　④藤田嗣治		
	このブランドは服ばかりでなく、香水や時計も作っている　⑫三宅一生		
翻訳/説明	not only ~ but also ~ ／不但~也~／ không những ~ mà còn		
	「~ばかりでなく」と「~も」の前に書いてあること「どちらも」ということを表す。		
	A sentence structure that indicates the meaning of "not only X but Y."		
	表示"~ばかりでなく"和"~も"前面所写的内容"两者都有"之意。		
	Cách nói diễn tả ý "cả hai" hoặc "không chỉ X mà còn Y".		
例文	1. 高校では勉強ばかりでなく、クラブ活動も大切だ。		
	2. この公園は広いばかりでなく、色々なスポーツをすることもできる。		

111.	V＋始める	文型	V masu-stem＋始める
本文	日本の伝統的な踊りを習い始めたそうだ　⑬坂東玉三郎		
	空海は、仏教に興味を持ち始めて　㉗空海		
翻訳/説明	to begin to V ／开始 V ／ bắt đầu làm gì		
	新しく何かをするという意味を付け加える動詞。		
	The elements of compound verbs that adds the meaning of "begin to V."		
	复合动词的构成要素，能添加"开始~"之意。		
	Thành phần động từ ghép có ý nghĩa "bắt đầu làm gì đó".		
例文	1. 夕方から雪が降り始めて、朝まで降っていた。		
	2. 母はいつも6時ごろから晩ご飯を作り始めます。		

112.	~はず（だ）	文型	non-past: V/Ai plain＋はず（だ）; Ana stem な＋はず（だ）; N の＋はず（だ）; Ana/N plain neg.＋はず（だ） ｜ past: V/Ai/Ana/N past plain＋はず（だ）
本文	ゴジラという名前を知らないはずはないと思いますが　⑩円谷英二		
翻訳/説明	I expect that ~; should; ought to ／应该~／ Chắc chắn		
	話している人の期待を表す表現。		
	A dependent noun that indicates the speaker's expectation.		
	形式名词，表示说话者的期待。		
	Danh từ hình thức thể hiện mong muốn của người nói.		

例　文	1. もう7時だからルームメイトは家に帰っているはずだ。 2. このホテルは有名なホテルだから、高いはずだ。		

113.	～はずがない	文　型	V/Ai non-past plain ＋はずがない；Ana stem な＋はずがない；Nの＋はずがない；Ana/N plain neg. ＋はずがない
本　文	みんながいい気持ちになるはずがないので　**16** くまモン 大人にも負けるはずがない　**20** 福原愛		
翻訳／説明	it cannot be true that ~; it is impossible for ~ to ~／不可能~、不会~／không chắc ~ 話している人の強い疑いの気持ちを表す。 A phrase that expresses to express the speaker's strong doubt. 表示说话者强烈的怀疑。 Cách nói thể hiện hoài nghi của người nói.		
例　文	1. まじめな田中さんが嘘をつくはずがない。 2. こんなに有名で高いレストランなんだから、まずいはずがない。		

114.	反面 はんめん	文　型	V/Ai non-past plain ＋反面；Ana stem な＋反面；Nの＋反面；Ana/N plain neg. ＋反面；S1。その反面、S2。
本　文	その反面、スマートフォンのように、色々なところですでに　**15** 羽生義治		
翻訳／説明	while; on the other hand ／另一方面、相反／trái với 2つの違う性質や特徴、状態などを比べる表現。 A conjunction that contrasts two different aspects of something. 接续词，对比两个不同的方面。 Liên từ thể hiện sự tương phản của hai mặt vấn đề.		
例　文	1. この薬はよく効く反面、飲みすぎると体によくない。 2. 娘が結婚するのは、うれしい反面、少し寂しく感じる。		

115.	～べきだ	文　型	V non-past plain ＋べきだ
本　文	どのように人間の力にすることができるかを考えるべきだ　**15** 羽生義治 中国に渡って勉強するべきだと考えました　**27** 空海		
翻訳／説明	should; ought to ／应当~／nên ~ 何かがされなければいけないという話している人の強い判断を表す。 An auxiliary verb (conjugation as na-adjective) that expresses the speaker's strong judgment that something should be done. 助动词，表示说话者强烈判断应该做某事。跟"な形容词"的活用相同。 Trợ động từ thể hiện phán đoán mạnh mẽ của người nói về việc gì nên được làm. Cách sử dụng giống hình thức của tính từ -na.		
例　文	1. 日本語が上手になりたかったら、一生懸命勉強するべきだ。 2. 子供のころに色々な本を読むべきだと思う。		

116.	～べきではない	文　型	V non-past plain aff. ＋べきではない
本　文	その時女性はするべきではないと言われていたこと　**7** 与謝野晶子 日本は外国と付き合うべきではないという考えを持っていました　**30** 坂本龍馬		
翻訳／説明	should not; must not ／不应该~／không nên 何かがされてはいけないという話している人の強い判断を表す。 The negative form of an auxiliary verb that expresses the speaker's strong judgment that something should not be done. 助动词，表示说话者强烈判断不应该做某事。 Trợ động từ thể hiện phán đoán mạnh mẽ của người nói về việc gì không nên làm.		
例　文	1. 友達とけんかするべきではない。 2. 電車の中で、大きい声で話すべきではないと思います。		

117.	他に（も）ほか	文型	V/Ai plain＋他に（も）；Ana stem な＋他に（も）；Nの＋他に（も）
本文	武満の他にも和楽器を使って西洋音楽を作った作曲家はいました　**5**武満徹 賢治は『銀河鉄道の夜』の他にも『風の又三郎』、『注文の多い料理店』など　**8**宮沢賢治		
翻訳／説明	besides; in addition to; other than ／其他(也) ／ Ngoài ra 「これ以外にも」を意味する表現。 An expression that means "besides." 表示"除了这个还有〜"之意。 Cách nói thể hiện ý nghĩa "ngoài cái này ra".		
例文	1. スミスさんは、日本語の他にベトナム語も話せるそうだ。 2. 私の趣味はスポーツの他にも色々あります。		

118.	〜ほど	文型	V non-past plain＋ほど；N＋ほど；これ/それ/あれ/どれ＋ほど
本文	自分の別荘に女性を集めて勉強会を開くほど、女性の教育に熱心でした　**1**広岡浅子 本物のドキュメンタリー映画だと思ってしまうほど、そのシーンはリアルだった　**10**円谷英二		
翻訳／説明	to the extent that 〜; 〜 as 〜 ／那样的〜、〜得 ／ đến mức 〜 誰か／何かをする程度、または誰か／何かがある特定の状態にあることを表す助詞。 A conjunction that indicates the extent to which someone does something or someone/something is in a certain state. 助词，表示某人做某事的程度或某人／某事处于某种特定的状态。 Trợ từ thể hiện mức độ một người nào đó làm gì hoặc ai hay sự việc gì đó đang ở một tình trạng nhất định.		
例文	1. 教室で寝られるほど、疲れています。 2. A：スミスさんは日本語がすごく上手ですね。 　　B：ええ、あれほど日本語が上手な外国人には会ったことはないですね。		

119.	〜まで	文型	V non-past plain aff.＋まで
本文	生まれてから死ぬまで何年あるかということ　**18**野村忠宏 2018年に引退するまで日本のエースとして　**20**福原愛		
翻訳／説明	until ／到〜 ／ đến khi, đến lúc 「〜まで」で表している時まで、ある動作や事情が続くことを表している。 A particle/conjunction that expresses that an action or a state continues until the indicated time. 连接两个句子的助词，表示到指定的时间为止，某种行为或状态持续进行。 Trợ từ thể hiện hành động hay trạng thái tiếp diễn đến thời điểm được nói đến. Dùng để nối hai câu với nhau.		
例文	1. 子供の時は暗くなるまで、毎日外で遊んでいた。 2. 今日は仕事が終わるまで会社にいる予定です。		

120.	〜まま	文型	V past plain＋まま；V non-past plain neg.＋まま；Ai non-past plain＋まま；Ana stem な＋まま；Ana non-past plain neg.＋まま；Nの＋まま；この/その/あの＋まま
本文	このままでは日本を外国から守れるわけがないと　**30**坂本龍馬		
翻訳／説明	as ／就那样〜、保持着原样〜 ／ ở nguyên ある状態や状況が変わらないで、続いていることを表す。 A dependent noun that expresses that a state or a situation remains unchanged. 形式名词，表示某种状态或状况不产生变化的样子。 Danh từ hình thức thể hiện ý một sự vật hiện tượng nào đó ở nguyên một tình trạng, trạng thái.		
例文	1. 兄は学校に行ったまま、まだ家に帰ってきていない。 2. 使ったボールペンは、そのまま机の上に置いておいてください。		

121.	まるで		
本文	彼の女形はまるで本当の女性だと思ってしまうくらい美しい ⓭坂東玉三郎 福原のことをまるで自分の娘のように感じています ⓴福原愛		
翻訳／説明	as if ／好像／ giống hoàn toàn 似ていることを表すために使われる副詞。よく「ようだ」や「みたいだ」と一緒に使われる。 An adverb that is used to express similarity. Often used with ようだ or みたいだ. 副词，用于表示类似的事物。一般常与"ようだ"或"みたいだ"共用。 Phó từ được dùng để thể hiện mức độ giống nhau. Thường được sử dụng chung với cấu trúc「ようだ」và「みたいだ」.		
例文	1. この町は山も川もあって、まるで私のふるさとみたいだ。 2. VR を使うと、まるで映画の中に入ったように感じます。		

122.	むしろ		
本文	むしろ円谷が作った特撮のほうがおもしろいと思うマニアの人達 ❿円谷英二 それとも、むしろ親とは違う仕事をしたいと思いますか ㉒小泉純一郎		
翻訳／説明	rather; on the contrary ／倒不如说、反倒／ thà ~ còn hơn 「対立する／一致しない」ことを表す。 An adverb that means "rather." 副词，表示"相反的事情"之意。 Phó từ thể hiện ý nghĩa "tương phản".		
例文	1. 漢字の言葉よりむしろカタカナの言葉のほうが難しいと思う人がいる。 2. 予報では、今年の冬は寒いと言っていたが、むしろいつもの年より暖かいと思う。		

123.	めったに～ない	文型	めったに + V neg.
本文	ハーフの子供はめったにいなかったので ㉓楠本イネ チョコレート以外にガーナについて知っている人もめったにいません ㉔野口英世		
翻訳／説明	rarely; seldom ／不常 ~ ／ Hiếm khi ある出来事や状態が起こることがとても少ないということを表す。「めったに」はいつも文の終わりに「ない」が使われる。 A structure that means "rarely." めったに always occurs with a predicate in the negative form. 表示该事件几乎不发生之意。"めったに"常与否定形式的谓语共用。 Cấu trúc thể hiện ý nghĩa một sự việc gì đó hiếm khi xảy ra.「めったに」thường dùng với động từ ở hình thức phủ định.		
例文	1. 家で勉強するのが好きなので、めったに図書館では勉強しません。 2. この町は、日本の南にあるので、冬になってもめったに雪は降りません。		

124.	もしかしたら	文型	もしかしたら + S
本文	もしかしたら、この言葉を耳にしたことがない人も多いかもしれません ⓰くまモン 「もしかしたら、なれるのかな」という気になってくる ⓱井村雅代／小出義雄		
翻訳／説明	maybe; by any chance ／说不定／ ~ cũng không chừng, có lẽ 自分の判断について、話している人が確かでないと思っていることを表す。「もしかしたら」は文の終わりに「かもしれない」や「かな」などの可能性の表す表現を使うことが多い。 An adverbial phrase that expresses the speaker's uncertainty about his/her judjement. Usually もしかしたら ends with speaker's probability expressions such as かもしれない, かな and so on. 副词表现，表示说话者对自身判断不那么确定。一般来说，"もしかしたら"多以"かもしれない"或"かな"等表示可能性的表现结尾。 Phó từ thể hiện ý phán đoán của người nói nhưng không chắc chắn.「もしかしたら」thường được sử dụng với những cách nói「かもしれない」hay「かな」để kết thúc câu.		
例文	1. あの店は、もしかしたら今日は休みかもしれませんよ。 2. スミスさん授業に来ていないけど、もしかしたらまだ寝ているのかな。		

125.	もちろん		
本文	体力の問題はもちろんですが、自分が納得できるまで ⑱野村忠宏 スポーツでは技術はもちろんであるが ⑲国枝慎吾		
翻訳/説明	of course ／当然／ tất nhiên, đương nhiên 「言うまでもなく」「説明する必要もない」という意味を表す副詞。 An adverb that expresses the meaning of "of course." 副词，表示"无须赘述"或"没有必要加以说明"之意。 Phó từ thể hiện ý nghĩa "không cần thiết phải nói", "không cần thiết phải giải thích".		
例文	1. 日本で一番大きい町は、もちろん東京だ。 2. 学校で勉強することはもちろんだが、友達を作ることも大切だ。		

126.	～ものだ	文型	V/Ai non-past plain + ものだ；Ana stem な + ものだ；Ana non-past plain neg. + ものだ
本文	独学で成功するのはなかなか難しいものだ ⑥安藤忠雄 才能はあると思うものではない ⑬坂東玉三郎		
翻訳/説明	should; ought to ／本来就是～／ Vì ~ mà 一般的にみんなが認めている考えを表す。 A sentence structure that is used to present a commonly accepted idea. 为了提出符合一般人认可的想法的表现。 Cấu trúc thể hiện ý nghĩa đưa ra suy nghĩ được chấp nhận.		
例文	1. バスや電車ではお年寄りに席を譲るものだ。 2. 外国語の勉強は時間がかかるものだ。		

127.	～ろ・～れ／せ／け etc.《命令》	文型	Ru-Verb 食べる→食べろ；寝る→寝ろ U-Verb 飲む→飲め；買う→買え Irr. Verb する→しろ；来る→来い
本文	プールではやる気のない選手に「帰れ」とか ⑰井村雅代／小出義雄 竹千代を人質に出せ ㉙徳川家康		
翻訳/説明	(imperative form) ／〈命令形〉／ ~ đi! 命令形。よく間接話法で使われる。聞いている人に、直接この形で話すのは失礼になる。 Imperative form. Often used in indirect speech. It is rude to use this form to the hearer directly. 命令形，常用于间接叙述法中。对听话者直接用这种形式说话很不礼貌。 Thể mệnh lệnh. Thường được sử dụng trong cách nói gián tiếp. Sử dụng trực tiếp cách nói này trực tiếp với người nghe sẽ thất lễ.		
例文	1. 子供のころ、母は私に勉強しろとは言いませんでした。 2. 父に怒られて、家を出て行けと言われた。		

128.	V + やすい	文型	V masu-stem + やすい
本文	「一枚の布」から、動きやすく着やすい、さらに美しい ⑫三宅一生 世界はもっと平和で住みやすい場所に変わっていく ⑫三宅一生		
翻訳/説明	easy to; easily ／容易 V／ Dễ làm gì 何かがそれほど努力、苦労しないでできること、または何かが簡単に起きることを表す。い形容詞と同じ活用。 An auxiliary i-adjective that means that something can be done without much effort or trouble or that something happens easily. 补助形容词，表示没那么努力或辛苦就达成某件事，或某件事很轻易就发生之意。跟"い形容词"的活用相同。 Tính từ bổ trợ thể hiện ý nghĩa dễ dàng làm việc gì mà không cần nỗ lực, mất công sức. Cách dùng giống với tính từ -i.		
例文	1. この町は自然が多くて安全なので、とても住みやすいです。 2. 外国でも作りやすい日本料理を教えてくれませんか。		

129.	～ようだ	文型	non-past: V/Ai plain + ようだ；Ana stem な + ようだ；Nの + ようだ；Ana/N plain neg. + ようだ ｜ past: V/Ai/Ana/N plain + ようだ
本文	昔からおもしろいことは好きだったようだが、高校の時は ❾ 又吉直樹 我慢強い家康を好きだと思う日本人も多いようです ㉙ 徳川家康		
翻訳/説明	seems; appears; it looks like ／像～一样／ Hình như ～ 話している人が直接的に見て考えた、何か／誰かについての判断を表す。 An auxiliary verb (conjugation as *na*-adjective) that expresses the speaker's judgement based on his/her direct observation of something/someone. 助动词，说话者根据对某事／某人的直接观察所进行的判断。 Trợ động từ thể hiện phán đoán của người nói về con người hoặc sự vật dựa trên những quan sát trực tiếp.		
例文	1. 道がぬれているから、昨日の夜は雨が降ったようだ。 2. 昨日、私を助けてくれた人は大学生だったようだ。		

130.	～ようとする	文型	V volitional + とする
本文	誰も辞めさせようとしなかったそうです ❷ 松下幸之助 日本地図を外国に持ち出そうとして、日本から追い出されて ㉓ 楠本イネ		
翻訳/説明	try to V ／想做～／ cố gắng làm gì 何かをしようとする試み／チャレンジを表す。 A sentence structure that expresses someone's attempt to do something. 表示尝试做些什么。 Cấu trúc thể hiện ý thử cố gắng làm gì.		
例文	1. 寝ようとしたら、友達から電話がかかってきた。 2. けがをしてしまって、歩こうとしても歩けない。		

131.	～ような・～ように	文型	Nの + ような + N；Nの + ように
本文	独特なアイボリーのような美しい色で ❹ 藤田嗣治 福原のことをまるで自分の娘のように感じています ⓴ 福原愛		
翻訳/説明	like; as; as if ／像～一样的／ giống như 似ていることに使われる表現。 A compound particle that is used for similarity. 复合助词，用于类似的事物上。 Trợ từ ghép được dùng để diễn tả sự việc hoặc hành động giống nhau.		
例文	1. スミスさんは、日本人のように日本語が話せます。 2. 将来、東京のような大きい町に住みたいと思っています。		

132.	～ようにする	文型	V non-past plain + ようにする
本文	失敗を決して忘れないようにするために ㉙ 徳川家康		
翻訳/説明	make sure that ～; make efforts to ～; make it a habit to ～ ／设法使～／ cố gắng làm gì 何かをするために努力することを表す表現。 A phrase that expresses that someone makes efforts to do something. 表示为了做某事而努力。 Cách nói thể hiện ý cố gắng làm gì.		
例文	1. 9時に授業があるので、7時半に家を出るようにしています。 2. 明日は試験がありますから、遅刻しないようにしてください。		

133.	～ようになる	文型	V non-past plain + ようになる
本文	西洋音楽を身近に感じるようになりました ❺ 武満徹 服も使いやすさを考えたデザインの一つだと考えるようになり ⓬ 三宅一生		

翻訳／説明	come to ~; begin to ~ ／逐渐变成~／ trở nên thế nào ~ 習慣的な行動や能力など、または定期的な出来事についての、少しずつ変わる状態を表す表現。 A phrase that expresses a gradual change in someone's habitual behavior, ability, etc. or in a regular event. 表示养成习惯的行动或能力等，或定期发生的事情的阶段性变化。 Cách nói thể hiện sự thay đổi theo từng giai đoạn của sự việc, năng lực, hành động mang tính thói quen.
例文	1. 赤ちゃんは1歳ぐらいで歩けるようになります。 2. 弟はいたずらをよくするので怒ったら、最近はいたずらをしないようになりました。

134. 〜ように（命令を出す・育てる・話す etc.）

文型: V non-past plain ＋ ように（命令を出す・育てる・話す etc.）

本文	将来は料理人になるように育てられました　⑭ 村田吉弘 頼朝は義経を捕まえるように命令を出します　㉘ 源義経
翻訳／説明	(tell, order, etc.) to V; in such a way that ~; so that ~ ／按照~那样／ Để mà có thể ~ 伝達された命令や、どんな方法でどんな目的のために何が行われるのかを表す。な形容詞と同じ活用。 An auxiliary verb (conjugation as *na*-adjective) that expresses a reported command, or in what way or for what purpose something is done. 助动词，表示某个下达的命令或用某种方式或目的做某件事。跟"な形容词"的活用相同。 Trợ động từ thể hiện ý một việc gì được thực hiện vì một mục đích gì đó do được yêu cầu hoặc bằng cách thức nào đó. Cách dùng giống tính từ -na.
例文	1. よく母に部屋を掃除するように言われました。 2. 田中さんに3時に図書館に来るように話してくれますか。

135. 〜らしい

文型: non-past: V/Ai non-past plain ＋ らしい；Ana stem/N ＋ らしい；Ana/N plain neg. ＋ らしい ｜ past: V/Ai/Ana/N plain ＋ らしい

本文	絵を描くことさえできれば幸せだったらしい　③ 伊藤若冲 肉を全く食べなかったわけではないそうですが　⑧ 宮沢賢治
翻訳／説明	seem; look like; I heard ／似乎~、好像~／ giống như, hình như 話している人が聞いたこと、または、読んだことをもとにして考えた、話している人の推測を表す。い形容詞と同じ活用。 An auxiliary verb (conjugation as *i*-adjective) that expresses the speaker's conjecture based on what the speaker has heard or read. 助动词，说话者根据听到或读到的事情进行的推测。跟"い形容词"的活用相同。 Trợ động từ thể hiện dự đoán của người nói dựa trên những gì đã nghe được hoặc đọc được. Cách dùng giống với tính từ -i.
例文	1. この町には、外国から来た人がたくさん住んでいるらしい。 2. 父によると旅行中は天気が悪くて、すごく寒かったらしい。

136. 〜れる・〜られる《受身》

文型:
Ru-Verb　食べる→食べられる；寝る→寝られる
U-Verb　飲む→飲まれる；買う→買われる
Irr. Verb　する→される；来る→来られる

本文	人気を集め、高い値段で売られるようになった　④ 藤田嗣治 国境や言葉を越えて現在もこの本が読まれ続けている　⑪ 黒柳徹子
翻訳／説明	(1) Direct passive: be V-ed (by ~) ／ (1)直接被动：れる・られる／ (1) Bị động trực tiếp: れる・られる 直接受身：英語の受身の文と同じ。 Corresponds to the passive structure in English. 直接被动：相当于英语的被动句。 Bị động trực tiếp: tương đương cấu trúc câu bị động trong tiếng Anh. (2) Indirect passive: (There are no fixed English expressions for this passive.) ／ (2)间接被动：れる・られる／ (2) Bị động gián tiếp: れる・られる 間接受身：他の人の行動やある出来事によって誰かが迷惑や困ってしまう状態になることを表す。 Someone is affected (often negatively) by someone else's action or an event. 间接被动：(一般为否定的情况,)因他人的行为或发生的事情对某人造成影响。 Bị động gián tiếp: (thường mang tính bị động) một người nào đó chịu ảnh hưởng bởi hành vi hoặc hành động của người khác.

例文	1. スペイン語は、スペインやメキシコで話されている。 2. 弟に先にアイスクリームを食べられて、僕の食べるアイスクリームがもうない。

137.	~わけがない	文型	V/Ai non-past plain + わけがない；Ana stem な + わけがない；Nの + わけがない；Ana/N non-past plain neg. + わけがない；そんな + わけがない
本文	日本を外国から守れるわけがないと心配した　㉚坂本龍馬		
翻訳/説明	there is no way ~; it is impossible ~ ／不可能~、不会~ ／ không có lý nào ~ 誰かの能力、誰か/何かが何かをする、またはある状態になることの可能性を強く否定する表現。 A phrase that strongly negates someone's capability or the possibility of someone/something doing something or being in a certain state. 强烈否定某人的能力、某人/某事物做某事或成为某种状态的可能性。 Cách nói thể hiện ý phủ định khả năng, năng lực của ai đó làm điều gì, hoặc trong một trạng thái nào đó.		
例文	1. まだ日本語の勉強を始めたばかりだから、新聞を読めるわけがない。 2. このアパートは駅から遠いから、高いわけがない。		

138.	~わけだ	文型	non-past: V/Ai plain + わけだ；Ana stem/N な + わけだ；Ana/N plain neg. + わけだ ｜ past: V/Ai/Ana/N plain + わけだ
本文	考え出された技術は非常に大切なわけです　㉖田中耕一 失敗が成功になったわけです　㉖田中耕一		
翻訳/説明	so it means that ~; naturally; that's why ~ ／自然就是~ ／ cho nên ~ 話している人のある事実についての自分の論理的な考えをもとにした結論を表す。 A dependent noun that expresses the speaker's conclusion based on his/her logical judgement on a certain fact. 形式名词，表示说话者针对某个事实，根据自身的逻辑判断所下的结论。 Hình thức danh từ thể hiện kết luận dựa trên phán đoán lý luận của bản thân về sự thật người nói nhắc đến.		
例文	1. もっと日本語が上手になりたいので、日本に留学しようと思っているわけです。 2. 漢字には音読みと訓読みがあります。だから、読み方が難しいわけです。		

139.	~（という）わけではない	文型	non-past: V/Ai plain +（という）わけではない；Ana stem な + わけではない；Ana stem/N である +（という）わけではない ｜ past: V/Ai/Ana/N plain +（という）わけではない
本文	将棋ばかりしているわけではない　⑮羽生義治 家康はただ我慢強く待っていたわけではありません　㉙徳川家康		
翻訳/説明	it does not mean that ~; it is not the case that ~; it's not that ~ ／并不是~ ／ không hẳn là もう話された内容について暗示されていること、または聞いている人が推測しているだろうと思っていることを、話している人が否定する表現。 A phrase that is used to negate what is implied by the preceding statement, or more generally, what the speaker thinks the hearer assumes. 用于强烈否定前述的内容中所暗示的情况，或者说话者认为听话者所进行的推测。 Cách dùng thể hiện ý người nói phủ định sự việc ám chỉ trong nội dung được nói đến hoặc điều người nghe suy đoán.		
例文	1. 日本人がみんな寿司が好きだというわけではない。 2. 暑い日が多いですが、毎日暑いというわけではありません。		

140.	~わけにはいかない	文型	V non-past plain aff. + わけにはいかない
本文	大きい店でも安心しているわけにはいかない　❶広岡浅子		
翻訳/説明	cannot afford to ~; cannot allow oneself to ~ ／不可能~、不可~ ／ không thể (không) 誰かが何かをすることを許されていない、または色々な状況ですることができないことを意味する表現。 A phrase that means someone cannot allow oneself to do something, or something cannot be done due to various circumstances. 表示某人不被允许做某事，或者在许多状况下都不能做某事之意。 Cách nói thể hiện ý một ai đó không được cho phép làm gì hoặc trong nhiều tình huống khác nhau không thể thực hiện được một điều gì.		
例文	1. これから車を運転するので、お酒を飲むわけにはいかないんです。 2. 仕事を辞めたら生活できないから、辞めるわけにはいかない。		

141.	わざわざ		
本文	失敗を決して忘れないようにするために、わざわざ絵師に失敗で困っている自分の顔を描かせて		29 徳川家康
翻訳/説明	deliberately; to take the trouble to V; to bother to V; all the way ／特意／ tốn công, mất công làm gì 大変なことを大変だと思わないで、特別に何かをするという意味の表現。 An adverb that means that someone takes the trouble to do something. 副词，表示"不辞辛劳，特意为某个目的做某事"之意。 Phó từ thể hiện ý nghĩa "không quản ngại công sức, làm một việc gì đó chỉ vì một mục đích".		
例文	1. 病気で学校を休んだら、友達がわざわざ宿題を持ってきてくれた。 2. スーパーでたまごを買うのを忘れたが、わざわざスーパーに戻りたくないので、近くのコンビニで買った。		

142.	～をきっかけに	文型	V plain こと・の＋をきっかけに；N＋をきっかけに
本文	これをきっかけにして、武満は世界的に活躍する **5** 武満徹 野口がガーナで黄熱病の研究を行ってきたことをきっかけに **24** 野口英世		
翻訳/説明	driven by; triggered by; after ／以～为契机／ vì duyên cớ gì 何かを始める原因や動機を意味する表現。 A compound particle that means "X as the trigger." 复合动词，表示某事开始的原因或动机之意。 Trợ từ ghép diễn tả động cơ, nguyên nhân bắt đầu một việc gì đó.		
例文	1. 去年、病気になったのをきっかけに、タバコをやめました。 2. 子供が生まれたのをきっかけに、大きな車に買い換えた。		

143.	～を中心として・～を中心とした	文型	N＋を中心として；N＋を中心とした＋N
本文	将軍の代わりに天皇を中心とした強い国家を作ろうとしました **30** 坂本龍馬		
翻訳/説明	centering around; with ～ as the center/the main member(s); focusing on ～ ／以～为中心、以～为重点／ ～ làm trọng tâm, trung tâm あることを真ん中や一番大切なものだと考えていることを表す。 A compound particle that means "centering around." 复合动词，表示某事被认为是中心或最主要的事情之意。 Trợ từ ghép thể hiện lấy một sự việc gì đó làm trọng tâm, chủ yếu.		
例文	1. 明日は東北地方を中心として雨が降るらしい。 2. 今日本語を中心として、日本の歴史や文化を勉強している。		

144.	～をはじめ	文型	N＋をはじめ
本文	「ふなっしー」をはじめ、「くまモン」「ひこにゃん」などのキャラクター **16** くまモン 駿河の今川氏をはじめ尾張の織田氏など力の強い大名がたくさんいて **29** 徳川家康		
翻訳/説明	starting with ～; like ～ ／以～为首／ đầu tiên là ～ 一番よくみんなが分かる例を表す表現。 A compound particle that is used to present the most representative example. 复合助词，用于举出最具代表性的例子。 Trợ từ ghép được dùng để đưa ra ví dụ tiêu biểu nhất.		
例文	1. 日本には東京をはじめ、京都、大阪など世界的に有名な町がある。 2. 歌舞伎をはじめ、能や茶道などは日本の伝統的な文化と言える。		

145.	～をもとに（して）	文型	N＋をもとに（して）
本文	広岡は、自分が社会に出た経験をもとに、より多くの女性も **1** 広岡浅子		
翻訳/説明	based on ～ ／以～为基础(进行)／ dựa vào, căn cứ vào あることを基本や基礎にするという意味を表す。 A compound particle that means "based on." 复合助词，表示某种事物的基础或根基之意。 Trợ từ ghép thể hiện ý lấy điều gì đó làm căn cứ, cơ sở, nền tảng.		

例文	1. このドラマは本当の話をもとに作られたそうだ。 2. コーチのアドバイスをもとに練習の内容を少し変えた。		

146.	QW ～ + か	文型	QW + S plain (exception だ after Ana/N must be dropped.) + か
本文	どんな服を着ていたか思い出せますか ⑫三宅一生 羽生の何がすばらしいかを伝えるのは簡単ではありません ⑮羽生義治		
翻訳/説明	(embeded question) ／疑问词 + 吗? ／ Từ hỏi ～ + か 疑問詞と文の終わりの「か」を使っている疑問文は、そのまま埋め込み文として使うことができる。 A plain form sentence that contains a question word and the sentence-final か is used as an embedded question. 带疑问词加上句尾"か"的普通形的句子为嵌入式疑问句。 Được dùng trong câu phức, cấu trúc câu gồm từ hỏi + câu (thể ngắn) +「か」.		
例文	1. このお店、何時に開くか知っていますか。 2. 夏休みの旅行は、どこに行くかまだ決めていません。		

147.	QW ～ + のだろうか	文型	QW（どうして、どんな etc.）+ のだろうか
本文	いったいどんな気持ちだったのだろうか ④藤田嗣治		
翻訳/説明	I wonder why ～ ／疑问词 + 吧? ／ Từ hỏi + のだろうか 理由や原因について、話している人の疑いの気持ちを表す。 Indicates a speaker's doubt about a reason or cause. 表示说话者对理由或原因所产生的怀疑。 Diễn tả ý nghi hoặc của người nói về nguyên nhân hoặc lý do.		
例文	1. どうして今年の冬はこんなに寒いのだろうか。 2. あの子は窓から外を見ているが、何を考えているのだろうか。		

148.	V masu-stem/Ai neg. stem ～	文型	V masu-stem; Ai neg. stem
本文	現代音楽は伝統的なクラシック音楽を発展させ、作られました ⑤武満徹 2歳下の弟を思い、1904年に女性歌人、与謝野晶子が歌った歌 ⑦与謝野晶子		
翻訳/説明	and ／动词连用形语干／い形容词的否定形语干／ V (gốc động từ)/Ai (gốc tính từ hình thức phủ định) ～ 動詞ます形の語幹／い形容詞の否定形の語幹は、まだ文が続いていることを表す。 V masu-stem/Ai neg. stem indicates that the sentence doesn't end there. 动词连用形语干／い形容词的否定形语干表示句子在该处尚未结束。 V (gốc động từ)/ Ai (gốc tính từ hình thức phủ định) thể hiện ý câu văn vẫn tiếp tục.		
例文	1. たくさんの人にインタビューをし、この本を書いた。 2. この鳥は目が大きく、目の下が赤いのが特徴です。		

■参考文献リスト

AERA（2014）「秀逸すぎる？　吉田茂がマッカーサーに返した言葉」（2014年7月21日号）朝日新聞出版

朝日新聞出版（編）（2016）『若冲への招待』朝日新聞出版

安藤忠雄（2008）『建築家　安藤忠雄』新潮社

安藤忠雄（2012）『安藤忠雄　仕事をつくる－私の履歴書』日本経済新聞出版社

生島淳（2007）『愛は負けない－福原愛選手ストーリー』学研プラス

池田敬正（1965）『坂本竜馬－維新前夜の群像2』中央公論社

井沢元彦（2000）『逆説の日本史8　中世混沌編－室町文化と一揆の謎』小学館

石井妙子（2013）『日本の血脈』文藝春秋

市川孝一（1975）「Social Typeとしての「英雄」像：価値意識研究に向けて」『一橋研究』30, pp.218-234.

NHK取材班（編）（2003）『その時歴史が動いた　第19巻』KTC中央出版

大三輪龍彦・関幸彦・福田豊彦（編）（2005）『義経とその時代』山川出版社

「おとなのデジタルTVナビ」編集部（2015）『九転び十起き！　広岡浅子の生涯』産経新聞出版

熊本県庁チームくまモン（2013）『くまモンの秘密－地方公務員集団が起こしたサプライズ』幻冬舎

黒木賢一（2014）「四国遍路における動機と充実感」『大阪経大論集』65-2, pp.303-310.

黒木賢一（2018）「私度僧空海」『大阪経大論集』68-6, pp.9-24.

黒柳徹子（1981）『窓ぎわのトットちゃん』講談社

黒柳徹子（2004）『小さいときから考えてきたこと』新潮社

小林忠（監）（2015）『別冊太陽227　若冲百図　生誕三百年記念』平凡社

近藤史人（2006）『藤田嗣治「異邦人」の生涯』講談社

西東社編集部（編）（2014）『必ず出会える！　人生を変える言葉2000』西東社

瀬良晴子（2009）「小泉元首相の言葉－ワンフレーズ・ポリティックスと演説」『兵庫県立大学人文論集』44, pp.99-112.

筑摩書房編集部（2016）『ちくま評伝シリーズ〈ポルトレ〉　武満徹－現代音楽で世界をリードした作曲家』筑摩書房

中央公論（2012）「坂東玉三郎　人間国宝インタビュー」（2012年10月号）中央公論新社

ドナルド・キーン（2013）『私が日本人になった理由－日本語に魅せられて』PHP研究所

中崎温子（2015）『にほん多読ブックス　坂本龍馬－日本を変えた若者』大修館書店

楢崎洋子（2005）『作曲家◎人と作品シリーズ　武満徹』音楽之友社

野崎準（2015）「京都の源義経伝説とみちのくの影」『東北文化研究所紀要』47, pp.37-56.

野村忠宏（2015）『戦う理由』学研パブリッシング

羽生善治・NHKスペシャル取材班（2017）『人工知能の核心』NHK出版

林延哉（2008）「ゴジラ：忘却の軌跡（その1）昭和期シリーズ」『茨城大学教育学部紀要．人文・社会科学・芸術』57, pp.29-48.

菱沼一憲（2005）『源義経の合戦と戦略－その伝説と実像』角川書店

又吉直樹（2016）『夜を乗り越える』小学館

真鍋公希（2018）「『空の大怪獣ラドン』における特撮の機能－怪獣映画の「アトラクション」をめぐって」『映像学』99, pp.25-45.

宮沢賢治（1991）『ちくま日本文学全集　宮沢賢治』筑摩書房

■参照 WEB サイト

朝日新聞 GLOBE＋「Breakthrough -- 突破する力　国枝慎吾」http://globe.asahi.com/breakthrough/110717/01_01.html（2017/10/23 参照）

石山禎一（2018）『おタキの手紙から見た娘イネ－未公開の二つの史料から－』（講演要旨）https://www.city.seiyo.ehime.jp/material/files/group/7/youshi1.pdf（2017/11/25 参照）

一般社団法人中央調査社「時事世論調査に見る小泉内閣の特徴」http://www.crs.or.jp/backno/old/No559/5591.htm（2018/4/28 参照）

女の転職 type「時代を創った女性たち」http://woman.type.jp/s/vitamin03/06/（2018/2/15 参照）

株式会社セルクル代表取締役鈴木和幸のページ「福島民放版・円谷英二伝(1)特撮の神様」http://www.cercle.co.jp/blogs/?p=539（2018/3/15 参照）

キネマ旬報社「又吉直樹（ピース）の名言コラム」http://www.kinejun.com/Portals/0/serial/matayoshi/（2017/11/2 参照）

木村専太郎クリニック「郷土の医傑たち～シーボルトの娘・楠本イネ～」http://www.kimurasentaro.com/note/no004.html（2017/12/5 参照）

京都国立近代美術館　MOMAK「没後50年　藤田嗣治展」http://www.momak.go.jp/Japanese/exhibitionArchive/2018/428.html（2018/3/30 参照）

高知県立坂本龍馬記念館「龍馬について」https://ryoma-kinenkan.jp/feat/（2017/12/4 参照）

高野山真言宗総本山金剛峯寺「弘法大師の誕生と歴史」http://www.koyasan.or.jp/shingonshu/kobodaishi.html（2017/11/8 参照）

国立科学博物館「ノーベル賞100周年記念展　科学系ノーベル賞日本人受賞者9人の偉業　田中耕一」https://www.kahaku.go.jp/exhibitions/tour/nobel/tanaka/p1.html（2017/12/13 参照）

五代目坂東玉三郎オフィシャルサイト「私の考え」https://www.tamasaburo-bando.com/thinking（2018/1/16 参照）

サイエンスチャンネル「吾輩はノーベルである　(4)田中耕一　江崎玲於奈～企業研究者として社会に貢献～」http://sciencechannel.jst.go.jp/D090508/detail/D090508004.html（2018/4/29 参照）

週刊現代「両親が明かした芥川賞芸人「又吉直樹」という男－泣いて、笑える！　貧乏だった少年時代、恥ずかしがり屋だけどお調子者」https://gendai.ismedia.jp/articles/-/44462（2017/11/2 参照）

ソニー生命保険株式会社「ニュースリリース（平成28年度）　経営者と社員の意識比較調査」https://www.sonylife.co.jp/company/news/28/nr_160525.html（2018/1/21 参照）

大同生命「大同生命の源流～加島屋と広岡浅子～」https://kajimaya-asako.daido-life.co.jp（2018/1/8 参照）

ダ・ヴィンチニュース「純一郎、孝太郎、進次郎を生んだ小泉家の歴史」https://ddnavi.com/news/156504/a/（2017/12/5 参照）

東京医科歯科大学　国際交流サイト「ガーナ（野口記念医学研究所共同研究センター）　ニュースレター」http://www.tmd.ac.jp/international/base/ghana/index.html（2018/7/19 参照）

東洋経済オンライン「松下幸之助は、3時間ぶっ続けで叱り続けた－怒り続ける松下を見て沸き上がる感動」https://toyokeizai.net/articles/-/108575（2018/1/21 参照）

ドナルド・キーン・センター柏崎「ドナルド・キーンについて」http://www.donaldkeenecenter.jp/profile01.html（2018/1/5 参照）

日刊スポーツ「シンクロ銅に導いた井村雅代コーチのスパルタ言葉学」http://www.nikkansports.com/sports/news/1514019.html（2018/2/10 参照）

日経デジタルヘルス「JTNインタビュー　田中耕一氏（島津製作所フェロー／田中先端研究所所長）」https://tech.nikkeibp.co.jp/dm/article/COLUMN/20121019/246614/?ST=health（2018/12/10 参照）

日本シーボルト協会公式サイト「義姉　楠本イネ」http://siebold.co.jp/kyoukai/ine（2018/5/2 参照）

日本女子大学「女子教育に"あさ"を！～広岡浅子～」http://www.jwu.ac.jp/unv/hirookaasako/index.html（2018/1/8 参照）

野口英世記念館「野口英世ってこんな人」http://www.noguchihideyo.or.jp/person/（2018/7/19 参照）

美術手帖「藤田嗣治から「レオナール・フジタ」へ。その作品世界を読み解く」https://bijutsutecho.com/magazine/insight/18381（2018/9/30 参照）

フィジーク・オンライン「"大切なのは心の教育"「シンクロの母」井村雅代コーチ　スペシャルインタビュー」http://physiqueonline.jp/specialist/trainer/page153.html（2018/2/12 参照）

文化遺産オンライン「徳川家康三方ヶ原戦役画像」http://bunka.nii.ac.jp/heritages/detail/18704（2018/5/30 参照）

ぶんぶん通信「vol.26　こころとからだの健康タイム　ゲスト小出義雄さん」http://npure.co.jp/bunbun/archives/845（2017/11/22 参照）

前坂俊之オフィシャルウェブサイト「日本リーダー／ソフトパワー史（658）『昭和の大宰相・吉田茂のジョーク集』①「歴代宰相の中で一番、ジョーク、毒舌、ウイットに富んでいたのは吉田茂であった。」http://www.maesaka-toshiyuki.com/person/14139.html（2018/3/27 参照）

読売新聞オンライン「箱根駅伝 2014　ほめて育成「東京で金取る」‥小出義雄（上）（下）」https://www.yomiuri.co.jp/sports/ekiden/2014/feature/20131105-OYT8T00350.htm, https://www.yomiuri.co.jp/sports/ekiden/2014/feature/20131106-OYT8T00306.htm（2017/12/11 参照）

読売新聞オンライン「初めて語る被爆体験　デザイナー三宅一生の生き方（上）（下）」https://www.yomiuri.co.jp/feature/sengo70/20151214-OYT8T50111.html, https://www.yomiuri.co.jp/feature/sengo70/20151215-OYT8T50001.html（2018/3/30 参照）

歴史秘話ヒストリア「今こそ夫婦のチカラ！〜明治最強カップル　与謝野晶子と鉄幹〜」https://www.nhk.or.jp/historia/backnumber/107.html（2018/7/8 参照）

B-plus「スペシャルインタビュー－諦めず努力し続けることが最高の達成感を得る秘訣」http://www.business-plus.net/special/1504/783001.shtml（2018/1/21 参照）

JapanKnowledge Lib「坂本龍馬」https://japanknowledge-com.ezproxy.bu.edu/lib/display/?lid=30010zz203640（2017/11/8 参照）

J-WAVE NEWS「熊本地震でくまモンの果たした役割とは…　映画監督・行定勲×作家・重松清が対談」https://www.j-wave.co.jp/blog/news/2018/06/617-5.html（2018/7/8 参照）

livedoor NEWS「歴代最高の首相といえばだれ？　1位は小泉純一郎氏」http://news.livedoor.com/article/detail/10075572/（2018/2/14 参照）

The New York Times「A Flash of Memory」http://www.nytimes.com/2009/07/14/opinion/14miyake.html?partner=rss&emc=rss（2019/1/28 参照）

NIKKEI STYLE「アート＆レビュー　坂東玉三郎　特別舞踊公演　鍛錬を重ねた果ての唯一無二の美学」https://style.nikkei.com/article/DGXBZO35420730X01C11A0000000/（2018/1/16 参照）

Number Web「2012 年ロンドン五輪に向けて再始動。不屈の柔道家・野村忠宏の挑戦。」https://number.bunshun.jp/articles/-/35340（2018/1/21 参照）

Number Web「福原愛が日本卓球を変えた2つのこと。早期教育と、中国語を覚える大切さ。」https://number.bunshun.jp/articles/-/832374（2018/12/1 参照）

PHP 研究所「松下幸之助.com」https://konosuke-matsushita.com（2018/1/21 参照）

Public Relations Office, Government of Japan「和食の「旨味」が世界の食を健康にする（仮訳）－村田吉弘インタビュー（京都老舗料亭「菊乃井」主人）」https://www.gov-online.go.jp/eng/publicity/book/hlj/html/201404/201404_01_jp.html（2018/1/21 参照）

SHINGOKUNIEDA.COM「プロフィール」http://shingokunieda.com/profile/（2018/4/1 参照）

WEDGE Infinity「日本料理を世界に広げたい－村田吉弘（料理人）」http://wedge.ismedia.jp/articles/-/2946（2018/1/21 参照）

■参考視聴覚資料

NHK「100 分 de 名著　宮沢賢治スペシャル　第1回目自然からもってきた物語」（2017/3/6 放送）

NHK「100 分 de 名著　宮沢賢治スペシャル　第3回目理想と現実のはざまで」（2017/3/20 放送）

NHK「100 分 de 名著　宮沢賢治スペシャル　第4回目「ほんとう」を問い続けて」（2017/3/27 放送）

NHK「日曜美術館　知られざる藤田嗣治〜天才画家の遺言〜」（2018/9/9 放送）

NHK「プロフェッショナル仕事の流儀　妥協なき日々に、美は宿る－歌舞伎役者・坂東玉三郎」（2008/1/15 放送）

NHK「よみがえる藤田嗣治〜天才画家の素顔〜」（2018/9/8 放送）

NHK「NHK スペシャル　人工知能　天使か悪魔か 2018 － 未来がわかる　その時あなたは…」（2017/6/25 放送）

TBS「日立世界ふしぎ発見　第1325回　ゴジラ！怪獣！ウルトラマン！　特撮の神様　円谷英二の世界」（2014/7/26 放送）

著者紹介

石川　智 (Satoru Ishikawa)
いしかわ　さとる

現職　ボストン大学世界言語文学学科　専任講師
Senior Lecturer, Department of World Languages & Literatures, Boston University

略歴　ウィスコンシン大学マディソン校大学院東アジア言語文学科日本語修士課程修了。プリンストン大学専任講師，北海道国際交流センター夏期日本語集中講座コーディネータ，ハーバード大学専任講師，アイオワ大学アジア・スラブ言語文学科専任講師，ミシガン大学アジア言語文化学科専任講師を経て現職。

著書　『上級へのとびら』(くろしお出版, 2009)；『上級へのとびら：きたえよう漢字力—上級へつなげる基礎漢字800—』(くろしお出版, 2010)；『上級へのとびら：これで身につく文法力』(くろしお出版, 2012)；『上級へのとびら：中級日本語を教える教師の手引き』(くろしお出版, 2011)；『The Great Japanese 30の物語　中上級—人物で学ぶ日本語—』(くろしお出版, 2016)

米本　和弘 (Kazuhiro Yonemoto)
よねもと　かずひろ

現職　東京医科歯科大学統合国際機構　助教
Assistant Professor, Institute of Global Affairs, Tokyo Medical and Dental University

略歴　マギル大学教育学部第二言語教育学専攻博士後期課程単位取得満期退学。香港大学専業進修学院常勤講師，マギル大学非常勤講師，ブリティッシュコロンビア大学常勤講師などを経て現職。

著書　「「わたし」を通した国際交流活動—中学校2校での留学生との交流活動の比較から—」『複言語・多言語教育研究』(日本外国語教育推進機構, 2018)；「To combine knowledge and the real world—拡張現実を利用した日本語学習の試み—」『ICT×日本語教育—情報通信技術を利用した日本語教育の理論と実践—』(ひつじ書房, 2019)；How a self-learning website can be utilized for better pronunciation education: Bridging learning in and out of the classroom, *Technology Supported Learning In and Out of the Japanese Language Classroom: Advances in Pedagogy, Teaching and Research.* (Multilingual Matters, 2019)

編集・制作協力者

■ **文法・表現リスト査読**
筒井通雄

■ **英語校正**
高田裕子

■ **中国語翻訳・校正**
嚴　馥

■ **ベトナム語翻訳・校正**
Trần Công Danh（チャン・コン・ヤン）

■ **本文／装丁デザイン**
スズキアキヒロ

The Great Japanese 30の物語［初中級］
―― 人物で学ぶ日本語 ――

The Great Japanese: 30 Stories　Pre-Intermediate and Intermediate Levels

---

2019年　6月　9日　　第1刷 発行
2022年　4月18日　　第2刷 発行

［著　者］　　石川　智・米本和弘

［発行人］　　岡野秀夫

［発　行］　　くろしお出版
　　　　　　　〒102-0084　東京都千代田区二番町4-3
　　　　　　　Tel：03・6261・2867　　Fax：03・6261・2879
　　　　　　　URL：www.9640.jp　　　Mail：kurosio@9640.jp

［印　刷］　　三秀舎

Ⓒ 2019 Satoru Ishikawa, Kazuhiro Yonemoto, Printed in Japan
ISBN 978-4-87424-798-3 C0081

乱丁・落丁はお取り替えいたします。本書の無断転載・複製を禁じます。

THE GREAT JAPANESE：30の物語　［初中級］

別　冊
べっ　　さつ

☐ 模範解答 2
　　もはんかいとう

☐ 単語リスト 4
　　たんご
　（英語・中国語・ベトナム語翻訳）

模範解答

1
[読む前に①]
1) c 2) f 3) a 4) b 5) e 6) d
[内容質問①]
1) ○ 2) ○ 3) × 4) × 5) ○
[内容質問②]
1) c 2) c 3) a 4) d

2
[読む前に①]
1) f 2) d 3) b 4) a 5) e 6) c
[内容質問①]
1) ○ 2) × 3) ○ 4) ○ 5) ○
[内容質問②]
1) d 2) b 3) b 4) b

3
[読む前に①]
1) f 2) c 3) a 4) d 5) b 6) e
[内容質問①]
1) × 2) × 3) × 4) × 5) ○
[内容質問②]
1) b 2) d 3) c 4) b

4
[読む前に①]
1) b 2) e 3) a 4) c 5) f 6) d
[内容質問①]
1) × 2) ○ 3) ○ 4) × 5) ×
[内容質問②]
1) b 2) d 3) a 4) d

5
[読む前に①]
1) e 2) b 3) a 4) c 5) f 6) d
[内容質問①]
1) × 2) ○ 3) ○ 4) ○ 5) ×
[内容質問②]
1) d 2) c 3) b 4) d

6
[読む前に①]
1) e 2) b 3) a 4) d 5) f 6) c
[内容質問①]
1) ○ 2) ○ 3) ○ 4) ○ 5) ×
[内容質問②]
1) a 2) c 3) c 4) a

7
[読む前に①]
1) c 2) a 3) b 4) d 5) f 6) e
[内容質問①]
1) × 2) × 3) × 4) ○ 5) ○
[内容質問②]
1) c 2) a 3) d 4) d

8
[読む前に①]
1) e 2) f 3) b 4) d 5) a 6) c
[内容質問①]
1) × 2) × 3) ○ 4) × 5) ○
[内容質問②]
1) d 2) c 3) b 4) a

9
[読む前に①]
1) d 2) c 3) a 4) b 5) f 6) e
[内容質問①]
1) × 2) ○ 3) × 4) × 5) ○
[内容質問②]
1) a 2) a 3) b 4) b

10
[読む前に①]
1) f 2) a 3) b 4) c 5) d 6) e
[内容質問①]
1) × 2) × 3) × 4) × 5) ○
[内容質問②]
1) b 2) c 3) a 4) a

11
[読む前に①]
1) c 2) e 3) a 4) d 5) f 6) b
[内容質問①]
1) × 2) ○ 3) ○ 4) ○ 5) ×
[内容質問②]
1) d 2) b 3) c 4) a

12
[読む前に①]
1) a 2) c 3) b 4) f 5) e 6) d
[内容質問①]
1) × 2) × 3) ○ 4) × 5) ○
[内容質問②]
1) c 2) c 3) a 4) c

13
[読む前に①]
1) e 2) a 3) b 4) f 5) d 6) c
[内容質問①]
1) × 2) ○ 3) ○ 4) ○ 5) ○
[内容質問②]
1) b 2) c 3) b 4) c

14
[読む前に①]
1) f 2) d 3) c 4) b 5) a 6) e
[内容質問①]
1) × 2) ○ 3) × 4) × 5) ×
[内容質問②]
1) d 2) b 3) c 4) a

15
[読む前に①]
1) d 2) f 3) b 4) a 5) c 6) e
[内容質問①]
1) × 2) ○ 3) × 4) ○ 5) ×
[内容質問②]
1) d 2) c 3) c 4) b

16
[読む前に①]
1) d 2) a 3) f 4) e 5) c 6) b
[内容質問①]
1) × 2) × 3) × 4) ○ 5) ○
[内容質問②]
1) a 2) c 3) b 4) c

17
[読む前に①]
1) f 2) b 3) c 4) a 5) d 6) e
[内容質問①]
1) × 2) ○ 3) × 4) ○ 5) ×
[内容質問②]
1) a 2) d 3) b 4) c

18
[読む前に①]
1) a 2) e 3) b 4) d 5) f 6) c
[内容質問①]
1) × 2) × 3) × 4) ○ 5) ×
[内容質問②]
1) d 2) b 3) d 4) b

19
[読む前に①]
1) c 2) a 3) b 4) f 5) e 6) d
[内容質問①]
1) × 2) ○ 3) × 4) ○ 5) ○
[内容質問②]
1) b 2) b 3) a 4) d

20
[読む前に①]
1) a 2) d 3) f 4) e 5) b 6) c
[内容質問①]
1) ○ 2) × 3) × 4) × 5) ×
[内容質問②]
1) a 2) a 3) c 4) c

21
[読む前に①]
1) b 2) e 3) d 4) f 5) c 6) a
[内容質問①]
1) ○ 2) ○ 3) × 4) × 5) ○
[内容質問②]
1) c 2) a 3) b 4) d

22
[読む前に①]
1) b 2) f 3) d 4) a 5) e 6) c
[内容質問①]
1) × 2) × 3) ○ 4) ○ 5) ○
[内容質問②]
1) d 2) c 3) c 4) b

23
[読む前に①]
1) f 2) e 3) c 4) d 5) a 6) b
[内容質問①]
1) × 2) × 3) ○ 4) × 5) ○
[内容質問②]
1) a 2) d 3) d 4) b

24
[読む前に①]
1) b 2) a 3) d 4) c 5) e 6) f
[内容質問①]
1) ○ 2) ○ 3) × 4) × 5) ○
[内容質問②]
1) a 2) c 3) c 4) b

25
[読む前に①]
1) a 2) c 3) e 4) f 5) b 6) d
[内容質問①]
1) × 2) × 3) × 4) × 5) ○
[内容質問②]
1) a 2) c 3) c 4) c

26
[読む前に①]
1) d 2) f 3) c 4) a 5) e 6) b
[内容質問①]
1) × 2) ○ 3) ○ 4) × 5) ×
[内容質問②]
1) d 2) c 3) d 4) a

27
[読む前に①]
1) e 2) f 3) a 4) d 5) b 6) c
[内容質問①]
1) ○ 2) ○ 3) ○ 4) × 5) ×
[内容質問②]
1) c 2) a 3) c 4) d

28
[読む前に①]
1) e 2) b 3) f 4) d 5) c 6) a
[内容質問①]
1) ○ 2) × 3) × 4) × 5) ×
[内容質問②]
1) c 2) b 3) d 4) b

29
[読む前に①]
1) d 2) b 3) a 4) e 5) f 6) c
[内容質問①]
1) ○ 2) ○ 3) × 4) × 5) ○
[内容質問②]
1) d 2) d 3) b 4) c

30
[読む前に①]
1) e 2) b 3) f 4) c 5) a 6) d
[内容質問①]
1) ○ 2) × 3) ○ 4) ○ 5) ○
[内容質問②]
1) d 2) b 3) c 4) a

単語リスト

略語一覧 List of Abbreviations 缩写一览表 danh sách từ viết tắt

N = 名詞 (noun／名词／danh từ)	Ctr = 助数詞 (counter word／量词／trợ từ đếm)
V = 動詞 (verb／动词／động từ)	QW = 疑問詞 (question word／疑问词／từ hỏi)
A-I = い形容詞 (i-adjective／い形容词／tính từ -i)	Conj = 接続詞 (conjunction／接续词／liên từ)
A-Na = な形容詞 (na-adjective／な形容词／tính từ -na)	Pref = 接頭語 (prefix／前缀／tiếp đầu ngữ)
An = 連体詞 (non-conjugational adjective／连体词／định ngữ (liên thể từ))	Suf = 接尾語 (suffix／后缀／tiếp vĩ ngữ)
Adv = 副詞 (adverb／副词／phó từ)	Phr = 表現 (phrase／表现／cách nói)
Prt = 助詞 (particle／助词／trợ từ)	Prv = 諺 (proverb／谚语／thành ngữ)

※ 太字は日本語能力試験 N3 レベル相当の語彙を中心として、N4 レベルでも学習者に難しいと思われる語彙を示しています。
Vocabulary in bold means it is equivalent to Japanese Language Proficiency Test N3 Level, but also includes some N4 vocabulary that is considered difficult.
粗体字主要为相当于日本语能力试验 N3 水平的词语，但是 N4 水平的学习者也可能稍感困难。
Từ in đậm là những từ tương đương với trình độ N3 của kỳ thi năng lực Nhật ngữ, hoặc là những từ vựng thuộc mức N4 nhưng vẫn khó hiểu đối với người học.

※ T = タイトル　Title　标题　tựa đề
　 O = 職業覧　Occupation　职业栏　khung điền nghề nghiệp
　 K = キーワード　Keyword　关键词　từ khoá

行	語彙	品詞	英語	中国語	ベトナム語
1：新しい時代の女性（広岡浅子）					
T	時代	N	era; period	时代	thời đại
	女性	N	female; woman	女性	phụ nữ, con gái, nữ
O	実業家	N	business people (実業 = business、家 = professional)	实业家 (実業=实业、家=家)	thương nhân (実業 = sự nghiệp, 家 = chuyên gia, nhà (người))
K	活躍	N	active performance 活躍する = to be active in; to participate actively in	活跃 活躍する=活跃	hoạt động 活躍する = hoạt động, tham gia tích cực
	男尊女卑	N	male chauvinism; sexism	男尊女卑	trọng nam khinh nữ
1	江戸(時代)	N	*Edo* Period (1603-1868)	江户(时代)(1603-1868)	thời đại Edo (Giang Hộ, 1603-1868)
	明治(時代)	N	*Meiji* Period (1868-1912)	明治(时代)(1868-1912)	thời đại Meiji (Minh Trị, 1868-1912)
	大正時代	N	*Taisho* Period (1912-1926)	大正时代(1912-1926)	thời đại Taisho (Đại Chính, 1912-1926)
	男性	N	male; man	男性	đàn ông, con trai, nam
3	茶道	N	tea ceremony	茶道	Trà đạo
	生け花	N	flower arrangement	花道	nghệ thuật cắm hoa
	読書	N	reading	读书	đọc sách
4	必要	N	need; necessity	必要	cần thiết, nhu cầu
5	経営	N	management; running a company; operating a business	经营	điều hành
6	(〜に)参加する	V	to participate in	参加	tham gia
7	中心	N	center	中心	trung tâm
8	商人	N	merchant	商人	thương nhân
9	実際に	Adv	actually	事实上	thực ra, quả thực
10	江戸幕府	N	*Tokugawa* Shogunate	江户幕府	Mạc phủ Tokugawa
11	戦い	N	battle; war	战争	chiến đấu, chiến tranh
	様々(な)	A-Na	various; different	各种各样(的)	đa dạng, khác nhau
	(〜が)起こる	V	to occur; to happen	发生	xảy ra
	多く	N	many; a lot of	许多	nhiều
	(〜が)焼ける	V	to be burned	燃烧	bị cháy rụi
12	実感する	V	to realize; to feel	体会到、确实感觉到	nhận ra, cảm nhận thấy
13	守る	V	to protect	保护	bảo vệ
14	感じる	V	to feel	觉得、感到	cảm thấy

	そこで		Conj	then	于是	và rồi
15	削る けず		V	to reduce; to chip (away); to cut short	缩减、减少	cắt giảm
17	変化 へんか		N	change	变化	thay đổi
18	諦める あきら		V	to give up	放弃	từ bỏ
	考え込む かんが こ		V	to think hard; to brood; to dwell on	沉思	suy nghĩ kỹ
19	なんとかする		Phr	to figure out	想办法	làm cách nào đó
	行動する こうどう		V	to act	行动	hành động
20	積極的（な） せっきょくてき		A-Na	active; proactive	积极(地)	tích cực
	経営者 けいえいしゃ		N	manager （経営 = management、者 = person）	经营者 （経営=经营、者=者）	nhà kinh doanh （経営 = kinh doanh, 者 = người）
21	政治家 せいじか		N	politician （政治 = politics、家 = professional）	政治家 （政治=政治、家=家）	chính trị gia （政治 = chính trị, 家 = chuyên gia, nhà (người)）
22	自身 じしん		N	oneself	自身	tự bản thân
	経験 けいけん		N	experience	经验	kinh nghiệm
23	ある		An	certain; some; one	某	có một, một vài, một
	成瀬仁蔵 なるせじんぞう		N	educator (1858-1919)	成瀬仁蔵(教育家、1858-1919)	nhà giáo dục (1858-1919)
	女子教育 じょしきょういく		N	"On Women's Education" (1986) (Name of book)	《女子教育》(1986)（书名）	"Giáo dục ở phụ nữ" (1986) (Tên sách)
24	（〜に／と）感動する かんどう		V	to be moved	对〜很感动	cảm động
25	（〜と）知り合う し あ		V	to get to know; to get acquainted with	跟〜认识	quen biết
	相談 そうだん		N	consultation 相談をする = to consult	商量 相談をする=商量	tư vấn, bàn bạc 相談をする = tư vấn, bàn bạc, thương lượng
26	現在 げんざい		N	at the present day; presently; currently	现在	hiện tại, ngày nay
	日本女子大学 にほんじょしだいがく		N	Japan Women's University	日本女子大学	trường đại học nữ sinh
	助ける たす		V	to support; to help	帮助	giúp đỡ, hỗ trợ
27	別荘 べっそう		N	vacation house	别墅	biệt thự
	〜会 かい		Suf	meeting; gathering; competition; session; workshop	〜会	cuộc thi, đại hội, cuộc họp
28	熱心（な） ねっしん		A-Na	passionate	热心(的)	nhiệt tình
30	より		Adv	more	更加	hơn (hình thức so sánh)
	（〜に）貢献する こうけん		V	to contribute	对〜有贡献	cống hiến

2：理想の経営者（松下幸之助）
りそう けいえいしゃ まつしたこうのすけ

T	理想 りそう		N	ideal	理想	lý tưởng
	経営者 けいえいしゃ		N	manager （経営 = management、者 = person）	经营者 （経営=经营、者=者）	nhà kinh doanh （経営 = kinh doanh, 者 = người）
O	実業家 じつぎょうか		N	business people （実業 = business、家 = professional）	实业家 （実業=实业、家=家）	thương nhân （実業 = sự nghiệp, 家 = chuyên gia, nhà (người)）
K	社員 しゃいん		N	employee	公司职员	nhân viên
	コミュニケーション		N	communication	沟通	giao tiếp
	叱る しか		V	to scold	责备	la, mắng
1	上司 じょうし		N	boss	上司	sếp, cấp trên
	調査 ちょうさ		N	survey	调查	điều tra
2	ソニー生命保険株式会社 せいめいほけんかぶしきがいしゃ		N	*Sony Life Insurance* (company)	索尼生命保险株式会社(公司)	Công ty bảo hiểm nhân thọ Sony (công ty)
3	結果 けっか		N	result	结果	kết quả
4	第〜 だい		Pref	prefix for ranking	第〜	tiền tố chỉ thứ tự
	パナソニック		N	*Panasonic* (company)	松下(公司)	Panasonic (công ty)
5	本田宗一郎 ほんだそういちろう		N	engineer/businessperson (1906-1991)	本田宗一郎(工程师/实业家、1906-1991)	kỹ sư/doanh nhân (1906-1991)

	ホンダ	N	*Honda* (company)	本田(公司)	Honda (công ty)
6	孫正義 そんまさよし	N	businessperson (1957-)	孙正义(实业家、1957-)	doanh nhân (1957-)
	ソフトバンクグループ	N	*SoftBank Group* (company)	软银集团(公司)	tập đoàn Softbank (công ty)
7	企業 きぎょう	N	company; corporate enterprise	企业	doanh nghiệp, công ty
	一代で いちだい	Phr	in one's lifetime	用一个世代	trong cuộc đời
8	(〜に)譲る ゆず	V	to hand over	让给〜	nhường nhịn, nhường
10	多く おお	N	many; a lot of	许多	nhiều
13	エピソード	N	episode	趣事、轶事	tập, đoạn, hồi
	特徴 とくちょう	N	characteristics	特征	đặc trưng, đặc điểm
14	方法 ほうほう	N	method; way	方法	phương pháp, cách thức
16	最初 さいしょ	N	the first; the beginning	最初	đầu tiên, lúc đầu
	友人 ゆうじん	N	friends	友人	bạn bè
	製品 せいひん	N	product	商品	sản phẩm
17	経験 けいけん	N	experience	经验	kinh nghiệm
18	辞める や	V	to quit	放弃	nghỉ việc
21	本当に ほんとう	Adv	actually; in fact	真的	quả thật, thật là
	気を失う き うしな	Phr	to faint (失う = to lose)	昏厥 (失う=丧失)	bất tỉnh (失う = đánh mất, làm mất)
24	相手 あいて	N	the other party (person or company); partner	对方	đối tác, công ty
25	真剣(な) しんけん	A-Na	serious	认真(的)	nghiêm túc
	(〜が)伝わる つた	V	to be conveyed	传达〜	hiểu
27	(〜と)コミュニケーションを取る と	Phr	to communicate	跟〜交流	giao tiếp
	つまり	Adv	namely; in other words	换句话说	nói cách khác, tóm lại
28	理由 りゆう	N	reason	理由	lý do
31	尊敬する そんけい	V	to respect	尊敬	tôn trọng
32	時代 じだい	N	era; period	时代	thời đại

3：好きなことを仕事に（伊藤若冲）
いとうじゃくちゅう

O	画家 がか	N	painter; artist	画家	họa sĩ, nghệ sĩ
K	日本画 にほんが	N	Japanese-style painting	日本画	tranh phong cách Nhật
	目的 もくてき	N	purpose	目的	mục đích
1	意見 いけん	N	opinion	意见	ý kiến
3	稼ぐ かせ	V	to earn (money)	挣(钱)	kiếm (tiền)
4	本当に ほんとう	Adv	actually; in fact	真的	quả thật, thật là
5	間違い まちが	N	mistake; error; wrong	错误	sai lầm, lầm lỗi
	現在 げんざい	N	at the present day; presently; currently	现在	hiện nay
6	海外 かいがい	N	abroad; overseas	海外	nước ngoài
	人気がある にんき	Phr	to be popular (人気 = popularity)	受欢迎 (人気=人气)	được mến mộ (人気 = lòng mến mộ)
	江戸時代 えどじだい	N	*Edo Period* (1603-1868)	江户时代(1603-1868)	thời đại Edo (Giang Hộ, 1603-1868)
	人生 じんせい	N	life	人生	cuộc đời
8	商人 しょうにん	N	merchant	商人	thương nhân
	長男 ちょうなん	N	the first son	长男	trưởng nam
9	父親 ちちおや	N	father	父亲	ba, bố, cha
	商売 しょうばい	N	business	生意	buôn bán
10	詳しい くわ	A-I	detailed 詳しく = in detail	详细的 詳しく=详细地	chi tiết, cụ thể 詳しく = chi tiết, cụ thể
11	学ぶ まな	V	to learn; to study	学习	học, nghiên cứu

	語彙	品詞	English	中文	Tiếng Việt
	描く（か）	V	to paint; to draw	画	vẽ
12	（〜から）逃げ出す（にだ）	V	to run away; to escape	从〜脱逃	chạy trốn
	〜年間（ねんかん）	Ctr	counter for years	〜年	〜 năm (khoảng thời gian)
	山奥（やまおく）	N	deep in the mountains	深山	sâu trong núi
13	全て（すべ）	Adv	all; everything	全部	tất cả, hết thảy
	（〜に）任せる（まか）	V	to entrust; to leave	委托〜、托付〜	giao phó, tín nhiệm
16	（〜に）満足する（まんぞく）	V	to be satisfied	对〜感到满意	mãn nguyện
	モデル	N	model	模特	người mẫu
17	鶏（にわとり）	N	chicken; hen; rooster	鸡	gà
	〜羽（わ）	Ctr	counter for birds	〜只	dùng để đếm gà, chim
	飼う（か）	V	to keep pets	饲养	nuôi (thú cưng)
	観察する（かんさつ）	V	to observe	观察	quan sát
18	スケッチ	N	sketch	素描	bản vẽ phác họa
	独特（どくとく）	N	uniqueness	独特	tính độc đáo, tính đặc biệt
19	評価する（ひょうか）	V	to evaluate; to assess	评价	đánh giá
	モザイク画（が）	N	mosaic	镶嵌画	tranh mozaic
20	全く（まった）	Adv	totally; completely	完全	hoàn toàn, hầu như
22	助ける（たす）	V	to support; to help	帮助	giúp đỡ, hỗ trợ
	苦しい（くる）	A-I	hard; difficult; rough; tough	苦于	khốn khổ, khổ
23	（〜と〜を）交換する（こうかん）	V	to exchange	用〜和〜交换	trao đổi
26	貧しい（まず）	A-I	poor	贫穷	nghèo
27	幸せ（な）（しあわ）	A-Na	happy	幸福(的)	hạnh phúc
28	貧乏（な）（びんぼう）	A-Na	poor	贫穷(的)	nghèo
	気にする（き）	Phr	to worry; to care; to be bothered	介意	để ý, lo lắng
	性格（せいかく）	N	personality; character	性格	tính cách

4：フランス人になった日本人（藤田嗣治 ふじたつぐはる）

	語彙	品詞	English	中文	Tiếng Việt
O	画家（がか）	N	painter; artist	画家	họa sĩ, nghệ sĩ
K	戦争画（せんそうが）	N	Military-related art	战争画	tranh chiến tranh
	アイデンティティ	N	identity	身份	danh tính
	国籍（こくせき）	N	nationality	国籍	quốc tịch
1	結構（けっこう）	Adv	rather; fairly	相当	khá
2	有名人（ゆうめいじん）	N	famous person; celebrity	名人	người nổi tiếng
	特に（とく）	Adv	especially; particularly	特别是	đặc biệt
5	美術学校（びじゅつがっこう）	N	art school	美术学校	trường mỹ thuật
	（〜に）入学する（にゅうがく）	V	to enter (school); to be admitted to (a school); to matriculate	进入〜就读	nhập học
	教師（きょうし）	N	instructor; teacher	教师	giáo viên, người hướng dẫn
6	一生懸命（いっしょうけんめい）	N	very hard; eagerly（一生 = one's lifetime）	拼命、全力以赴（一生＝一生）	hết sức, hết mình（一生 ＝ cả cuộc đời）
8	パリ	N	Paris	巴黎	Paris
	（〜に）移る（うつ）	V	to move; to transfer	迁移到〜	dời, chuyển
	モディリアーニ	N	(Amedeo Clemente) Modigliani (painter 1884-1920)	莫迪里安尼(画家、1884-1920)	(Amedeo Clemente) Modigliani (họa sĩ 1884-1920)
	ピカソ	N	(Pablo) Picasso (artist 1881-1973)	毕加索(艺术家、1881-1973)	(Pablo) Picasso (nghệ sĩ 1881-1973)
	（〜と）知り合う（し あ）	V	to get to know; to get acquainted with	跟〜认识	quen biết
9	キュビズム	N	Cubism	立体主义、立体派	xu hướng lập thể
	シュルレアリスム	N	Surrealism	超现实主义	xu hướng lập dị
10	スタイル	N	style	风格	kiểu, cách

	日本語	品詞	English	中文	Tiếng Việt
	影響を受ける えいきょう う	Phr	to be influenced by （影響 = influence、受ける = to receive）	受影响 （影響＝影响，受ける＝受到）	chịu ảnh hưởng (影響 = ảnh hưởng, 受ける = chịu)
	エコール・ド・パリ	N	École de Paris（School of Paris）Community of artists in Paris in the early decades of the 20th century	巴黎派（指二十世纪初、来自世界各地以巴黎为活动中心的艺术家）	École de Paris (trường ở Paris) cộng đồng nghệ sĩ ở Paris đầu thập niên của thế kỷ 20
11	日本画 に ほん が	N	Japanese-style painting	日本画	tranh phong cách Nhật
	テクニック	N	technique	技巧	kỹ thuật
	油絵 あぶら え	N	oil painting	油画	tranh sơn dầu
	（～を～に）取り入れる と い	V	to incorporate; to adapt; to accept	引进	du nhập, đưa vào
	女性 じょせい	N	female; woman	女性	phụ nữ, con gái, nữ
12	テーマ	N	theme	主题	đề tài
	描く か	V	to paint; to draw	画	vẽ
	肌 はだ	N	skin	肌肤	nước da
	他 ほか	N	other; others	其他	cái khác, khác
13	出す だ	V	to come up with; to make; to create	表现出	thể hiện
	独特（な） どくとく	A-Na	unique; special	独特（的）	độc đáo, đặc biệt
	アイボリー	N	ivory	象牙	màu trắng đục
	美しい うつく	A-I	beautiful	美丽	đẹp
	方法 ほうほう	N	method; way	方法	phương pháp, cách thức
14	人気を集める にん き あつ	Phr	to gain popularity （人気 = popularity、集める = to collect; to gather）	受欢迎 （人気＝人气，集める＝汇集，聚集）	chiếm được lòng mến mộ (人気 = lòng mến mộ, 集める = tập trung, tập hợp)
15	値段 ね だん	N	price	价值	giá cả
16	戦争 せんそう	N	war	战争	chiến tranh
	父親 ちちおや	N	father	父亲	ba, bố, cha
	日本軍 に ほんぐん	N	Japanese army（軍 = army）	日本军（軍＝军）	quân đội Nhật (軍 = quân đội)
	関係 かんけい	N	relationship	关系	quan hệ
17	記録する き ろく	V	to record	记录	ghi chép
19	ある	An	certain; some; one	某	có một, một vài, một
	（～に／と）協力する きょうりょく	V	to cooperate; to go along; to work for/with/along	协助～	hiệp sức, hợp lực
20	人物 じんぶつ	N	person; figure	人物	nhân vật
	厳しい きび	A-I	harsh; intense 厳しく = harshly	严格 厳しく＝严格地	khó khăn, khó tính 厳しく = chi tiết, cụ thể
	批判する ひ はん	V	to criticize	批评	phê bình, chỉ trích
	日本美術会 に ほん び じゅつかい	N	Japan Art Association	日本美术会	Hội Mỹ thuật Nhật Bản
	責任 せきにん	N	responsibility	责任	trách nhiệm
21	GHQ	N	General Headquarters (of the Supreme Commander for the Allied Powers after WWII)	驻日盟军总司令部	Tổng hành dinh (bộ tư lệnh quân đội đồng minh sau thế chiến thứ 2)
	（～に）報告する ほうこく	V	to report	向～报告	báo cáo
	我慢する が まん	V	to endure; to bear	忍耐	chịu đựng
22	ニューヨーク	N	New York	纽约	New York
	夫人 ふ じん	N	wife	夫人	vợ
	（～に）引っ越す ひ こ	V	to move	搬到～	chuyển, dời đến
	なつかしい	A-I	good old	令人怀念	nhớ, thương, hoài niệm
23	（～に）戻る もど	V	to return	回到～	trở lại
	わけ	N	reason	原因	lý do
24	認める みと	V	to recognize; to acknowledge	承认	thừa nhận, nhận ra
25	意見 い けん	N	opinion	意见	ý kiến
27	キリスト教 きょう	N	Christianity	基督教	Thiên Chúa Giáo

	語彙	品詞	English	中文	Tiếng Việt
	信者（しんじゃ）	N	believer	教徒	tín đồ
28	～代（だい）	Ctr	counter for generations (40代 = forties)	表年龄的范围 (40代＝40几岁)	dùng để đếm thế hệ (40代＝lứa tuổi 40)

5：伝統的な楽器・新しい音楽（武満徹）

	語彙	品詞	English	中文	Tiếng Việt
T	伝統（でんとう）	N	tradition	传统	truyền thống
	楽器（がっき）	N	musical instrument	乐器	nhạc cụ
O	作曲家（さっきょくか）	N	composer （作曲 = composition、家 = professional）	作曲家 （作曲＝作曲、家＝家）	nhạc sĩ （作曲 = soạn nhạc, 家 = chuyên gia, nhà (người)）
K	現代（げんだい）	N	contemporary	现代	hiện đại
	クラシック	N	classical music	古典	nhạc cổ điển
	和楽器（わがっき）	N	Japanese musical instruments	日本乐器	nhạc cụ Nhật Bản
	独学（どくがく）	N	study alone	自学	tự học
1	Jポップ	N	J-pop	日本流行音乐	J-pop
	ロック	N	rock music	摇滚乐	nhạc rock
3	違い（ちがい）	N	difference	差别	sự khác biệt
	リズム	N	rhythm	韵律	nhịp điệu
4	ハーモニー	N	harmony	和声	hòa âm
	中心（ちゅうしん）	N	center	中心	trung tâm
5	身近に（みぢかに）	Adv	closely; intimately	熟悉的	thân cận, gần
	感じる（かんじる）	V	to feel	觉得	cảm thấy, cảm nhận
6	（～が）発展する（はってんする）	V	to develop	发展	phát triển
8	演奏する（えんそうする）	V	to play a musical instrument	演奏	trình diễn
	尺八（しゃくはち）	N	*Shakuhachi*; Japanese bamboo clarinet	日本竹制吹奏乐器	Shakuhachi (sáo trúc), tên một loại nhạc cụ của Nhật
	箏（こと）	N	*Koto*; stringed instrument; Japanese zither	弦乐器、日式古筝	Đàn Koto, đàn dây, loại nhạc cụ truyền thống Nhật Bản
	（～が）育つ（そだつ）	V	to grow up	成长	lớn lên, trưởng thành
	曲（きょく）	N	song; piece of music	曲子	bài hát, bản nhạc
9	影響を受ける（えいきょうをうける）	Phr	to be influenced （影響 = influence、受ける = to receive）	受影响 （影響＝影响、受ける＝受到）	chịu ảnh hưởng （影響 = ảnh hưởng, 受ける = chịu）
10	（～に）感動する（かんどうする）	V	to be moved	为～所感动	cảm động
	シャンソン	N	chanson	香颂	bài hát, chanson
	他（ほか）	N	other; others	其他	cái khác, khác
	ドビュッシー	N	(Claude) Debussy (composer 1862-1918)	德彪西 （作曲家、1862-1918）	(Claude) Debussy (nhà soạn nhạc 1862-1918)
11	近代（きんだい）	N	modern	近代	hiện đại
	ジャズ	N	jazz	爵士	nhạc jazz
12	ヨーロッパ	N	Europe	欧洲	Châu Âu
	（～に）留学する（りゅうがくする）	V	to study abroad	到～留学	du học
	ほぼ	Adv	almost ほぼ独学で = study almost completely by oneself	几乎 ほぼ独学で＝几乎自学	hầu như, hầu hết ほぼ独学で = hầu như tự học
14	デビューする	V	to make one's debut	出道	ra mắt
16	実験（じっけん）	N	experiment; test	实验	thí nghiệm, thực nghiệm
	繰り返す（くりかえす）	V	to repeat	重复	lặp đi lặp lại
	やがて	Adv	in the course of time; in time	终于	cuối cùng
17	指揮者（しきしゃ）	N	conductor （者 = person）	指挥家（者＝者）	nhạc trưởng （者 = người）
	バーンスタイン	N	(Leonard) Bernstein (conductor/composer 1918-1990)	伯恩斯坦 （指挥家／作曲家、1918-1990）	(Leonard) Bernstein (nhạc trưởng/nhạc sĩ 1918-1990)
	依頼する（いらいする）	V	to request; to ask	请求、委托	nhờ, yêu cầu
18	ニューヨーク	N	New York	纽约	New York

	語彙		English	中文	Tiếng Việt
	ノヴェンバー・ステップス	N	November Steps (1967) (Name of composition)	November Steps（十一月的脚步）(1967)（作品名）	November Steps (1967) (Tên tác phẩm)
19	評価（ひょうか）	N	evaluation; valuation	评价	đánh giá
20	（〜が）活躍する（かつやく）	V	to be active in; to participate actively in	活跃	hoạt động, nổi tiếng
21	特徴（とくちょう）	N	characteristics	特征	đặc trưng, đặc điểm
	琵琶（びわ）	N	*Biwa*; Japanese lute	琵琶	tên một nhạc cụ âm nhạc
	オーケストラ	N	orchestra	管弦乐团	dàn nhạc
	（〜と〜を）合わせる（あ）	V	to combine; to put together	结合〜和〜	phối hợp
24	方法（ほうほう）	N	method; way	方法	phương pháp, cách thức
29	含む（ふく）	V	to include	包括	bao gồm
	様々（な）（さまざま）	A-Na	various; different	各种各样（的）	đa dạng, khác nhau
30	（〜に）触れる（ふ）	V	to feel; to touch	接触〜	cảm nhận, đụng, chạm, sờ
	経験（けいけん）	N	experience	经验	kinh nghiệm
31	これまで	Phr	so far; until now; to date これまでにない = has never happened/existed before	迄今 これまでにない＝至今没有〜	từ trước đến giờ, cho đến nay これまでにない = từ trước đến nay chưa từng có

6：独学の建築家（安藤忠雄）

	語彙		English	中文	Tiếng Việt
T	独学（どくがく）	N	study alone	自学	tự học
	建築家（けんちくか）	N	architect （建築 = architecture、家 = professional）	建筑师 （建築=建筑、家=家）	kiến trúc sư （建築 = kiến trúc, 家 = chuyên gia, nhà (người)）
K	目標（もくひょう）	N	goal; target	目标	mục tiêu
	思い（おも）	N	thought; belief 強い思い = determination	想法 強い思い＝决心	suy nghĩ, tư tưởng 強い思い = ý chí mạnh mẽ
1	実は（じつ）	Conj	in fact; actually	事实上	thật ra, thực ra
2	ペース	N	pace	进度、步调	tiến độ, bước
3	（〜に）成功する（せいこう）	V	to be successful; to succeed	成功	thành công
4	方法（ほうほう）	N	method; way	方法	phương pháp, cách thức
5	様々（な）（さまざま）	A-Na	various; different	各种各样（的）	đa dạng, khác nhau
	試す（ため）	V	to attempt; to try	尝试	thử
8	卒業（そつぎょう）	N	graduation	毕业	tốt nghiệp
	一般（いっぱん）	N	general	一般、普遍	thông thường
	だが	Conj	however	然而	tuy nhiên
9	理由（りゆう）	N	reason	理由	lý do
10	目指す（めざ）	V	to aim; to target	以〜为目标	nhắm đến
	まず	Adv	first; first of all	首先	đầu tiên, trước hết
	立てる（た）	V	to set; to plan 目標を立てる = to make a goal	建立 目標を立てる=确立目标	lập nên 目標を立てる = đặt mục tiêu
11	多く（おお）	N	many; a lot of	许多	nhiều
12	〜年間（ねんかん）	Ctr	counter for years	〜年	〜 năm (khoảng thời gian)
13	全て（すべ）	Adv	all; everything	全部	tất cả, hết thảy
	本当に（ほんとう）	Adv	actually; in fact	真的	quả thật, thật là
14	他（ほか）	N	other; others	其他	cái khác, khác
	アドバイス	N	advice	建议	lời khuyên
16	経験（けいけん）	N	experience	经验	kinh nghiệm
	表現する（ひょうげん）	V	to describe; to express	表现	thể hiện, diễn tả
17	二級建築士（にきゅうけんちくし）	N	second-class registered architect	二级建筑师	kiến trúc sư cấp hai
	資格（しかく）	N	qualification; license	资格	bằng cấp, chứng chỉ
18	場合（ばあい）	N	case	场合	trường hợp
19	必要（ひつよう）	N	need; necessity	需要	cần thiết, nhu cầu

	一級建築士 いっきゅうけんちくし		N	first-class registered architect	一级建筑师	kiến trúc sư cấp một
20	条件 じょうけん		N	requirements; criteria	条件	điều kiện
	以外 いがい		N	except; other than	以外	ngoại trừ, ngoài ra
	物理 ぶつり		N	physics	物理	vậy lý
23	～割 わり		N	rate; percentage	～成	phần trăm, tỷ lệ
	(～に)合格する ごうかく		V	to pass	通过～考试	đỗ, đậu
25	分野 ぶんや		N	field	领域	lĩnh vực
28	普通 ふつう		N	ordinary; normal	通常、一般	bình thường
32	達成する たっせい		V	to achieve	达成	đạt được

7：女性の気持ちを歌う（与謝野晶子）

T	女性 じょせい		N	female; woman	女性	phụ nữ, con gái, nữ
	歌う うた		V	to compose	吟咏	hát
O	歌人 かじん		N	*Tanka* poet	短歌诗人	ca sĩ
	作家 さっか		N	writer; novelist	作家	nhà văn, tiểu thuyết gia
K	自立 じりつ		N	independence	自立	độc lập
	表現 ひょうげん		N	expression	表现	cách thể hiện
	信念 しんねん		N	faith; belief	信念	niềm tin
	情熱 じょうねつ		N	passion	热情	nhiệt huyết
1	君死にたまふこと勿れ きみ し たも なか		N	"Brother, Do Not Give Your Life" (1904) (Name of poem)	《请君勿死》(1904)（诗名）	"Brother, Do Not Give Your Life" (1904) (Tên một bài thơ)
2	思う おも		V	to worry; to think of	担心、惦念	lo lắng, nghĩ về
3	当時 とうじ		N	that time	当时	lúc bấy giờ
4	無事に ぶじ		Adv	safely	平安地	an toàn
	世間 せけん		N	public; society	社会	xã hội, công chúng
	非難を受ける ひなん う		Phr	to be criticized (受ける = to receive)	遭受非难 (受ける＝遭受)	bị lên án (受ける = chịu)
5	注目を集める ちゅうもく あつ		Phr	to draw attention (注目 = attention、集める = to collect)	受关注 (注目＝注目, 集める＝汇集、聚集)	gây chú ý (注目 = quan tâm, để ý, 集める = tập trung, tập hợp)
6	明治（時代） めいじ じだい		N	*Meiji* Period (1868-1912)	明治(时代)（1868-1912）	thời đại Meiji (Minh Trị, 1868-1912)
	昭和（時代） しょうわ じだい		N	*Showa* Period (1926-1989)	昭和(时代)（1926-1989）	thời đại Showa (Chiêu Hoà, 1868-1912)
	男尊女卑 だんそんじょひ		N	male chauvinism; sexism	男尊女卑	trọng nam khinh nữ
	つまり		Adv	namely; in other words	换句话说	nói cách khác, tóm lại
	男性 だんせい		N	male; man	男性	đàn ông, con trai, nam
7	かしこい		A-I	smart; wise	贤惠	thông minh, lanh lợi
8	良妻賢母 りょうさいけんぼ		N	a good wife and wise mother	贤妻良母	vợ hiền mẹ giỏi
	母親 ははおや		N	mother	母亲	mẹ, má
	化粧 けしょう		N	makeup	化妆	trang điểm
9	派手（な） はで		A-Na	fancy; flashy	花哨(的)	sặc sỡ, lòe loẹt
11	恋 こい		N	love	恋情	tình yêu
	直接 ちょくせつ		N	direct	直接	trực tiếp
	発表する はっぴょう		V	to publish; to present	发表	phát biểu, công bố
12	おく		V	to leave behind	留下	để lại sau lưng
	(～に)留学する りゅうがく		V	to study abroad	到～留学	du học
	ヨーロッパ		N	Europe	欧洲	Châu Âu
13	歌集 かしゅう		N	a collection of short poem	短歌集	tuyển tập thơ ngắn
	みだれ髪 がみ		N	"Midaregami" (1901) (Name of book)	《乱发》(1901)（书名）	"Tóc rối" (1901) (Tên sách)
14	伝統 でんとう		N	tradition	传统	truyền thống

	詩人	N	poet	诗人	thi nhân, nhà thơ
15	信じる	V	to believe	相信	tin tưởng
17	人間	N	human being	人、人类	con người
	必要(な)	A-Na	necessary; required	必要(的)	cần thiết, thiết yếu
18	山の動く日来たる	Phr	The day the mountains move has come.	山动之日已至	Ngày mà ngọn núi xoay chuyển
20	(～を～に)例える	V	to compare (to)	把～比喻成～	ví với, so với
	眠る	V	to sleep	沉睡	ngủ
22	興味深い	A-I	interesting	耐人寻味	hứng thú
	権利	N	right	权利	quyền lợi
	助け	N	help; support	帮助	việc giúp đỡ, hỗ trợ
23	求める	V	to ask for; to seek	寻求	tìm kiếm
24	結局	Adv	after all; in the end	结果	kết cục, rốt cuộc
	認める	V	to recognize; to acknowledge	承认	thừa nhận, nhận ra
25	まず	N	first; first of all	首先	đầu tiên, trước hết
28	(～に)賛成する	V	to agree	赞成	đồng ý, tán thành
	かつて	Adv	in the past	以往	trước đây
29	不思議(な)	A-Na	curious; mysterious	不可思议(的)	kỳ lạ, bí ẩn
	感じ	N	feeling; impression	感觉	ấn tượng

8: ユートピアを目指して (宮沢賢治)

T	ユートピア	N	Utopia	乌托邦	Utopia (xã hội không tưởng)
	目指す	V	to aim	以～为目标	nhắm đến
O	詩人	N	poet	诗人	thi nhân, nhà thơ
	童話作家	N	writer of children's story (作家 = writer; novelist)	童话作家 (作家=作家)	nhà văn cho những tác phẩm thiếu nhi (作家 = nhà văn, tiểu thuyết gia)
K	理想	N	ideal	理想	lý tưởng
	菜食主義	N	vegetarianism (主義 = ~ism)	素食主义 (主义=主义)	chế độ ăn bán chay (主義 = chủ nghĩa)
1	銀河鉄道の夜	N	"Night on the Galactic Railroad" (1941) (Name of book) (鉄道 = railroad)	《银河铁道之夜》(1941)(书名) (铁道=铁路)	"Chuyến tàu đêm trên dải ngân hà" (1941) (tên quyển sách) (鉄道 = đường sắt)
	タイトル	N	title	标题	tựa đề
	物語	N	story	故事	câu truyện
	想像する	V	to imagine	想象	tưởng tượng
2	少年	N	boy	少年	thiếu niên
	ジョバンニ	N	Giovanni (Name of boy)	乔凡尼(男孩名)	Giovanni (tên thiếu niên)
	カムパネルラ	N	Campanella (Name of boy)	卡帕涅拉(男孩名)	Campanella (tên thiếu niên)
4	岩手県盛岡	N	Name of city in Iwate Prefecture (県 = prefecture)	岩手县盛冈 (县=县)	tên một thành phố ở tỉnh Iwate (県 = tỉnh)
	農林学校	N	school of agriculture and forest	农林学校	trường Nông lâm nghiệp
	農業	N	agriculture; farming	农业	nông nghiệp
	卒業する	V	to graduate	毕业	tốt nghiệp
5	貧しい	A-I	poor	贫穷	nghèo
6	詩	N	poem	诗	thơ
7	雨ニモマケズ	N	"Rain Won't" (Name of poem)	《不输给雨》(诗名)	"Không sợ mưa rơi" (tên bài thơ)
8	(～に)負ける	V	to lose; to be defeated	输给～	thua trận, bị đánh bại
9	風の又三郎	N	"Matasaburo the Wind Imp" (1934) (Name of book)	《风之又三郎》(1934)(书名)	"Matasaburo- từ phương của gió" (1934) (tên sách)
	注文の多い料理店	N	"The Restaurant of Many Orders" (1924) (Name of book)	《要求太多的餐馆》(1924)(书名)	"The Restaurant of Many Orders" (1924) (tên sách)
10	森	N	forest	森林	rừng

	狩り	N	hunt; hunting; shooting	狩猎	săn bắn
11	(〜に)迷う	V	to get lost; to lose one's way	迷路	bị lạc
	奥	N	the inner part; the depths 森の奥 = deep in the forest	里面 森の奥＝森林里面	thẳm sâu, góc sâu 森の奥 = sâu trong rừng
12	はりがみ	N	notice	告示	thông báo
13	クリーム	N	cream	奶油	kem
14	(〜に)ぬる	V	to put; to apply	涂在〜上	dán, bôi
	注文	N	order; request	点菜	gọi món, đặt hàng
16	(〜に)気がつく	Phr	to realize; to notice	意识到〜	nhận ra, để ý thấy
17	全く	Adv	totally; completely	完全	hoàn toàn, hầu như
	めずらしい	A-I	rare; uncommon	少有的	hiếm, không phổ biến
18	ですから	Conj	so; therefore	因此	vì vậy, cho nên
20	農民	N	farmer	农民	nông dân
	芸術	N	art	艺术	nghệ thuật
	必要(な)	A-Na	necessary; required	必要(的)	cần thiết, thiết yếu
21	聴く	V	to listen（to music）	听(音乐)	nghe (nhạc)
	〜会	Suf	meeting; gathering; competition; session; workshop 音楽会 = concert	〜会 音楽会＝音乐会	cuộc thi, đại hội, cuộc họp 音楽会 = nhạc hội
	エスペラント語	N	Esperanto	世界语	tiếng Esperanto
23	イーハトーブ	N	Ihatov	乌托邦名	Ihatov
	つまり	Adv	namely; in other words	换句话说	nói cách khác, tóm lại
26	(〜が)売れる	V	to sell; to become a big seller; to make a sale	大卖	bán chạy
	理由	N	reason	理由	lý do
27	理解する	V	to understand	理解	thấu hiểu, hiểu
28	作品	N	work; piece	作品	tác phẩm

9：隠れた才能とチャレンジ（又吉直樹）

T	隠れる	V	to hide	隐藏	trốn
	才能	N	talent; ability	才能	tài năng, khả năng
	チャレンジ	N	challenge	挑战	thử thách
O	お笑いタレント	N	comedian	搞笑艺人	diễn viên hài
K	お笑い	N	comedy	喜剧	hài
1	これまで	Phr	so far; until now; to date	迄今	từ trước đến giờ, cho đến nay
	定年	N	retirement	退休	nghỉ hưu
2	一般	N	general	一般、普遍	thông thường
	給料	N	salary	薪水	lương bổng
	辞める	V	to quit	辞职	nghỉ việc
4	厚生労働省	N	Ministry of Health, Labour and Welfare	厚生劳动省	Bộ Lao động An sinh Xã hội Nhật Bản
	調査	N	survey	调查	điều tra
5	卒業する	V	to graduate	毕业	tốt nghiệp
	約	Pref	approximately	大约	khoảng
6	もともと	N	originally	原本	vốn dĩ, sở dĩ
7	芥川賞	N	*Akutagawa* Prize (prize for literature) (賞 = prize; award)	芥川赏(文学奖) (赏＝奖项)	Giải thưởng Akutagawa (giải thưởng văn chương) (賞 = giải thưởng, phần thưởng)
	優れる	V	to surpass; to excel	优秀	xuất chúng
	新人	N	newcomer	新人	người mới
	贈る	V	to award; to present	授予	thưởng, tặng

	語		品詞	English	中文	Tiếng Việt
8	受賞する		V	to be awarded	得奖	lãnh thưởng, nhận thưởng
	コンビ		N	duo	组合	cặp đôi, bè
9	漫才		N	comedy duo	漫才（相声组合）	cặp đôi diễn hài
	番組		N	program (TV, etc.)	节目	chương trình
	活動する		V	to work; to act	活动	hoạt động, diễn
11	インターハイ		N	inter-high school competition	高中校际比赛	Hội thao học sinh phổ thông toàn quốc
	クラブ活動		N	club activity (活動 = activity)	社团活动 (活動=活动)	hoạt động đội nhóm (活動 = hoạt động)
	頑張る		V	to work hard	加油、努力	cố gắng
12	思いもしない		Phr	never expect	无预期	không nghĩ đến
14	実は		Conj	in fact; actually	实际上	thực ra, thật ra
15	（〜に）所属する		V	to belong	隶属〜	thuộc về
	事務所		N	company; office	事务所	văn phòng, công ty
	エッセイ		N	essay	散文	bài luận
16	芝居		N	play; drama	剧	vở diễn
	脚本		N	screenplay	剧本	kịch bản
	俳句		N	*haiku* (Japanese poetry)	俳句（日本诗）	thơ Haiku
18	出版社		N	publisher	出版社	nhà xuất bản
	依頼する		V	to request	请求	yêu cầu
19	太宰治		N	writer (1909-1948)	太宰治（作家、1909-1948）	nhà văn (1909-1948)
	芥川龍之介		N	writer (1892-1927)	芥川龙之介（作家、1892-1927）	nhà văn (1892-1927)
	夏目漱石		N	writer (1867-1916)	夏目漱石（作家、1867-1916）	nhà văn (1867-1916)
	三島由紀夫		N	writer (1925-1970)	三岛由纪夫（作家、1925-1970）	nhà văn (1925-1970)
20	作家		N	writer; novelist	作家	nhà văn, tiểu thuyết gia
21	断る		V	to turn down	拒绝	từ chối
	絶対に		Adv	absolutely; definitely	绝对地	tuyệt đối, nhất định
22	〜度		Ctr	counter for times	〜次	〜 lần (dùng để đếm số lần)
	結局		Adv	after all; in the end	结果	kết cục, rốt cuộc
25	評価する		V	to evaluate; to assess	评价	đánh giá
	つまり		Adv	namely; in other words	换句话说	nói cách khác, tóm lại
26	職業		N	occupation; profession	职业	nghề nghiệp
	（〜に）成功する		V	to be successful; to succeed	成功	thành công
28	本当に		Adv	actually; in fact	真的	quả thật, thật là
29	怖がる		V	to be afraid of	害怕	sợ

10：特撮の神様（円谷英二）

	語		品詞	English	中文	Tiếng Việt
T	特撮		N	special effects	特技摄影	hiệu ứng đặc biệt, kỹ xảo đặc biệt
	神様		N	god	神	Thần thánh
O	監督		N	director	导演	đạo diễn
K	核		N	nuclear	原子	hạt nhân
	アイデア		N	idea	意见	ý tưởng
	技術		N	technology	技术	kỹ thuật
1	ゴジラ		N	Godzilla (Name of monster)	哥斯拉（怪兽名）	Quái vật Godzilla (Tên Quái vật)
2	想像		N	imagination	想象	tưởng tượng
	怪獣		N	monster; monstrous animal	怪兽	quái thú, quái vật
3	ゴリラ		N	gorilla	大猩猩	khỉ đột
	クジラ		N	whale	鲸鱼	cá voi
	（〜と〜を）合わせる		V	to put together; to combine	把〜和〜结合在一起	kết hợp với nhau

5	これまで	Phr	so far; until now	迄今	từ trước đến giờ, cho đến nay
	最初（さいしょ）	N	the first; the beginning	最初	đầu tiên, lúc đầu
6	水爆（すいばく）	N	hydrogen bomb	氢弹	bom hydro
	怖さ（こわ）	N	horror; terror	可怕	nỗi sợ
	テーマ	N	theme	主题	chủ đề
7	目を覚ます（めざ）	Phr	to wake（覚ます = to be awaken）	苏醒（觉ます=唤醒）	thức tỉnh（覚ます = làm thức tỉnh）
	(〜へ)やってくる	V	to come	往〜过来	đến, ập đến
8	シナリオ	N	scenario	剧本	kịch bản, diễn biến
	リアル（な）	A-Na	real; realistic	真实(的)	thực tế
9	(〜が)活躍する（かつやく）	V	to be active; to do well	活跃	hoạt động, nổi tiếng
10	フィルム	N	film	胶片、影片	phim
	重ねる（かさ）	V	to overlap; to stack	重叠	chồng lên
	ミニュチア	N	miniature	小型模型	mô hình thu nhỏ
11	アニメ	N	animation	动画	phim hoạt hình
	(〜に)成功する（せいこう）	V	to be successful; to succeed	成功	thành công
13	担当する（たんとう）	V	to be in charge	担任	đảm nhiệm, chịu trách nhiệm
14	真珠湾攻撃（しんじゅわんこうげき）	N	attack on Pearl Harbor（攻撃 = attack）	珍珠港事变（攻撃=攻击）	cuộc công kích Trân Châu Cảng（攻撃 = tấn công, công kích）
	シーン	N	scene	场面、镜头	cảnh tượng
	戦争（せんそう）	N	war	战争	chiến tranh
15	(〜に)負ける（ま）	V	to lose; to be defeated	输给〜	thua trận, bị đánh bại
	GHQ	N	General Headquarters（of the Supreme Commander for the Allied Powers after WWII）	驻日盟军总司令部	Tổng hành dinh (bộ tư lệnh quân đội đồng minh sau thế chiến thứ 2)
	本物（ほんもの）	N	real; true; genuine	真正的	vật thật, có thật
	ドキュメンタリー	N	documentary	纪录片	tính tài liệu
18	(〜に)協力する（きょうりょく）	V	to cooperate; to go along	协助〜	hợp lực, hợp tác
	人物（じんぶつ）	N	person; figure	人物	nhân vật, con người
19	辞める（や）	V	to quite	辞职	nghỉ việc
21	数年後（すうねんご）	Phr	a couple of years later	数年后	vài năm sau
22	(〜に)戻る（もど）	V	to return	回到〜	trở lại
	第1作目（だいさくめ）	Phr	the first piece	首部作品	tác phẩm đầu tiên
	発表する（はっぴょう）	V	to release	发表	phát biểu, cho ra đời
23	大ヒットする（だい）	V	to be a huge success	大受欢迎	thành công lớn
	番組（ばんぐみ）	N	program (TV, etc.)	节目	chương trình
	ウルトラマン	N	Ultraman（Name of the Japanese TV program）	超人力霸王（日本电视节目名）	ultraman（tên một chương trình TV Nhật Bản）
24	多く（おお）	N	many; a lot of	许多	nhiều
	作品（さくひん）	N	work; piece	作品	tác phẩm
	残す（のこ）	V	to hand down; to leave	留下	để lại
25	様々（な）（さまざま）	A-Na	various; different	各种各样(的)	đa dạng, khác nhau
	(〜に)見える（み）	V	to look; to appear	看起来像〜	trông có vẻ
26	寒天（かんてん）	N	agar	洋粉	rau câu, thạch
28	撮影（さつえい）	N	shooting; filming	摄影	quay phim, chụp ảnh
	厳しい（きび）	A-I	strict; severe	严格	khó khăn, khó tính
	大変（たいへん）	Adv	very; highly	相当	vất vả
29	ファン	N	fan	粉丝	fan hâm mộ
	交通事故（こうつうじこ）	N	traffic accident	交通事故	tai nạn giao thông

	涙を流す なみだ　なが		Phr	to shed a tear; to cry (涙 = tear、流す = to flash; to float; to shed)	流泪 (涙=眼泪、流す=流)	rơi nước mắt (涙 = nước mắt, 流す = làm loé lên, xối, dội)
30	届ける とど		V	to send; to deliver	送到	gửi đến, giao đến
	コンピュータグラフィックス		N	computer graphics	电脑特效	đồ họa vi tính
31	発達 はったつ		N	development	发达	phát triển
33	マニア		N	mania	迷	cuồng nhiệt
	ですから		Conj	so; therefore	因此	vì vậy, đo đó
34	喜ぶ よろこ		V	to enjoy; to be glad; to be happy	喜悦	vui vẻ

11 : 学習障害(LD)の子供と学校 (黒柳徹子)
　　　がくしゅうしょうがい　　　　こども　　　くろやなぎてつこ

T	学習障害 がくしゅうしょうがい		N	learning disability (学習 = learning、障害 = disability)	学习障碍 (学習=学习、障害=障碍)	chậm phát triển trí tuệ (学習 = học tập, 障害 = dị tật)
O	女優 じょゆう		N	actress	女演员	nữ diễn viên
	タレント		N	on-screen talent; entertainer	艺人	người nổi tiếng, nghệ sĩ
K	ベストセラー		N	best seller	畅销书	bán chạy
1	戦後 せんご		N	post-war (usually, post-World War II)	战后(通常指第二次世界大战后)	sau chiến tranh (sau thế chiến thứ 2)
	(～が)売れる う		V	to sell; to become a big seller; to make a sale	大卖	bán chạy
	窓ぎわのトットちゃん まど		N	"Totto-Chan: The Little Girl at the Window" (1981) (Name of book)	《窗边的小豆豆》(1981)(书名)	"Totto chan- cô bé bên cửa sổ" (1981) (tên một quyển sách)
2	約 やく		Pref	approximately	大约	khoảng
	～部 ぶ		Ctr	counter for copies of books	～本	～ bộ
	出版 しゅっぱん		N	publication	出版	xuất bản
3	(～が)経つ た		V	to pass（time）	经过	trôi qua (thời gian)
	早口 はやくち		N	fast speaker	说话很快	nói nhanh
4	一般 いっぱん		N	general	一般	chung
	イメージ		N	image	形象	hình ảnh, ấn tượng
6	自身 じしん		N	oneself	自身	bản thân
	ノンフィクション		N	non-fiction	真实故事	chuyện thật, phi tiểu thuyết
	作品 さくひん		N	work; piece	作品	tác phẩm
7	ニックネーム		N	nickname	昵称	nickname
	(～に)入学する にゅうがく		V	to enter（school）; to be admitted to (a school); to matriculate	进入～就读	nhập học
8	音を立てる おと　た		Phr	to make noise	发出噪音	gây tiếng ồn
10	～度 ど		Ctr	counter for times	～次	～ lần (dùng để đếm số lần)
	母親 ははおや		N	mother	母亲	mẹ, má
11	結局 けっきょく		Adv	after all; in the end	结果	kết cục, rốt cuộc
12	辞める や		V	to quit	辍学	từ bỏ, nghỉ
14	次に つぎ		Conj	next	接着	tiếp theo
	使用する しよう		V	to use	使用	sử dụng
	その当時 とうじ		Phr	at that time (当時 = that time)	那时 (当時=当时)	vào thời điểm đó (当時 = lúc bấy giờ)
15	ユニーク(な)		A-Na	unique	特别(的)	có một không hai
16	決まる き		V	to be fixed; to be decided	决定	chắc chắn, xác định
18	時間割 じかんわり		N	timetable	课程表	thời gian biểu
	科目 かもく		N	subject	科目	môn học
19	以外 いがい		N	except; other than	以外	ngoại trừ, ngoài ra
21	年を取る とし　と		Phr	to get old	年龄增长	già đi
	ある		An	certain; some; one	某	có một, một vài, một

	単語	品詞	English	中文	Tiếng Việt
	番組 ばんぐみ	N	program (TV, etc.)	节目	chương trình
22	(〜に/と)気づく き	V	to realize; to notice	注意到〜	nhận ra, để ý thấy
23	走り回る はし まわ	V	to run around	四处跑	chạy lòng vòng
	職員室 しょくいんしつ	N	staff room; instructor's room	职员室	phòng nhân viên, phòng giáo viên hướng dẫn
24	全く まった	Adv	totally; completely	完全	hoàn toàn, hầu như
	行動 こうどう	N	behavior	行动	hành động, cư xử
26	一人ひとり ひとり	N	one by one; each	每一个	từng người một
	特徴 とくちょう	N	characteristics	特征	đặc trưng, đặc điểm
28	君 きみ	N	you	你	em, mày
29	時代 じだい	N	era; period	时代	thời đại
	幸せ(な) しあわ	A-Na	happy	幸福(的)	vui, hạnh phúc
30	(〜に)感謝する かんしゃ	V	to appreciate; to be thankful for	感谢	biết ơn
31	(〜を〜に)翻訳する ほんやく	V	to translate	把〜翻译成〜	phiên dịch
32	〜年間 ねんかん	Ctr	counter for years	〜年	〜 năm (khoảng thời gian)
	国境 こっきょう	N	national border	国界	biên giới
	越える こ	V	to go beyond	超越	vượt
	現在 げんざい	N	at the present day	现在	hiện tại, ngày nay
33	性格 せいかく	N	personality; character	性格	tính tình, tính cách
	考慮する こうりょ	V	to consider	考虑	suy xét
35	必要(な) ひつよう	A-Na	necessary; required	必要(的)	cần thiết, thiết yếu
12：創造と戦争（三宅一生） そうぞう せんそう みやけいっせい					
T	創造 そうぞう	N	creation	创造	sự sáng tạo
	戦争 せんそう	N	war	战争	chiến tranh
O	ファッションデザイナー	N	fashion designer	时装设计师	nhà thiết kế thời trang
K	デザイン	N	design	设计	thiết kế
	ブランド	N	brand	品牌	thương hiệu
	原爆(原子爆弾) げんばく げんし ばくだん	N	atomic bomb	原子弹	bom nguyên tử
	平和 へいわ	N	peace	和平	hòa bình
1	アップル	N	*Apple* (company)	苹果(公司)	hãng Apple (tên công ty)
	スティーブ・ジョブズ	N	Steve Jobs (Co-founder of *Apple Inc.* 1955-2011)	史蒂夫·乔布斯(苹果公司创始人、1955-2011)	Steve Jobs (đồng sáng lập Apple Inc. 1955-2011)
	製品 せいひん	N	product; goods	商品	sản phẩm, hàng hóa
	発表する はっぴょう	V	to announce; to make public	发表	phát biểu, công bố
2	毎回 まいかい	N	every time	每次	mỗi lần
3	タートルネック	N	turtleneck	高领	cổ cao, cổ lọ (cổ áo)
4	実は じつ	Conj	in fact; actually	实际上	thật ra, thực ra
6	(〜が)気に入る き い	Phr	to like; to be pleased with	喜欢	vừa ý, vừa lòng
8	香水 こうすい	N	perfume	香水	nước hoa
10	(〜に)通う かよ	V	to go to; to attend 学校に通う = to attend school	上〜学校 学校に通う＝上学	đi học 学校に通う ＝ đến trường
	基礎 きそ	N	basic; foundation	基础	căn bản, cơ bản
11	(〜に)移る うつ	V	to move; to transfer	迁移到〜	di chuyển, chuyển
	パリ	N	Paris	巴黎	Paris
	ニューヨーク	N	New York	纽约	New York
	学ぶ まな	V	to learn; to study	学习	học
13	布 ぬの	N	cloth	布	vải
	美しい うつく	A-I	beautiful	美丽	đẹp

#	語彙	品詞	English	中文	Tiếng Việt
14	目標 (もくひょう)	N	goal; target	目标	mục tiêu
15	広島 (ひろしま)	N	Name of prefecture	广岛	Hiroshima (một tỉnh của Nhật)
16	郊外 (こうがい)	N	suburbs	郊外	ngoại ô
	けがをする	Phr	to get injured	受伤	bị thương
17	ニューヨークタイムズ紙 (し)	N	The New York Times (newspaper)	纽约时报(报刊)	The New York Times (tên tờ báo)
	記事 (きじ)	N	article	报道	phóng sự, bài viết
	真っ赤(な) (まっか)	A-Na	bright red; deep red	鲜红(的)	đỏ tươi
18	光 (ひかり)	N	light	光	ánh sáng
	雲 (くも)	N	cloud	云	đám mây
	傷 (きず)	N	wound	伤	vết thương
	逃げ回る (にげまわる)	V	to run around to escape	四处逃窜	chạy trốn
	様子 (ようす)	N	situation; state	样子	tình hình, tình trạng
19	被爆 (ひばく)	N	exposure (to radiation)	被袭炸	bị thả bom (phóng xạ)
	経験 (けいけん)	N	experience	经验	kinh nghiệm
20	壊す (こわす)	V	to destroy	毁坏	tiêu hủy
21	道 (みち)	N	field; subject; course; path	道路	lĩnh vực, chủ đề, con đường
	(〜に)進む (すすむ)	V	to proceed; to go into	往〜前进	tiến đến
22	当時 (とうじ)	N	that time	当时	lúc bấy giờ
	大統領 (だいとうりょう)	N	president (of country)	总统	tổng thống (một quốc gia)
	オバマ氏 (し)	N	(Barack) Obama (44th president of the United States 1961-) (氏 = Mr./Mrs./Miss)	奥巴马先生(第44任美国总统, 1961-) (氏=氏附在姓名之后表示敬意)	Ngài (Barack) Obama (tổng thống thứ 44 của Mỹ 1961-) (氏 = ngài, ông, bà)
24	訪問する (ほうもん)	V	to visit	访问	ghé thăm
27	評価する (ひょうか)	V	to evaluate; to assess	评价	đánh giá
	(〜が)増える (ふえる)	V	to increase	增加	gia tăng

13: 女性を演じる（坂東玉三郎（五代目））(じょせいをえんじる　ばんどうたまさぶろう　ごだいめ)

#	語彙	品詞	English	中文	Tiếng Việt
T	女性 (じょせい)	N	female; woman	女性	phụ nữ, con gái, nữ
	演じる (えん)	V	to perform; to play; to act	演	diễn, chơi
O	〜代目 (だいめ)	Ctr	counter for generations	第〜代	đời thứ 〜 (số đếm thế hệ)
	歌舞伎役者 (かぶきやくしゃ)	N	*Kabuki* actor (役者 = actor; actress; player)	歌舞伎演员 (役者=演员)	diễn viên Kabuki (役者 = diễn viên, nghệ sĩ)
K	人間国宝 (にんげんこくほう)	N	Living National Treasure (人間 = human; human being)	人间国宝 (人間=人)	Báu vật nhân văn sống (人間 = con người)
	才能 (さいのう)	N	gift; talent; ability; aptitude	才能	tài năng, khả năng
	ハンデ	N	handicap	缺陷、不利条件	dị tật
1	伝統 (でんとう)	N	tradition	传统	truyền thống
	演劇 (えんげき)	N	play	戏剧	kịch
	世紀 (せいき)	N	century	世纪	thế kỷ
2	少年 (しょうねん)	N	boy; juvenile	少年	thiếu niên
3	男性 (だんせい)	N	male; man	男性	đàn ông, con trai, nam
	役 (やく)	N	role	角色	vai diễn
4	女形 (おんながた)	N	female-role player	旦角	vai diễn nữ
5	最高 (さいこう)	N	the best	最棒	cao nhất, lớn nhất
6	美しい (うつくしい)	A-I	beautiful	美丽	đẹp
7	出会い (であい)	N	encounter	相遇	cuộc gặp gỡ
8	リハビリ	N	rehabilitation	复健	vật lý trị liệu
9	弟子 (でし)	N	disciple; apprentice	弟子	đệ tử, môn đệ
10	芝居 (しばい)	N	play; drama	戏剧	vở diễn

	学ぶ まな	V	to learn; to master	学习	học, nghiên cứu
	いくつか	N	some; several	几个	một vài, một số
11	まず	N	first; first of all	首先	đầu tiên, trước hết
	舞台 ぶたい	N	stage	舞台	sân khấu
12	親 おや	N	parents	双亲	bố mẹ
	（〜に）伝える つた	V	to pass on	传给〜	truyền lại
	普通 ふつう	N	in general; normally; usually	一般	nhìn chung, thông thường
13	関係 かんけい	N	relationship	关系	quan hệ
14	養子 ようし	N	adopted child	养子	con nuôi
	解決する かいけつ	V	to solve	解决	giải quyết
15	それでも	Conj	but; just the same	即便如此	tuy nhiên, nhưng
	他 ほか	N	other; others	其他	cái khác, khác
16	次に つぎ	Adv	then; next	然后	và rồi, tiếp theo
	身長 しんちょう	N	height	身高	chiều cao
	〜センチ	Ctr	centimeter	〜厘米	centimet
17	工夫をする くふう	Phr	to think of a way to 〜 （工夫 = device; mechanism）	下工夫 （工夫＝设法）	suy tính （工夫 = cách thức, chiêu trò, ý tưởng）
18	乗り越える の こ	V	to overcome; to endure	克服	vượt qua, trải qua
	番組 ばんぐみ	N	program（TV, etc.）	节目	chương trình
20	努力 どりょく	N	effort	努力	nỗ lực
	これら	N	these	这些	những điều này
	不利（な） ふり	A-Na	disadvantage; handicap	不利（的）	bất lợi
22	以外 いがい	N	except; other than	以外	ngoại trừ, ngoài ra
	シェークスピア	N	(William) Shakespeare (writer 1564-1616)	莎士比亚 (作家、1564-1616)	(William) Shakespeare (nhà văn 1564-1616)
	劇 げき	N	play	戏剧	kịch
	（〜に）出演する しゅつえん	V	to appear	出演	xuất hiện (trong vở diễn)
23	バレエ	N	ballet	芭蕾	ba lê (kịch múa)
	京劇 きょうげき	N	classical Chinese opera	京剧	Kinh kịch (loại hình nghệ thuật truyền thống Trung Quốc)
	鼓童 こどう	N	Name of *taiko* drumming troupe	鼓童(太鼓乐团名)	tên một loại trống taiko
	太鼓 たいこ	N	*Taiko*; Japanese drum	太鼓	tên một loại nhạc cụ (trống)
	グループ	N	group	团体	nhóm
	コラボレーション	N	collaboration	联合	sự hợp tác
24	演技 えんぎ	N	art; performance; acting	演技	diễn xuất
	政府 せいふ	N	government	政府	chính phủ
25	重要無形文化財保持者 じゅうようむけいぶんかざいほじしゃ （人間国宝） にんげんこくほう	N	the holder of Important Intangible Cultural Property (Living National Treasure)	重要无形文化财保持者(人间国宝)	chủ nhân tài sản văn hóa vô hình quan trọng (báu vật nhân văn sống)
	つまり	Adv	namely; in other words	换句话说	nói cách khác, tóm lại
	認める みと	V	to recognize; to acknowledge	认可	thừa nhận, nhận ra
26	（〜に）頼る たよ	V	to depend on	靠〜	phụ thuộc vào
27	心を打つ こころ う	Phr	to make an impression; to touch one's heart（打つ = to hit）	触动人心 (打つ=打动、感动)	ấn tượng, chạm vào con tim (打つ = đánh)
14：伝統と日本料理の将来（村田吉弘） でんとう にほんりょうり しょうらい むらたよしひろ					
T	伝統 でんとう	N	tradition	传统	truyền thống
K	ユネスコ無形文化遺産 むけいぶんかいさん	N	UNESCO Intangible Cultural Heritage	联合国教科文组织无形文化遗产	di sản văn hóa phi vật thể UNESCO
	食文化 しょくぶんか	N	food culture; cuisine culture; gastronomic culture	饮食文化	văn hóa ẩm thực
1	料亭 りょうてい	N	high class Japanese style restaurant	高级日式饭馆	nhà hàng cao cấp Nhật Bản

	語彙	品詞	English	中文	Tiếng Việt
	高級(な) こうきゅう	A-Na	luxury	高级(的)	cao cấp
	菊乃井 きくのい	N	*Kikunoi* (restaurant)	菊之乃(餐厅)	Kikunoi (nhà hàng)
2	～代目 だいめ	Ctr	counter for generations	第～代	đời thứ ~ (số đếm thế hệ)
	つまり	Adv	namely; in other words	换句话说	nói cách khác, tóm lại
3	ミシュラン	N	*Michelin* (company)	米其林(公司)	Michelin (tên công ty)
	3つ星 みぼし	N	three-star	三颗星	3 sao
	約 やく	Pref	approximately	大约	khoảng
4	長男 ちょうなん	N	the first son	长男	con trưởng
5	変化 へんか	N	change	变化	thay đổi
8	その当時 とうじ	Phr	at that time (当時 = that time)	那时 (当時 = 当时)	vào thời điểm đó (当時 = lúc bấy giờ)
	めずらしい	A-I	rare; uncommon	特别的	hiếm, không phổ biến
9	(～に)気づく き	V	to realize; to notice	注意到～	nhận thấy, nhận ra
10	エスニック料理 りょうり	N	ethnic food	民族特色菜	món ăn dân tộc
12	改めて あらた	Adv	again	重新	lại, nữa
	修業 しゅぎょう	N	training	训练、学习	học tập
	(～に)帰国する きこく	V	to return home	回国	về nước
15	お客さん きゃく	N	customers	顾客	khách hàng
	ある	An	certain; some; one	某	có một, một vài, một
	父親 ちちおや	N	father	父亲	cha, bố, ba
	レシピ	N	recipe	食谱	công thức nấu ăn
16	自信 じしん	N	confidence	自信	tự tin
17	諦める あきら	V	to give up	放弃	từ bỏ
	洋食 ようしょく	N	western cuisine	西式料理	món ăn Tây
	中華料理 ちゅうかりょうり	N	Chinese cuisine	中国菜	món ăn Trung Quốc
21	単純に たんじゅん	Adv	simply	单纯	đơn giản
23	守る まも	V	to protect	守护	bảo vệ
	理解する りかい	V	to understand	理解	thấu hiểu, hiểu
24	必要(な) ひつよう	A-Na	necessary; required	必要(的)	cần thiết, thiết yếu
	世の中 よなか	N	world	社会	trên thế giới
25	違い ちが	N	difference	差别	sự khác biệt
27	(～に)頼る たよ	V	to rely on; to depend on	凭借～	phụ thuộc vào
28	考え かんが	N	thought; idea	想法	suy nghĩ, ý tưởng
	和食 わしょく	N	Japanese food	日本菜	món ăn Nhật
29	認める みと	V	to recognize; to acknowledge	承认	thừa nhận, nhận ra
	積極的に せっきょくてき	Adv	actively; proactively	积极地	một cách tích cực
	活動する かつどう	V	to work; to act	活动	hoạt động
30	今後 こんご	N	from now on	今后	từ nay về sau
	世界中 せかいじゅう	N	all over the world	世界上	trên khắp thế giới
	多く おお	N	many; a lot of	许多	nhiều
31	受け入れる う い	V	to accept; to receive	接受	chấp nhận, nhận

15：AIと将棋とこれからの私達（羽生善治）

	語彙	品詞	English	中文	Tiếng Việt
T	AI（人工知能） じんこうちのう	N	AI (artificial intelligence) (人工 = artificial, 知能 = intelligence)	AI（人工智能） (人工 = 人工, 知能 = 智能)	AI (trí tuệ nhân tạo) (人工 = nhân tạo, 知能 = trí tuệ)
	将棋 しょうぎ	N	*shogi* (Japanese chess)	日本象棋	shogi (cờ tướng Nhật Bản)
O	棋士 きし	N	*shogi* or *go* player	棋士	kỳ sĩ cờ vây
K	未来 みらい	N	future	未来	tương lai

#	単語	品詞	English	中文	Tiếng Việt
2	国民栄誉賞（こくみんえいよしょう）	N	People's Honor Award（国民 = people; citizen、賞 = prize; award）	国民荣誉奖（国民=国民、賞=奖项）	Giải thưởng Quốc dân Danh dự（国民 = quốc dân, người dân、賞 = giải thưởng）
3	知識（ちしき）	N	knowledge	知识	trí thức
4	大会（たいかい）	N	competition; tournament; meeting	大会	cuộc thi, đại hội, cuộc họp
6	～年間（ねんかん）	Ctr	counter for years	～年	～ năm (khoảng thời gian)
	これら		these	这些	những cái này
	全て（すべ）	Adv	all; everything	全部	tất cả, hết thảy
	(～で)優勝する（ゆうしょう）	V	to win the first prize	在～得冠军	thắng giải nhất, vô địch
7	人物（じんぶつ）	N	person; figure	人物	nhân vật, con người
8	約（やく）	Pref	approximately	大约	khoảng
	本当に（ほんとう）	Adv	actually; in fact	真的	quả thật, thật là
10	他（ほか）	N	other; others	其他	cái khác, khác
	(～に)挑戦する（ちょうせん）	V	to challenge	挑战～	thử thách
11	チェス	N	chess	国际象棋	cờ
12	以外（いがい）	N	except; other than	以外	ngoại trừ, ngoài ra
13	ソフトバンクグループ	N	*SoftBank Group* (company)	软银集团(公司)	tập đoàn Softbank (tên công ty)
	創業者（そうぎょうしゃ）	N	founder（者 = person）	创业者(者=者)	người sáng lập（者 = người）
	孫正義（そんまさよし）	N	businessperson (1957-)	孙正义(实业家、1957-)	một doanh nhân (1957-)
	ノーベル賞（しょう）	N	Nobel Prize（賞 = prize; award）	诺贝尔奖（賞=奖项）	giải thưởng Nobel（賞 = giải thưởng, phần thưởng）
14	受賞する（じゅしょう）	V	to be awarded	得奖	nhận thưởng, đoạt giải
	山中伸弥（やまなかしんや）	N	scholar (1962-)	山中伸弥(学者、1962-)	học giả (1962-)
	分野（ぶんや）	N	field	领域	lĩnh vực
	(～と)対談する（たいだん）	V	to have a talk; to interview	跟～对谈	đối thoại, phỏng vấn
15	インタビュー	N	interview	采访	cuộc phỏng vấn
16	受ける（う）	V	to take; to receive	接受	nhận, được
	囲碁（いご）	N	*Go*, name of a board game	围棋	Igo (cờ vây Nhật Bản)
	プロ	N	abbreviation for プロフェッショナル (professional)	职业选手	chuyên nghiệp (viết tắt của từ professional)
	(～に)負ける（ま）	V	to lose; to be defeated	输给～	thua trận, bị đánh bại
17	人間（にんげん）	N	human being	人类	con người
19	勝ち負け（かま）	N	victory or defeat	输赢	thắng thua
	模擬実験（もぎじっけん）	N	simulation（実験 = experiment; test）	模拟实验（実験=实验）	thí nghiệm thử（実験 = thí nghiệm, thực nghiệm）
20	機会（きかい）	N	opportunity; chance	机会	cơ hội
21	絶対に（ぜったい）	Adv	absolutely; definitely	绝对地	tuyệt đối, nhất định
	さす	V	to play *shogi* or *go*	下(棋)	đi (nước cờ)
22	(～が)進歩する（しんぽ）	V	to develop; to progress	进步	tiến bộ
23	つまり	Adv	namely; in other words	换句话说	nói cách khác, tóm lại
	当然（な）（とうぜん）	A-Na	natural; obvious	理所当然(的)	đương nhiên, rõ ràng
25	敵（てき）	N	enemy	敌人	kẻ thù
	力（ちから）	N	power; energy; strength	力量	sức mạnh, thế lực
27	多く（おお）	N	many; a lot of	许多	nhiều
	奪う（うば）	V	to snatch away	争夺	giành lấy
28	スマートフォン	N	smartphone	智能手机	smartphone
	使用する（しよう）	V	to use	使用	sử dụng
29	事実（じじつ）	N	fact	事实	sự thực
	ですから	Conj	so; therefore	因此	vì vậy, cho nên

30	もしくは	Conj	or	或者	hay là, hoặc là
31	(〜に)役立てる	V	to make use of	对〜有助益	có lợi cho
32	評価する	V	to evaluate; to assess	评价	đánh giá
	理由	N	reason	理由	lý do
16：くまモンだもん！（くまモン）					
T	〜もん	Phr	casual sentence ending that is used to insist or state a reason	口语表现、用于强调或说明原因。因为……（嘛）	Cách nói kết thúc một câu nói thông thường nhấn mạnh hoặc nói về nguyên nhân.
O	ゆるキャラ	N	costumed mascot character (informal)	吉祥物	linh vật đại diện
K	地域	N	region; community	地区	khu vực
	復興	N	reconstruction	复兴	sự phục hưng
1	イメージする	V	to imagine; to think of	在心中浮现出〜姿态	tưởng tượng, nghĩ về
3	ゆるい	A-I	loose	松、缓慢	lỏng lẻo
	キャラクター	N	character; mascot	吉祥物	nhân vật, tính cách
4	耳にする	Phr	to hear of	耳闻	nghe thấy
5	ふなっしー	N	Name of mascot	吉祥物名	Tên linh vật
	ひこにゃん	N	Name of mascot	吉祥物名	Tên linh vật
7	目にする	Phr	to see	见到	nhìn thấy
	アニメ	N	animation	动画	phim hoạt hình
8	それら	N	those; them	那些	chúng, những
9	関係	N	relationship	关系	quan hệ
	千葉県船橋市	N	City of *Funabashi*, *Chiba* Prefecture (県 = prefecture、市 = city)	千叶县船桥市 (県＝县、市＝市)	tên thành phố thuộc tỉnh Chiba (県 = tỉnh, 市 = thành phố)
10	滋賀県彦根市	N	City of *Hikone*, *Shiga* Prefecture (県 = prefecture、市 = city)	滋贺县彦根市 (県＝县、市＝市)	tên thành phố thuộc tỉnh Shiga (県 = tỉnh, 市 = thành phố)
11	PRする	V	to publicize	宣传	quảng cáo, quảng bá
	商品	N	merchandise; goods; products	商品	sản phẩm, thương phẩm
	観光	N	sightseeing	观光	tham quan
13	他	N	other; others	其他	khác, cái khác
	熊本県	N	*Kumamoto* Prefecture (県 = prefecture)	熊本县 (県＝县)	tỉnh Kumamoto (県 = tỉnh)
	新幹線	N	*Shinkansen* bullet train	新干线	tàu tốc hành Shinkansen
14	ですから	Conj	so; therefore	因此	vì vậy, vì thế
	全国	N	whole country	全国	toàn quốc
	イベント	N	event	活动	sự kiện
15	動き	N	movement; action	动作	sự chuyển động, hoạt động
16	以外	N	except; other than	以外	ngoại trừ, ngoài ra
	コラボ		abbreviation for コラボレーション (collaboration)	合作	hình thức rút gọn của collaboration
17	人気がある	Phr	to be popular (人気 = popularity)	受欢迎 (人気＝人气)	trở nên thịnh hành (人気 = lòng mến mộ)
18	多く	N	many; a lot of	许多	nhiều
	(〜に)成功する	V	to be successful; to succeed	成功	thành công
20	被害が出る	Phr	damage was caused; be damaged (被害 = damage)	受灾 (被害＝损害)	bị thiệt hại (被害 = thiệt hại)
	(〜が)起きる	V	to occur	发生	xảy ra, dấy lên
21	ニコニコする	V	to smile	笑嘻嘻	cười mỉm
24	口にする	Phr	to talk about; to eat	说出	nói, ăn
	避難所	N	shelter; evacuation area	避难所	nơi sơ tán
	保育園	N	kindergarten	保育园	nhà trẻ
25	元気づける	V	to cheer up	鼓励	cổ vũ tinh thần

	活動 かつどう		N	activity	活动	hoạt động
26	シンボル		N	symbol	象征	biểu tượng
28	ポスター		N	poster	海报	áp phích quảng cáo
	パンフレット		N	brochure; booklet	小册子	tập quảng cáo
	(〜に)印刷する いんさつ		V	to print	印刷	in ấn
17：強い選手の作り方（井村雅代／小出義雄）						
T	選手 せんしゅ		N	athlete; player	选手	tuyển thủ
O	アーティスティックスイミング（シンクロナイズドスイミング）		N	artistic swimming (synchronized swimming)	艺术游泳 (水上芭蕾)	bơi nghệ thuật (biểu diễn bơi kèm nhạc)
	指導者 しどうしゃ		N	coach; leader (指導 = coaching; guidance、 者 = person)	教练 (指导=指导、者=者)	người chỉ dẫn, hướng dẫn (指導 = chỉ đạo, hướng dẫn, 者 = người)
	マラソン		N	marathon	马拉松	môn chạy đường dài
K	スパルタ教育 きょういく		N	Spartan Education = impose rigid discipline (教育 = education)	斯巴达教育 (教育=教育)	Giáo dục theo kiểu Spartan, giáo dục theo hướng nghiêm khắc (教育 = giáo dục)
	ゆとり教育 きょういく		N	*Yutori* Education = Japanese education policy that reduces the hours and the content of the curriculum (around 2002-2010) (教育 = education)	宽松教育 (日本于2002-2010实行的教育政策，大幅缩减课程时数和内容) (教育=教育)	Giáo dục nới lỏng = Chính sách giáo dục tại Nhật Bản bằng cách giảm giờ học và nội dung chương trình học (khoảng 2002-2010) (教育 = giáo dục)
	コーチ		N	coach	教练	huấn luyện viên
	叱る しか		V	to scold	责备	la mắng
	ほめる		V	to praise	称赞	khen ngợi
2	代表チーム だいひょう		N	national team (代表 = representative)	代表队（代表=代表）	đội đại biểu (代表 = đại biểu)
	指導する しどう		V	to guide; to coach; to instruct	指导	chỉ đạo, hướng dẫn
	つまり		Adv	namely; in other words	换句话说	tóm lại, nói cách khác
3	非常に ひじょう		Adv	extremely; very	非常地	cực kỳ, rất
	厳しい きび		A-I	strict; severe	严格	nghiêm khắc
	女子 じょし		N	woman; girl	女子	thiếu nữ, con gái, phụ nữ
	陸上 りくじょう		N	track and field	陆上	trên mặt đất
4	オリンピック		N	Olympics	奥林匹克	Thế vận hội
	メダリスト		N	medalist	奖牌得主	người đạt huy chương
	育てる そだ		V	to train; to raise	培养	nuôi nấng
	反対に はんたい		Adv	on the contrary	相反地	trái lại
5	行う おこな		V	to do; to provide	进行	tiến hành
6	現在 げんざい		N	at the present day; presently; currently	现在	hiện tại
	時点 じてん		N	at the time	时刻	thời điểm
7	合宿 がっしゅく		N	training camp	集训	trại huấn luyện
8	やる気 き		N	motivation	干劲	động lực
	泣く な		V	to cry	哭泣	khóc
10	試合 しあい		N	game; match	比赛	tranh tài, thi đấu
	まっすぐ		Adv	straight	笔直	thẳng, trực tiếp
	(〜が)並ぶ なら		V	to line up; to form a line	排列	sắp thành hàng
	笑顔 えがお		N	smile	笑脸	cười
11	きちんと		Adv	properly; orderly	整整齐齐地	ngay ngắn, ngăn nắp
	片付ける かた		V	to tidy up; to clean up	收拾	dọn dẹp
	つらい		A-I	hard; tough	痛苦	khó khăn, khổ sở
13	競争する きょうそう		V	to compete	竞争	tranh đấu

	出る で	V	to come up; to generate 気持ちが出ない = cannot have the motivation	发、出 気持ちが出ない＝没有心情去～	xuất hiện, ra 気持ちが出ない＝ không có động lực
14	それぞれ	Adv	each; respectively	每个	từng
	能力 のうりょく	N	ability	能力	năng lực
15	考え かんが	N	thought; idea	想法	ý tưởng, suy nghĩ
16	希望 きぼう	N	hope; wish	希望	kỳ vọng, mong muốn
17	シドニー	N	Sydney	悉尼	Sydney
	金メダル きん	N	gold medal	金牌	huy chương vàng
	高橋尚子 たかはしなおこ	N	marathon runner (1972-)	高桥尚子(马拉松选手、1972-)	vận động viên Marathon (1972-)
18	君 きみ	N	you	你	em, bạn
	世界一 せかいいち	N	best in the world	世界第一	nhất thế giới
	励ます はげ	V	to encourage	激励	động viên, khích lệ
	そうすると	Conj	if it is done that way; then	如此一来	nếu làm như thế, làm như vậy
19	最初 さいしょ	N	the first; the beginning	最初	đầu tiên
20	かな	Prt	(I) wonder	～吗？～吧 (表示语气轻微的自问或疑问)	mang ý do dự, không biết có phải là ～
	気 き	N	mind; feel; mindset	心境	cách nghĩ, cảm tình
21	一人ひとり ひとり	N	one by one; each one of them	每个人	từng người một
	特徴 とくちょう	N	characteristics	特征	đặc trưng
24	相手 あいて	N	the other person; the other party	对方	đối phương
	理解する りかい	V	to understand	理解	hiểu
	説明 せつめい	N	explanation 説明をする = to explain	说明 説明をする＝说明	giải thích 説明をする = giải thích
25	仕方 しかた	N	method; way	方法	cách thức
	正反対 せいはんたい	N	the (exact) opposite	完全相反	hoàn toàn đối lập
27	受ける う	V	to receive	接受	tiếp nhận
18：３つの金メダル（野村忠宏） きん のむらただひろ					
T	金メダル きん	N	gold medal	金牌	huy chương vàng
K	現役 げんえき	N	active; working	现役	đương chức, đang hoạt động
	引退 いんたい	N	retirement	退役	rút lui, nghỉ hưu
	選手寿命 せんしゅじゅみょう	N	lifespan of an athlete (選手 = athlete; player、寿命 = lifespan)	选手生命 (選手＝选手、寿命＝寿命)	tuổi thọ của tuyển thủ (選手 = tuyển thủ, 寿命 = tuổi thọ)
1	単語 たんご	N	word	生词	từ vựng
	命 いのち	N	life（anima）	生命	sinh mệnh
	人生 じんせい	N	life（person's lifespan）	人生	cuộc đời
	一生 いっしょう	N	lifetime	一生	cả cuộc đời
2	(～に)翻訳する ほんやく	V	to translate	翻译成～	biên dịch
3	電化製品 でんかせいひん	N	electric appliances (製品 = product)	电器用品 (製品＝产品)	mặt hàng điện tử (製品 = sản phẩm)
4	分野 ぶんや	N	field	领域	lĩnh vực
5	一般 いっぱん	N	general	通常	chung
7	プロ	N	abbreviation for プロフェッショナル (professional)	职业选手	chuyên nghiệp (viết tắt của từ professional)
	競技会 きょうぎかい	N	competition	赛事	hội thi, cuộc tranh tài
	(～が)活躍する かつやく	V	to be active in; to participate actively in	活跃	hoạt động
	場合 ばあい	N	case	场合	trường hợp
8	状況 じょうきょう	N	situation	状况	tình trạng
9	～代 だい	Ctr	counter for generations	～来岁、～多岁	số đếm cho thế hệ, lứa tuổi
	前半 ぜんはん	N	first half	前半	nửa đầu, hiệp một

	平均(へいきん)	N	average	平均	trung bình
10	理由(りゆう)	N	reason	理由	lý do
11	体力(たいりょく)	N	strength	体力	thể lực
	けが	N	injury	受伤	bị thương
13	アトランタ	N	Atlanta	亚特兰大	Atlanta
	シドニー	N	Sydney	悉尼	Sydney
	アテネ	N	Athens	雅典	Athens
14	オリンピック	N	Olympics	奥林匹克	Thế vận hội
	非常に(ひじょうに)	Adv	extremely; very	非常地	cực kỳ, rất
15	最初(さいしょ)	N	the first; the beginning	最初	đầu tiên
17	一本勝ち(いっぽんがち)	N	ippon (knockout)	在柔道或剑道中、以一本优势取得胜利	một cú đo ván
	多く(おおく)	N	many; a lot of	许多	nhiều
	注目(ちゅうもく)	N	attention	关注	được để ý, được chú ý
20	～年間(ねんかん)	Ctr	counter for years	～年	～ năm (khoảng thời gian)
22	ピーク	N	peak	巅峰	đỉnh
23	辞める(やめる)	V	to quit	辞职	từ bỏ
	抵抗(ていこう)	N	resistance	抵抗	kháng cự, chống đối
	感じる(かんじる)	V	to feel	感到	cảm thấy
24	お世話になる(おせわになる)	Phr	to be indebted to	承蒙关照	mang ơn
	感謝(かんしゃ)	N	appreciation	感谢	cảm tạ
28	活動(かつどう)	N	activity	活动	hoạt động
29	納得する(なっとくする)	V	to be convinced	接受、认可	lý giải, hiểu được
30	意見(いけん)	N	opinion	意见	ý kiến
31	必要(ひつよう)	N	need; necessity	必要	cần thiết
33	それら	N	those; them	那些	chúng, những
34	反応(はんのう)	N	reaction	反应	phản ứng

19：車いすテニスで優勝（国枝慎吾(くにえだしんご)）

T	車いす(くるま)	N	wheelchair	轮椅	xe lăn
	優勝(ゆうしょう)	N	victory; championship	取得冠军	vô địch, chiến thắng
O	プロ	N	abbreviation for プロフェッショナル (professional)	职业的	chuyên nghiệp (viết tắt của từ professional)
	選手(せんしゅ)	N	athlete; player	选手	tuyển thủ
K	障害(しょうがい)	N	disability; handicap	残障	chướng ngại vật, khuyết tật
	スランプ	N	slump	低潮	suy thoái, suy giảm
	メンタルトレーニング	N	mental training	心理训练	rèn luyện tinh thần
1	錦織圭(にしこりけい)	N	professional tennis player (1989-)	锦织圭（职业网球选手、1989- ）	tên vận động viên tennis chuyên nghiệp (1989-)
	大坂なおみ(おおさか)	N	professional tennis player (1997-)	大坂直美（职业网球选手、1997- ）	tên vận động viên tennis chuyên nghiệp (1997-)
	思い浮かべる(おもいうかべる)	V	to remember; to recall; to think of	想起	gợi nhớ, nghĩ đến
3	成績(せいせき)	N	result; record	成绩	thành tích
	残す(のこす)	V	to achieve; to leave 成績を残す = achieve good results	留下 成績を残す=留下～成绩	để lại 成績を残す = để lại thành tích
4	全豪(ぜんごう)（オープンテニス）	N	All Australian (Australian Open Tennis)	澳大利亚网球公开赛	Toàn nước Úc (Giải quần vợt Úc mở rộng)
	全仏(ぜんふつ)	N	All France（French Open）	法国公开赛	Toàn nước Pháp (Pháp mở rộng)
	全米(ぜんべい)	N	All U.S.A.（U.S. Open）	美国公开赛	Toàn nước Mỹ (Mỹ mở rộng)
	シングルス	N	singles	单打	trận đấu đơn
	ダブルス	N	doubles	双打	trận đấu đôi

5	全英 ぜんえい	N	All England (Wimbledon Championships)	英国公开赛	Toàn nước Anh (Giải vô địch Wimbledon)
	大会 たいかい	N	competition; tournament; meeting	大会	cuộc thi, đại hội, cuộc họp
	全て すべ	Adv	all; everything	全部	toàn bộ, tất cả
	合計 ごうけい	N	total	合计	tổng số
	回数 かいすう	N	the number of times	次数	số lần
6	上回る うわまわ	V	to be more than; to exceed	超过	vượt quá
7	腰 こし	N	waist; hip	腰	hông, eo
8	母親 ははおや	N	mother	母亲	mẹ, má
9	始める はじ	V	to begin	开始	bắt đầu
	最初 さいしょ	N	the first; the beginning	最初	đầu tiên
11	動かす うご	V	to move	移动	vận động
	現在 げんざい	N	at the present day; presently; currently	现在	hiện tại
	基礎 きそ	N	basic; foundation	基础	nền tảng, cơ bản
12	オランダ	N	The Netherlands	荷兰	Hà Lan
	試合 しあい	N	game; match	比赛	trận đấu
	機会 きかい	N	opportunity; chance	机会	cơ hội
13	考え かんが	N	thought; idea	想法	ý tưởng, suy nghĩ
14	レベル	N	level	程度	cấp độ
	差 さ	N	difference; gap	差距	sự khác biệt, khoảng cách
	感じる かん	V	to feel	感到	cảm thấy
	(〜に)帰国する きこく	V	to return to one's country	回国	về nước
	本格 ほんかく	N	real; genuine	正式的	chính thức, chính cống
	競技 きょうぎ	N	competition	体育比赛	cuộc thi đấu
15	指導 しどう	N	coaching; guidance	指导	chỉ đạo, hướng dẫn
	受ける う	V	to receive	接受	tiếp nhận
16	(〜が)活躍する かつやく	V	to be active in; to participate actively in	活跃	hoạt động
17	アン・クイン	N	Ann Quinn (Mental trainer)	安奎恩(心理训练师)	Ann Quinn (người huấn luyện tinh thần tâm lý)
	メンタルトレーナー	N	mental trainer	心理训练师	người huấn luyện tinh thần
	(〜に)出会う であ	V	to meet	遇见	gặp gỡ
	世界一 せかいいち	N	best in the world	世界第一	nhất thế giới
20	(〜と)叫ぶ さけ	V	to shout; to yell	叫喊	gào, hét
21	弱気(な) よわき	A-Na	be soft; be fainthearted	软弱(的)	nhút nhát
	(〜が)消える き	V	to disappear; to be gone	消失	biến mất
22	アドバイス	N	advice	建议	lời khuyên
	ランク	N	rank	排名	xếp hạng
	〜位 い	Ctr	counter for ranking	第〜名	thứ hạng
23	目標 もくひょう	N	goal; target	目标	mục tiêu
	頑張る がんば	V	to work hard	不辞辛劳地努力	cố gắng
24	しばらく	Adv	for a while	暂时	một chút
	気 き	N	mind; feeling 〜する気がなくなりかける = to nearly lose heart in	心情 〜する気がなくなりかける ＝开始越来越不想〜	cách nghĩ, cảm tình 〜する気がなくなりかける = mất hứng, hết muốn làm gì 〜
25	ミスをする	Phr	to make a mistake (ミス = mistake)	犯错 (ミス＝错误)	làm lỗi (ミス = lỗi)
	コース	N	course	球路	khóa
26	(〜に)気づく き	V	to notice; to realize	注意到	nhận ra
27	相手 あいて	N	opponent; competitor	对手	đối phương

	語	品詞	English	中文	Tiếng Việt
	弱さ（よわさ）	N	weakness	弱点	điểm yếu
	未熟（な）（みじゅく）	A-Na	immature; inexperienced	不成熟(的)	thiếu kinh nghiệm
	部分（ぶぶん）	N	part; section	部分	bộ phận, phần
	（～と）戦う（たたかう）	V	to combat with; to fight against	跟～对战	chiến đấu, chống chọi
28	（～から）抜ける（ぬける）	V	to pass through; to overcome	从～跳脱出来	rút lui, vượt qua
	技術（ぎじゅつ）	N	skill; technique	技术	kỹ thuật
29	精神（せいしん）	N	mind; mentality; spirit	精神	thần kinh, tinh thần
	成功（せいこう）	N	success	成功	thành công
	自身（じしん）	N	oneself	自身	tự bản thân
30	コントロールする	V	to control	控制	điều khiển

20：プレッシャーに負けない泣き虫の努力（福原愛）

	語	品詞	English	中文	Tiếng Việt
T	プレッシャー	N	pressure	压力	áp lực
	（～に）負ける（まける）	V	to lose; to be defeated	输给	thua, bị đánh bại
	泣き虫（なきむし）	N	crybaby	爱哭鬼	khóc nhè, hay khóc
	努力（どりょく）	N	effort	努力	nỗ lực
O	卓球（たっきゅう）	N	table tennis	桌球	bóng bàn
	選手（せんしゅ）	N	athlete; player	选手	tuyển thủ
K	才能（さいのう）	N	talent; ability	才能	tài năng
	国民（こくみん）	N	people; citizen	国民	quốc dân
	期待（きたい）	N	expectation	期待	mong đợi
1	番組（ばんぐみ）	N	program（TV, etc.）	节目	chương trình truyền hình
2	シーン	N	scene	场面	cảnh
3	一生懸命（いっしょうけんめい）	N	very hard; eagerly（一生 = one's lifetime）	拼命（一生＝一生）	cố gắng hết sức（一生 = cả cuộc đời）
	頑張る（がんばる）	V	to work hard	加油、努力	cố gắng
4	絶対に（ぜったいに）	Adv	absolutely; definitely	绝对地	tuyệt đối
5	引退する（いんたい）	V	to retire	退役	về ở ẩn, rút khỏi giới ~
	エース	N	ace	顶尖选手	vận động viên sáng giá nhất
	（～が）活躍する（かつやく）	V	to be active in; to participate actively in	活跃	hoạt động
6	プロ	N	abbreviation for プロフェッショナル（professional）	职业的	chuyên nghiệp (viết tắt của từ professional)
7	天才（てんさい）	N	genius	天才	thiên tài
	年上（としうえ）	N	senior; elder	年长	người trên
8	ロンドン	N	London	伦敦	Luân Đôn
	リオデジャネイロ	N	Rio de Janeiro	里约热内卢	Rio de Janeiro (một địa danh ở Brazil)
	オリンピック	N	Olympics	奥林匹克	Thế vận hội
	メダル	N	medal	奖牌	huy chương
9	やはり	Adv	after all	果然	cuối cùng, rốt cuộc
	間違い（まちがい）	N	mistake; error; wrong	错误	lỗi lầm, nhầm lẫn
10	他（ほか）	N	other; others	其他	khác, cái khác
12	自信（じしん）	N	confidence	自信	tự tin
13	理由（りゆう）	N	reason	理由	lý do
15	海外（かいがい）	N	abroad; overseas	海外	nước ngoài
	コミュニケーション	N	communication	交流	giao tiếp
16	台湾（たいわん）	N	Taiwan	台湾	Đài Loan
	メディア	N	media	媒体	phương tiện truyền thông
	インタビュー	N	interview	采访	phỏng vấn

17	受ける う	V	to take; to receive	接受	tiếp nhận
	通訳 つうやく	N	interpreter	口译	thông dịch
	全く まった	Adv	totally; completely	全部	toàn bộ, hoàn toàn
	流暢（な） りゅうちょう	A-Na	fluent	流利(的)	lưu loát
18	非常に ひじょう	Adv	extremely; very	非常地	cực kỳ, rất
	ファン	N	fan	粉丝	người hâm mộ
19	ニックネーム	N	nickname	昵称	biệt danh
22	感じる かん	V	to feel	觉得	cảm thấy
	多く おお	N	many; a lot of	许多	nhiều
	(〜に)注目する ちゅうもく	V	to focus; to pay attention	关注	chú ý đến
24	試合 しあい	N	game; match	比赛	trận đấu
25	応援する おうえん	V	to support; to cheer up	声援、助威	hỗ trợ, khích lệ
26	謝る あやま	V	to apologize	道歉	xin lỗi
27	スケート	N	(ice) skating	滑冰	môn trượt băng nghệ thuật
	ゴルフ	N	golf	高尔夫球	đánh gôn
28	目指す めざ	V	to take aim; to aspire	以〜为目标	nhắm tới
29	背負う せお	V	to be burdened; to carry	担负、背负	đảm đương, gánh vác
21：ワンマン政治家（吉田茂） せいじか よしだしげる					
T	ワンマン	N	dictatorial leader; autocrat	独裁者	một lãnh đạo, một người điều hành
	政治家 せいじか	N	politician （政治 = politics、家 = professional）	政治家 （政治＝政治、家＝家）	chính trị gia （政治 = chính trị, 家 = chuyên gia, nhà (người)）
O	外交官 がいこうかん	N	diplomat（外交 = diplomacy）	外交官（外交＝外交）	nhà ngoại giao（外交 = ngoại giao）
K	和製英語 わせいえいご	N	English word coined in Japan	和制英语(日本以英语单词为基础造出的类似英语的词语)	tiếng Anh do Nhật tạo ra
	リーダーシップ	N	leadership	领导能力	khả năng lãnh đạo
	ユーモア	N	humor	幽默感	hài hước
2	市 し	N	city; town	市	thành phố
	サンフランシスコ平和 条約 へいわじょうやく	N	The San Francisco Peace Treaty （平和 = peace）	旧金山和平条约 （平和＝和平）	hiệp ước hòa bình San Francisco （平和 = hòa bình）
	結ぶ むす	V	to conclude; to sign	缔结	kết lại, buộc, ký kết
3	第二次世界大戦 だいにじせかいたいせん	N	World War II （大戦 = great battle; great wear）	第二次世界大战 （大戦＝大战）	Thế chiến thứ II （大戦 = Cuộc chiến lớn）
	連合国 れんごうこく	N	the Allies; the Allied Powers	同盟国	phe Liên minh, các nước đồng minh
	(〜に)負ける ま	V	to lose; to be defeated	败给	thua, bị đánh bại
4	占領する せんりょう	V	to occupy	占领	chiếm lĩnh
	戦争 せんそう	N	war	战争	chiến tranh
	状態 じょうたい	N	condition; state	状态	trạng thái, tình trạng
5	多く おお	N	many; a lot of	许多	nhiều
	国際 こくさい	N	international	国际	quốc tế
6	認める みと	V	to recognize; to acknowledge	承认	công nhận, nhận thức
	署名 しょめい	N	signature; autograph	署名	chữ ký
7	首相 しゅしょう	N	prime minister	首相	thủ tướng
9	経済 けいざい	N	economics	经济	kinh tế
10	全て すべ	Adv	all; everything	全部	tất cả, toàn bộ
	GHQ	N	General Headquarters（of the Supreme Commander for the Allied Powers after WWII）	驻日盟军总司令部	Tổng hành dinh (bộ tư lệnh quân đội đồng minh sau thế chiến thứ 2)
	無理（な） むり	A-Na	unreasonable	不合理(的)	phi lý, quá sức
	要求 ようきゅう	N	request; demand	要求	yêu cầu, đòi hỏi

	命令 めいれい	N	order; command	命令	mệnh lệnh
	受ける う	V	to receive	接受	tiếp nhận
11	動かす うご	V	to control; to operate	动员	điều khiển, vận hành
	立て直す た なお	V	to restore; to recover	恢复原来好的状态	tái tạo, cải cách
12	立場 たち ば	N	position; situation	立场	lập trường, vị trí
	話し合い はな あ	N	negotiation; talks	协商	thảo luận, bàn bạc
13	基礎 きそ	N	base; foundation	基础	cơ bản, nền tảng
	人物 じんぶつ	N	person; figure	人物	nhân vật
15	グループ	N	group	集团	nhóm
	考え かんが	N	thought; idea	想法	suy nghĩ, ý tưởng
16	政府 せいふ	N	government	政府	chính phủ
18	(〜が)混乱する こんらん	V	to be in disorder; to be in chaos	混乱	lộn xộn
	時代 じだい	N	era; period	时代	thời đại
20	非常に ひじょう	Adv	extremely; very	非常地	cực kỳ, rất
21	マッカーサー司令官 しれいかん	N	Commander MacArthur (Douglas MacArthur) (General of the Army 1880-1964)	麦克阿瑟指挥官 (军事将领, 1880-1964)	Trung tá Mac Arthur (Douglas MacArthur) (Tướng quân đội 1880-1964)
	〜トン	Ctr	ton	〜吨	tấn
	食料 しょくりょう	N	food; provisions	食材	thực phẩm
22	輸入する ゆにゅう	V	to import	进口	nhập khẩu
	説明する せつめい	V	to explain	说明	giải thích
23	結局 けっきょく	Adv	after all; in the end	结果	kết cục, cuối cùng
24	助かる たす	V	to be saved; to survive	得救、脱险	đỡ (tốt quá)
	後日 ごじつ	N	subsequent day; at a later date	事后	hôm sau
	計算 けいさん	N	calculation	计算	kế toán, tính toán
25	間違い まちが	N	mistake	错误	lỗi lầm, nhầm lẫn
	文句 もんく	N	complaint	抱怨	phàn nàn
	謝る あやま	V	to apologize	道歉	xin lỗi
26	正しい ただ	A-I	correct; accurate; exact	正确的	chính xác
	返事 へんじ	N	reply; response	回答	hồi âm, trả lời
27	大笑い おおわら	N	good laugh; burst of laughter	大笑	cười to, phá lên cười
29	性格 せいかく	N	personality; character	性格	tính cách, tính tình

22 : 政治家の家（小泉 純一郎）
せいじか こいずみじゅんいちろう

T	政治家 せいじか	N	politician (政治 = politics、家 = professional)	政治家 (政治=政治、家=家)	chính trị gia (政治 = chính trị, 家 = chuyên gia, nhà (người))
K	親子 おやこ	N	parents and children	亲子	cha mẹ và con cái
	大臣 だいじん	N	minister	大臣	bộ trưởng
1	弁護士 べんごし	N	lawyer	律师	luật sư
	政府 せいふ	N	government	政府	chính phủ
4	代々仕事にする だいだいしごと	Phr	to work for generations	代代以〜为职业	lao động vì thế hệ tương lai
	以前 いぜん	N	former; before; previously	以前	trước đây
	総理大臣 そうりだいじん	N	the Prime Minister (大臣 = minister)	内阁总理 (大臣=大臣)	thủ tướng (大臣 = bộ trưởng)
6	又次郎 またじろう	N	Junichiro's grandfather (1865-1951)	又次郎(纯一郎祖父、1865-1951)	ông nội của Junichiro (1865-1951)
	父親 ちちおや	N	father	父亲	ba, bố, cha
	とび職（大工） しょく だいく	N	construction worker (carpenter)	建筑工人	thợ hồ, công nhân xây dựng (thợ mộc)
7	新聞記者 しんぶんきしゃ	N	newspaper reporter; journalist (記者 = reporter)	新闻记者 (记者=记者)	nhà báo, ký giả (記者 = ký giả)

8	純也 じゅんや	N	Junichiro's father（1904-1969）	纯也(纯一郎之父、1904-1969)		cha của Junichiro (1904-1969)
9	選挙 せんきょ	N	election	选举		bầu cử
	（〜に）落ちる お	V	to lose（an election）	落选		rớt (bầu cử)
10	国会議員 こっかいぎいん	N	a member of the Diet （国会 = the Diet、 議員 = a member of an assembly）	国会议员 (国会＝国会、議員＝议员)		Ủy viên quốc hội (国会 = Quốc hội, 議員 = Ủy viên)
11	戦後 せんご	N	post-war（usually, post-World War II）	战后		giai đoạn hậu chiến (thế chiến thứ hai)
	最も もっと	Adv	most; extremely	最		nhất
	国民 こくみん	N	nation; people	国民		quốc dân
	人気を集める にんき あつ	Phr	to gain popularity （人気 = popularity、集める = to collect; to gather）	受人爱戴 (人気＝人气、集める＝汇集、聚集)		trở nên thịnh hành (人気 = thịnh hành, 集める = tập trung, tập hợp)
12	法律 ほうりつ	N	law	法律		luật pháp
13	機関 きかん	N	organization; agency	机关		cơ quan
	民間 みんかん	N	private（as in private sector）	民间		dân gian
	辞める や	V	to quit	辞掉		ngưng, kết thúc, từ bỏ
14	息子 むすこ	N	son	儿子		con trai
	進次郎 しんじろう	N	Junichiro's son（1981- ）	进次郎(纯一郎之子、1981-)		con của Junichiro (1981-)
15	かえる	N	frog	青蛙		con ếch
	ことわざ	N	proverb; saying	谚语		tục ngữ, thành ngữ
16	おたまじゃくし	N	tadpole	蝌蚪		con nòng nọc
	姿 すがた	N	figure; appearance	样貌		dáng vẻ
17	つまり	Adv	namely; in other words	换句话说		tóm lại, nói cách khác
	性格 せいかく	N	personality; character	性格		tính cách, tính tình
	能力 のうりょく	N	ability	能力		năng lực
	親 おや	N	parent	父母亲		cha mẹ
	（〜に）似る に	V	to be like; to resemble	跟〜相似		giống nhau, tương tự
18	ですから	Conj	so; therefore	因此		vì vậy, vì thế
21	場合 ばあい	N	case	场合		trường hợp

23：オランダおいね（楠本イネ）
くすもと

T	オランダ	N	The Netherlands	荷兰		Hà Lan
O	医師 いし	N	（medical）doctor	医师		y sỹ
K	ハーフ	N	mixed nationality children; origin from "half-Japanese"	混血儿		con lai
	西洋医学 せいよういがく	N	western medicine （西洋 = the West、医学 = medical science）	西医 (西洋＝西洋、医学＝医学)		y học phương Tây (西洋 = phương Tây, 医学 = Y học, Y khoa)
	差別 さべつ	N	discrimination	歧视		phân biệt
	近代化 きんだいか	N	modernization （近代 = the modern era; recent times）	近代化 (近代＝近代)		hiện đại hóa (近代 = hiện đại)
	女性 じょせい	N	female; woman	女性		phụ nữ, con gái, nữ
2	鎖国 さこく	N	national isolation; the closure of the country	锁国		bế quan tỏa cảng
	時代 じだい	N	era; period	时代		thời đại
	父親 ちちおや	N	father	父亲		ba, bố, cha
3	シーボルト	N	（Philipp Franz Balthasar von）Siebold（Physician 1796-1866）	菲利普・弗兰兹・冯・西博尔德(医师、1796-1866)		(Philipp Frans Balthasar von) Siebold (tên nhà vật lý học 1796-1866)
	母親 ははおや	N	mother	母亲		mẹ, má
	お瀧 たき	N	Wife of Siebold（1807?-1869?）	阿泷(西博尔德之妻、1807?-1869?)		Vợ của Siebold (1807?-1869?)
4	長崎の出島 ながさき でじま	N	Name of place in *Nagasaki* Prefecture	长崎的出岛		Dejima, một địa danh thuộc tỉnh Nagasaki

	単語	品詞	English	中文	Tiếng Việt
	オランダ商館 しょうかん	N	Dutch Trading Post	荷兰商馆	công ty thương mại Hà Lan
	来日する らいにち	V	to arrive in Japan; to visit Japan	来日	đến Nhật
6	蘭学 らんがく	N	Dutch learning; Western learning	兰学	Hà Lan học
	全国 ぜんこく	N	whole country	全国	toàn quốc
7	学者 がくしゃ	N	scholar	学者	học giả
	育てる そだ	V	to train; to raise	培养	nuôi dưỡng
8	追う お	V	to chase; to track	驱逐	theo đuổi
9	残す のこ	V	to leave; to put something behind	留下	để lại
11	国際 こくさい	N	international	国际	quốc tế
	めずらしい	A-I	rare; uncommon	特别	hiếm
12	偏見 へんけん	N	prejudice; bias	偏见	thành kiến
13	受ける う	V	to receive	遭受	tiếp nhận
	自身 じしん	N	oneself	自身	tự bản thân
14	肌 はだ	N	skin	肌肤	da
	(〜に)悩む なや	V	to worry; to be troubled	因〜困扰	lo lắng, băn khoăn
15	(〜が)育つ そだ	V	to grow up	成长	khôn lớn, trưởng thành
	男性 だんせい	N	male; man	男性	đàn ông, con trai, nam
	診る み	V	to see (a doctor); to check (medically)	看(病)	thăm khám, tư vấn
16	原因 げんいん	N	cause	原因	nguyên nhân
	命 いのち	N	life	生命	cuộc đời, sinh mệnh
	(〜が)助かる たす	V	to be saved; to survive	救助	cứu giúp
17	必要(な) ひつよう	A-Na	necessary; required	必要(的)	cần thiết, thiết yếu
	ほとんど	Adv	almost; virtually	几乎	hầu như
19	弟子 でし	N	disciple; apprentice	弟子	đệ tử
	学ぶ まな	V	to learn; to study	学习	học
20	技術 ぎじゅつ	N	skill	技术	kỹ thuật
	知識 ちしき	N	knowledge	知识	tri thức
	身につける み	Phr	to learn; to acquire (身 = body; oneself)	学习到 (身=身体、自己)	trang bị (身 = bản thân)
21	〜ぶり	Suf	after ~; since ~	经过〜之后又〜	sau bao nhiêu (+thời gian)
	(〜に)戻る もど	V	to return	回到	trở lại
	(〜と)再会する さいかい	V	to have a reunion	跟〜再相见	tái ngộ, gặp lại
22	直接 ちょくせつ	N	direct	直接	trực tiếp
	明治(時代) めいじ じだい	N	*Meiji* Period (1868-1912)	明治(时代)(1868-1912)	thời đại Meiji (Minh Trị, 1868-1912)
23	産科医 さんかい	N	obstetrician	妇产科医师	bác sỹ khoa sản
	開く ひら	V	to open	开业	mở
	(〜が)活躍する かつやく	V	to be active in; to participate actively in	活跃	hoạt động
24	多く おお	N	many; a lot of	许多	nhiều
	救う すく	V	to save	拯救	cứu
	親しみ した	N	affinity 親しみを込めて = in a friendly way; have an affinity with	亲切 親しみを込めて=带着亲切感	thân thiết 親しみを込めて = đầy thân thiện, chất chứa tình thân
27	信念 しんねん	N	faith; belief	信念	niềm tin
28	人物 じんぶつ	N	person; figure	人物	nhân vật
24：ガーナで有名な日本人（野口英世） のぐちひでよ					
T	ガーナ(共和国) きょうわこく	N	Republic of Ghana	加纳(共和国)	nước cộng hòa Ghana
O	細菌 さいきん	N	bacteria	细菌	vi trùng, vi khuẩn

			N	scholar 細菌学者 = bacteriologist	学者 細菌学者＝细菌学家	học giả 細菌学者 = nhà vi khuẩn học
	K	医療	N	medical; medical treatment	医疗	y tế
		黄熱病	N	Yellow Fever	黄热病	bệnh sốt vàng da
		国際	N	international	国际	quốc tế
		協力	N	cooperation; collaboration	协助	sự hiệp lực
	1	西部	N	western part	西部	miền tây
		大西洋	N	Atlantic Ocean	大西洋	Đại Tây Dương
		(〜に)面する	V	to face	面向	đối diện với
	2	約	Pref	approximately	大约	khoảng 〜, tầm 〜
	3	ですから	Conj	so; therefore	因此	vì vậy, vì thế
	4	(〜から)離れる	V	to be away (from); to be separated	离〜	rời khỏi
	7	左手	N	left hand	左手	tay trái
		やけど	N	burn	烫伤	bỏng, phỏng
	8	手術	N	surgical operation	手术	phẫu thuật
	9	(〜に)感動する	V	to be impressed; to be moved	因〜而感动	cảm động
		目指す	V	to aim	以〜为目标	nhắm tới
	10	しっかりする	V	to be reliable	可靠	đáng tin cậy
		想像する	V	to imagine	想象	tưởng tượng
	11	家賃	N	rent	房租	tiền thuê nhà
	12	知り合い	N	acquaintance	朋友	người quen
		他	N	other; others	其他	khác, cái khác
	13	エピソード	N	episode	逸闻	chương, phần
	14	本当に	Adv	actually; in fact	真的	quả thật, thật là
	15	実験する	V	to conduct an experiment	实验	tiến hành thí nghiệm
		マシーン	N	machine	机器	máy móc
	17	中南米	N	Latin America	中南美	Trung Nam Mỹ
	19	恐ろしい	A-I	awful; horrifying	恐怖	đáng sợ, kinh khủng
	20	ワクチン	N	vaccine	疫苗	vắc-xin
	21	報告	N	report	报告	báo cáo
	22	そこで	Conj	then; so	于是	do đó
		上司	N	boss; supervisor	上司	cấp trên, sếp
	24	帰国	N	returning home	回国	về nước
		かかる	V	to come down with 病気にかかる = to be affected by disease; to catch an illness	患 病気にかかる＝得病	chịu đựng, mắc phải 病気にかかる = bị mắc bệnh
	25	数ヶ月	N	several months	数个月	vài tháng
		〜度	Ctr	counter for times	〜次	〜 lần (dùng để đếm số lần)
		診断する	V	to diagnose	诊断	chẩn đoán
	26	免疫	N	immunity	免疫	sự miễn dịch
	30	結局	Adv	after all; in the end	结果	kết cục, cuối cùng
	32	分野	N	field	领域	lĩnh vực
		現在	N	at the present day; presently; currently	现在	hiện tại
	33	ウイルス	N	virus	病毒	virus
		研究所	N	research institute; laboratory	研究所	viện nghiên cứu, phòng thí nghiệm

25：日本人になったアメリカ人（ドナルド・キーン（鬼怒鳴門））

			N	literary critic (家 = professional)	文艺评论家 (家＝家)	nhà phê bình văn học (家 = chuyên gia, nhà (người))
	0	文芸評論家	N			

K	国籍 こくせき	N	nationality	国籍	quốc tịch
	東日本大震災 ひがしにほんだいしんさい	N	Great East Japan Earthquake (2011)	东日本大地震(2011)	Trận động đất lớn ở phía Đông Nhật Bản (2011)
1	マグニチュード	N	magnitude	震级	cường độ
	(〜が)起こる お	V	to take place; to happen	发生	xảy ra
2	約 やく	Pref	approximately	大约	khoảng, xấp xỉ
	福島県 ふくしまけん	N	*Fukushima* Prefecture (県 = prefecture)	福岛县 (県 = 县)	tỉnh Fukushima (県 = tỉnh)
	原子力発電所 げんしりょくはつでんしょ	N	nuclear power plant	核能发电所	nhà máy điện nguyên tử
3	被害を受ける ひがい う	Phr	to suffer damage (被害 = damage、受ける = to receive)	受灾、受害 (被害 = 灾害、受ける = 遭受)	chịu thiệt hại (被害 = thiệt hại, 受ける = chịu)
	影響を受ける えいきょう う	Phr	to be affected; to be impacted by; to be influenced (影響 = influence、受ける = to receive)	受影响 (影響 = 影响、受ける = 受到)	chịu ảnh hưởng (影響 = ảnh hưởng, 受ける = chịu)
4	多く おお	N	many; a lot of	许多	nhiều
	政府 せいふ	N	government	政府	chính phủ
5	(〜に)指示する しじ	V	to order; to instruct	下达〜指示	chỉ thị, ra lệnh
6	(〜に)引っ越す ひ こ	V	to move (to/from)	搬到	di dời, chuyển nhà
8	ロシア系ユダヤ人 けい じん	N	Russian Jewish (系 = descent)	俄罗斯系犹太人(系=系)	người Do Thái gốc Nga (系 = gốc)
	ニューヨーク	N	New York	纽约	New York
9	コロンビア大学 だいがく	N	Columbia University	哥伦比亚大学	đại học Columbia
10	ある	An	certain; some; one	某	có một, một vài, một
	(〜に)翻訳する ほんやく	V	to translate	翻译成〜	phiên dịch
	源氏物語 げんじものがたり	N	"The Tale of Genji" (Early 11th century) (Name of book)	源氏物语(11世纪初期)(书名)	"Tập truyện của Genji" (tên một cuốn sách được xuất bản lần đầu vào đầu thế kỷ 11)
	目にする め	Phr	to see	看到	nhìn thấy
11	太平洋戦争 たいへいようせんそう	N	the Pacific War (1941-1945)	太平洋战争(1941-1945)	chiến tranh Thái Bình Dương (1941-1945)
	海軍 かいぐん	N	navy	海军	hải quân
12	通訳 つうやく	N	interpreter	口译	thông dịch viên
	せっかく	Adv	might as well; for all the effort put in	好不容易、难得	đã lỡ, mất công
13	知識 ちしき	N	knowledge	知识	tri thức
14	川端康成 かわばたやすなり	N	writer (1899-1972)	川端康成(作家、1899-1972)	nhà văn (1899-1972)
	三島由紀夫 みしまゆきお	N	writer (1925-1970)	三岛由纪夫(作家、1925-1970)	nhà văn (1925-1970)
	作家 さっか	N	writer; novelist	作家	nhà văn, tác giả
	交流 こうりゅう	N	exchange 交流を深める = to deepen exchange	交流 交流を深める=加深交流	giao lưu 交流を深める = tăng cường giao lưu
15	教授 きょうじゅ	N	professor	教授	giáo sư
16	海外 かいがい	N	abroad; overseas	海外	nước ngoài
	含める ふく	V	to include	包括	bao gồm
	優れる すぐ	V	to surpass; to excel	优秀	xuất sắc, ưu việt
18	制度 せいど	N	system	制度	chế độ
	基本 きほん	N	basis	基本	cơ bản
	他 ほか	N	other; others	其他	khác, cái khác
19	同時に どうじ	Adv	simultaneously; at the same time	同时	đồng thời, cùng một lúc
	父親 ちちおや	N	father	父亲	ba, bố, cha
	母親 ははおや	N	mother	母亲	mẹ, má
20	選ぶ えら	V	to select; to choose	选择	chọn lựa
22	重要(な) じゅうよう	A-Na	important	重要(的)	quan trọng
	要素 ようそ	N	factor; element	因素	nhân tố, yếu tố

23	外見 _{がいけん}	N	appearance	外表	vẻ bề ngoài
25	感じがする _{かん}	Phr	to feel like（感じ = feeling）	觉得(感じ=感觉)	có cảm giác (感じ = cảm thấy)
26	長年 _{ながねん}	Adv	for many years	长年	nhiều năm
27	どういう	QW	what type of; what kind of	何种	loại nào
	人間 _{にんげん}	N	human being	人	con người
28	感じる _{かん}	V	to feel	感到	cảm thấy
26：「失敗は成功のもと」（田中耕一） _{しっぱい せいこう た なかこういち}					
T	失敗は成功のもと _{しっぱい せいこう}	Prv	Failure teaches success.; Failure is a stepping stone to success.（失敗 = failure、成功 = success、もと = origin; source）	失败为成功之母 (失敗=失败、成功=成功、もと=根本、基础)	thất bại là mẹ thành công (失敗 = thất bại, 成功 = thành công, もと = nguồn gốc)
O	化学者 _{かがくしゃ}	N	chemist （化学 = chemistry、者 = person）	化学家 (化学=化学、者=者)	nhà hóa học (化学 = hóa học, 者 = người)
	エンジニア	N	engineer	工程师	kỹ sư
K	ノーベル賞 _{しょう}	N	Nobel Prize（賞 = prize; award）	诺贝尔奖(賞 = 奖项)	giải Nobel (賞 = giải thưởng)
	サラリーマン	N	office worker; company employee	公司职员	nhân viên văn phòng
	技術 _{ぎじゅつ}	N	technique; method	技术	kỹ thuật, phương pháp
2	多く _{おお}	N	many; a lot of	许多	nhiều
	教授 _{きょうじゅ}	N	professor	教授	giáo sư
3	博士号 _{はかせごう}	N	Ph.D.（博士 = doctor）	博士学位(博士=博士)	bằng tiến sỹ (博士= tiến sỹ)
	普通 _{ふつう}	N	ordinary; normal	普通	thông thường
4	若さ _{わか}	N	youth	年轻	sự trẻ trung
5	ノーベル化学賞 _{かがくしょう}	N	Nobel Prize in Chemistry	诺贝尔化学奖	giải Nobel hóa học
	受賞する _{じゅしょう}	V	to be awarded	得奖	nhận giải
6	東北大学 _{とうほくだいがく}	N	*Tohoku* University	东北大学	đại học Tohoku
	工学部 _{こうがくぶ}	N	the department of engineering （学部 = department）	工学院 (学部＝学院、学系)	khoa kỹ thuật công nghiệp (学部 = Khoa)
	卒業する _{そつぎょう}	V	to graduate	毕业	tốt nghiệp
	CTスキャン	N	computed tomography scan; CT scan	CT检查	chụp CT
7	コックピット	N	cockpit	驾驶舱	buồng lái
	ディスプレイシステム	N	display system	显示器系统	hệ thống hiển thị
	（～に）就職する _{しゅうしょく}	V	to get a job; to find a job; to take employment	就职	tìm việc, đi làm
8	理由 _{りゆう}	N	reason	理由	lý do
	医療 _{いりょう}	N	medical treatment	医疗	y tế
9	たんぱく質 _{しつ}	N	protein	蛋白质	chất đạm
	重さ _{おも}	N	weight	重量	cân nặng
	量る _{はか}	V	to measure; to weigh	测量	cân
10	希望 _{きぼう}	N	hope; wish	希望	kỳ vọng, hy vọng
	レーザー	N	laser	镭射	tia laser
	実現する _{じつげん}	V	to realize; to achieve	实现	thực hiện
13	ある	An	certain; some; one	某	có một, một vài, một
	実験 _{じっけん}	N	experiment; test	实验	thực nghiệm, thí nghiệm
	間違う _{まちが}	V	to make a mistake	错误	làm sai, gây lỗi
14	別 _{べつ}	N	another; other; different	其他	khác, cái khác
	材料 _{ざいりょう}	N	material	材料	nguyên liệu
	混ぜる _ま	V	to mix	混合	trộn
15	もったいない	A-I	to be wasteful; to be a waste	可惜	lãng phí
16	必要（な） _{ひつよう}	A-Na	necessary; required	必要(的)	cần thiết

	語彙	品詞	English	中文	Tiếng Việt
	状態（じょうたい）	N	condition; state	状态	trạng thái, tình trạng
18	開く（ひらく）	V	to open; to hold	打开	mở
	～会（かい）	Suf	meeting; gathering; competition; session; workshop 研究会 = conference	～会 研究会＝研究会	cuộc thi, đại hội, cuộc họp 研究会 = hội nghiên cứu
	発表する（はっぴょう）	V	to present	发表	phát biểu
	会場（かいじょう）	N	meeting place	会场	hội trường
19	評価（ひょうか）	N	evaluation; feedback	评价	đánh giá
	熱心に（ねっしん）	Adv	hard; enthusiastically	热心地	nhiệt tình
20	機械（きかい）	N	machine	机器	máy móc
22	形（かたち）	N	form; shape	形状	hình dáng, kiểu dáng
23	安全（な）（あんぜん）	A-Na	safe	安全（的）	an toàn
	人工（じんこう）	N	artificiality; man-made	人工	nhân tạo
	心臓（しんぞう）	N	heart	心脏	trái tim
	肝臓（かんぞう）	N	liver	肝脏	gan
24	ですから	Conj	so; therefore	因此	vì vậy, vì thế
25	非常に（ひじょう）	Adv	extremely; very	非常地	cực kỳ, rất
28	自由に（じゆう）	Adv	freely; as one likes	自由地	một cách tự do
	ことわざ	N	proverb; saying	谚语	thành ngữ, tục ngữ
29	場合（ばあい）	N	case	场合	trường hợp
	本当に（ほんとう）	Adv	actually; in fact	实际上	quả thật, thật là

27：中国に学ぶ（空海（弘法大師））

	語彙	品詞	English	中文	Tiếng Việt
T	学ぶ（まな）	V	to learn; to study	学习	học
O	僧（そう）	N	priest; monk	僧侣	nhà sư, tăng lữ
K	仏教（ぶっきょう）	N	Buddhism	佛教	Phật giáo
	天才（てんさい）	N	genius	天才	thiên tài
	社会貢献（しゃかいこうけん）	N	philanthropy （貢献 = contribution）	社会贡献 （貢献＝贡献）	đóng góp cho xã hội （貢献 = cống hiến）
	留学（りゅうがく）	N	study abroad	留学	du học
1	宗派（しゅうは）	N	sect	宗派	giáo phái
	グループ	N	group	团体	nhóm
	平安時代（へいあんじだい）	N	*Heian* Period（794-1185）	平安时代（794-1185）	thời kỳ Heian (794-1185)
	真言宗（しんごんしゅう）	N	*Singon* sect of Buddhism	真言宗	Chân Ngôn Tông (Phật giáo Nhật Bản được kiến tạo vào thế kỷ 14)
2	香川県（かがわけん）	N	*Kagawa* Prefecture （県 = prefecture）	香川县 （県＝县）	tỉnh Kagawa （県 = tỉnh）
	力がある（ちから）	Phr	to have power	势力庞大	có năng lực
	豪族（ごうぞく）	N	powerful clan	豪族	gia đình có thế lực
4	都（みやこ）	N	capital	都城	thủ đô
	政府（せいふ）	N	government	政府	chính phủ
5	地方（ちほう）	N	country; rural area	地方	địa phương
6	現実（げんじつ）	N	reality	现实	hiện thực
	興味（きょうみ）	N	interest	兴趣	hứng thú
8	奈良（なら）	N	Name of Prefecture	奈良	tên tỉnh
	四国（しこく）	N	Name of region in Japan （*Kagawa*, *Ehime*, *Kochi* and *Tokushima* Prefecture）	四国	tên một vùng ở Nhật
	修行（しゅぎょう）	N	training; practice	修行	tu nghiệp, tu hành
9	（～が）伝わる（つた）	V	to spread; to travel	传入	lan rộng, truyền đi
	多く（おお）	N	many; a lot of	许多	nhiều

#	日本語	品詞	English	中文	Tiếng Việt
10	理解する りかい	V	to understand	理解	hiểu
	（〜に）渡る わた	V	to go; to cross	横渡	băng qua, đi qua
11	選ぶ えら	V	to select; to choose	选择	chọn lựa
	機会 きかい	N	opportunity; chance	机会	cơ hội
	ほとんど	Adv	almost; virtually ほとんど〜ない = nearly; almost no 〜（neg.)	几乎 ほとんど〜ない＝几乎没有〜	hầu như ほとんど〜ない = hầu như không 〜
12	なんとか	Adv	somehow; anyhow	总算、勉强	thế nào, cách nào
13	〜年間 ねんかん	Ctr	counter for years	〜年	〜 năm (khoảng thời gian)
14	たった	Adv	just; only	仅	chỉ, mỗi
	密教 みっきょう	N	Esoteric Buddhism	密宗	Mật giáo (một nhánh của đạo Phật)
15	以上 いじょう	N	more than	以上	hơn
	（〜に）戻る もど	V	to return; to go back	回到	trở lại
17	一生懸命 いっしょうけんめい	N	very hard; eagerly （一生 = one's lifetime)	拼命 （一生＝一生）	cố gắng hết sức （一生 = cả cuộc đời)
	才能 さいのう	N	talent; ability	才能	thiên tài
19	教え おし	N	teaching	教	giảng dạy
	広める ひろ	V	to spread; to circulate	传播	mở rộng, lan rộng
20	身分 みぶん	N	position; status	身份	thân phận, địa vị
	関係 かんけい	N	relationship	关系	quan hệ
	開く ひら	V	to open; to found; to establish	开设	mở ra, thành lập
21	（〜が）足りる た	V	to be enough; to be sufficient	足够	đủ
	ため池 いけ	N	pond; small reservoir	蓄水池	hồ chứa nước
22	温泉 おんせん	N	hot spring	温泉	suối nước nóng
	見つける み	V	to find	发现	tìm kiếm
	理由 りゆう	N	reason	理由	lý do
23	天皇 てんのう	N	the Emperor of Japan	天皇	Thiên Hoàng
	弘法大師 こうぼうだいし	N	Another name for 空海 くうかい	弘法大师（空海的别名）	Hoằng Pháp đại sư (tên khác của Không Hải)
24	（〜に）親しむ した	V	to become familiar (with); to feel affinity with	亲近	thân thiết, biết rõ hơn
25	全国 ぜんこく	N	whole country	全国	toàn quốc
	特に とく	Adv	especially; particularly	特别	một cách đặc biệt
26	四国八十八ヶ所 しこくはちじゅうはっかしょ	N	*Shikoku* Pilgrimage of 88 temples	四国八十八所	hành hương Shikoku
	回る まわ	V	to tour; to circulate	四处转	đi quanh
27	お遍路 へんろ	N	pilgrimage	巡礼、遍路朝圣	cuộc hành hương
	健康 けんこう	N	health	健康	sức khỏe
	祈る いの	V	to pray	祈求	cầu nguyện
28	運 うん	N	luck; fortune	好运	duyên, vận may
	行う おこな	V	to do; to carry out	实行	tiến hành, thực hiện
	自分探し じぶんさが	N	finding oneself; self-discovery	寻找自我	tìm lại bản thân, khám phá bản thân
29	様々（な） さまざま	A-Na	various	各种各样（的）	đa dạng

28：日本のヒーロー（源 義経）
みなもとのよしつね

#	日本語	品詞	English	中文	Tiếng Việt
T	ヒーロー	N	hero	英雄	anh hùng
O	武士 ぶし	N	*samurai*; warrior	武士	samurai, võ sỹ
K	判官びいき ほうがん	Phr	sympathy for a tragic hero; rooting for the underdog	恻隐之心	nỗi tiếc thương cho bản hùng ca bi tráng, nền móng cho
2	スーパーマン	N	Superman	超人	siêu nhân
	スパイダーマン	N	Spiderman	蝙蝠侠	người nhện

4	多く(おお)	N	most	许多	nhiều
6	政府(せいふ)	N	government	政府	chính phủ
	源 頼朝(みなもとのよりとも)	N	the first *shogun* of the *Kamakura* shogunate (1147-1199)	源赖朝(镰仓幕府首位将军、1147-1199)	tướng quân đầu tiên của thời kỳ Kamakura (1147-1199)
	父親(ちちおや)	N	father	父亲	ba, bố, cha
	力(ちから)がある	Phr	to have power	势力庞大	có năng lực
	平(たいら)	N	Name of *samurai* family	武士家族名	tên một gia đình Samurai
7	戦い(たたか)	N	battle; war	战争	chiến tranh, trận chiến
	殺す(ころ)	V	to kill	杀	giết
8	都(みやこ)	N	capital	都城	thủ đô
	田舎(いなか)	N	rural area; countryside	乡下	miền quê
	関東(かんとう)	N	Name of region (around *Tokyo*)	关东	tên một khu vực (lân cận Tokyo)
	さびしい	A-I	deserted; desolate; lonely	孤单、寂寞	cô đơn
9	倒す(たお)	V	to defeat; to be overthrown	打倒	đánh ngã, đánh gục
10	兵士(へいし)	N	soldier; troops	士兵	binh sỹ
11	～度(ど)	Ctr	counter for times	～次	～ lần (dùng để đếm số lần)
	(～と)戦う(たたか)	V	to fight; to make war	跟～打仗	chiến đấu
	追う(お)	V	to chase; to track	驱逐	đeo đuổi, đuổi theo
	勝つ(か)	V	to win	战胜	thắng
12	態度(たいど)が大(おお)きい	Phr	arrogant; boastful (態度 = attitude; manner)	傲慢 (態度=态度)	tự cao, tự đại (態度 = thái độ, cách cư xử)
	命令(めいれい)	N	order; command	命令	mệnh lệnh
	聞く(き)	V	to listen; to obey; to follow	听从	nghe theo, tuân lệnh
13	怒る(おこ)	V	to get angry; to be offended	发怒	tức giận, phẫn nộ
14	(～に)謝る(あやま)	V	to apologize	道歉	xin lỗi
	捕まえる(つか)	V	to capture; to catch; to seize	抓捕	bắt, nắm bắt
15	弁慶(べんけい)	N	Yoshitsune's retainer (?-1189)	弁庆(义经的家臣、?-1189)	người hầu cận của Yoshitsune (?-1189)
	家来(けらい)	N	retainer	家臣	cận thần, tùy tùng
	連れる(つ)	V	to be accompanied; to be followed	带	dẫn theo
	東北(とうほく)	N	Name of region in Japan (Northeast region)	东北	tên một khu vực (vùng Đông Bắc)
	(～に)向かう(む)	V	to go in the direction of; to head for	朝向～前进	hướng đến
	平泉(ひらいずみ)	N	Name of town	平泉	tên một thị trấn
16	(～が)隠れる(かく)	V	to hide	躲藏	trốn, ẩn nấp
	(～が)自殺する(じさつ)	V	to kill oneself; to commit suicide	自杀	tự sát, tự kết liễu
18	ハッピーエンド	N	happy ending	圆满的结局	kết thúc có hậu
	それでも	Conj	but; even so	即便如此	dù ... vẫn
20	応援する(おうえん)	V	to support; to cheer up	声援	hỗ trợ, khích lệ
22	一生懸命(いっしょうけんめい)	N	very hard; eagerly (一生 = one's lifetime)	拼命 (一生=一生)	cố gắng hết sức (一生 = cả cuộc đời)
23	パーフェクト(な)	A-Na	perfect; absolute	完美(的)	hoàn hảo
24	人気(にんき)がある	Phr	to be popular (人気 = popularity)	受欢迎 (人気=人气)	được mến mộ (人気 = lòng mến mộ)
25	モンゴル	N	Mongolia	蒙古	Mông Cổ
	(～に)逃げる(に)	V	to run away; to flee	逃到	chạy trốn
	チンギス・ハン	N	Genghis Khan (Mongolian warrior-ruler 1162-1227)	成吉思汗(蒙古军事统帅、1162-1227)	Thành Cát Tư Hãn (người dẫn đầu binh lính Mông Cổ 1162-1227)
28	(～と～を)比べる(くら)	V	to contrast; to compare	把～跟～相比	so sánh, đối lập
	違い(ちが)	N	difference	相异处	sự khác nhau

29：我慢の武士（徳川家康）
(がまん ぶし とくがわいえやす)

#	日本語	品詞	English	中文	Tiếng Việt
T	我慢（がまん）	N	patience; endurance	忍耐	chịu đựng, kiên nhẫn
	武士（ぶし）	N	*samurai*; warrior	武士	samurai, võ sỹ
O	将軍（しょうぐん）	N	*shougun*	将军	tướng quân
K	性格（せいかく）	N	character; personality	性格	tính cách, tính tình
	失敗（しっぱい）	N	failure	失败	thất bại
1	まじめ（な）	A-Na	serious; earnest	认真（的）	cần cù, chăm chỉ
	我慢強い（がまんづよ）	A-I	persevering	忍耐力强	sức chịu đựng cao
2	江戸幕府（えどばくふ）	N	*Tokugawa* shougnate	德川幕府	Mạc phủ Tokugawa
3	政府（せいふ）	N	government	政府	chính phủ
5	愛知県の三河（あいちけん みかわ）	N	Name of region in *Aichi* Prefecture (県 = prefecture)	爱知县的三河（県＝县）	tên một vùng thuộc tỉnh Aichi (県 = tỉnh)
6	力がない（ちから）	Phr	to be weak	势力薄弱	yếu đuối
	豪族（ごうぞく）	N	powerful clan	豪族	gia đình có thế lực
	周り（まわ）	N	neighborhood; surroundings	周围	xung quanh, lân cận
7	駿河（するが）	N	Name of region	骏河（地区名）	tên một khu vực
	今川（いまがわ）	N	Name of feudal lord family	今川（封建领主名）	tên một gia đình lãnh chúa phong kiến
	氏（し）	Suf	the ~, e.g., the Imagawas; Mr./Ms. ~	氏	dòng dõi, anh, ông
	尾張（おわり）	N	Name of region	尾张（地区名）	tên một khu vực
	織田（おだ）	N	Name of feudal lord family	织田（封建领主名）	tên một gia đình lãnh chúa phong kiến
	大名（だいみょう）	N	feudal lord	封建领主	lãnh chúa
8	戦争（せんそう）	N	war	战争	chiến tranh
	ある	An	certain; some; one	某	có một, một vài, một
9	（～に）逆らう（さか）	V	to go against; to resist; to oppose	忤逆	chống đối, ngược lại
	人質（ひとじち）	N	hostage	人质	con tin, người tù
	命令（めいれい）	N	to issue; to give 命令を出す = to give a command; to order	命令 命令を出す＝发布命令	mệnh lệnh 命令を出す = ra lệnh
10	聞く（き）	V	to obey; to follow	听从	nghe theo, tuân lệnh
11	（～と）別れる（わか）	V	to separate; to part	跟～分离	tách biệt, chia ly
12	送る（おく）	V	to send; to lead 生活を送る = to lead a life; to live a life	过 生活を送る＝过生活	gửi, truyền 生活を送る = sống, sinh hoạt
14	力をつける（ちから）	Phr	to gain power	增强实力	truyền sức mạnh
15	チャンス	N	chance	机会	cơ hội
17	三方ヶ原（みかたがはら）	N	Name of place	三方原（地区名）	tên địa danh
	行う（おこな）	V	to do; to carry on	进行	tiến hành, thực hiện
	戦い（たたか）	N	battle; war	战争	chiến tranh, trận chiến
18	（～に）負ける（ま）	V	to lose; to be defeated	打败仗	thua, bị đánh bại
19	絵師（えし）	N	painter	画家	họa sỹ
	描く（か）	V	to paint; to draw	画	vẽ, phác họa
	残す（のこ）	V	to leave	留下	để lại
22	学ぶ（まな）	V	to learn; to study	学习	học
24	経験（けいけん）	N	experience	经验	kinh nghiệm
26	ですから	Conj	so; therefore	因此	vì vậy, vì thế

30：日本を洗濯しようとした男（坂本龍馬）
(せんたく さかもとりょうま)

#	日本語	品詞	English	中文	Tiếng Việt
O	武士（ぶし）	N	*samurai*; warrior	武士	samurai, võ sỹ
K	幕末（ばくまつ）	N	the last days of the *Tokugawa* Shogunate	幕府末期	Mạc Phủ (những ngày cuối của Mạc phủ Tokugawa)

	単語		品詞	English	中文	Tiếng Việt
	改革 かいかく		N	reform	改革	cải cách
	目標 もくひょう		N	goal; target	目标	mục tiêu
	名言 めいげん		N	saying; maxim	名言	danh ngôn
	貿易 ぼうえき		N	trade; commerce	贸易	giao dịch, mậu dịch
1	江戸時代 えどじだい		N	*Edo* Period (1603-1868)	江户时代(1603-1868)	thời đại Edo (Giang Hộ, 1603-1868)
	明治時代 めいじじだい		N	*Meiji* Period (1868-1912)	明治时代(1868-1912)	thời đại Meiji (Minh Trị, 1868-1912)
	非常に ひじょうに		Adv	extremely; very	非常地	rất, cực kỳ
2	多く おおく		N	most	许多	nhiều
	優れる すぐれる		V	to surpass; to excel	优秀	ưu tú, xuất sắc
	(〜が)現れる あらわれる		V	to appear; to show	出现	xuất hiện, hiện ra
	鎖国 さこく		N	national isolation; the closure of the country	锁国	bế quan tỏa cảng
3	開国 かいこく		N	opening the country to the world	开放门户	việc mở cửa ra thế giới
	求める もとめる		V	to seek; to demand	要求	tìm kiếm, yêu cầu
	(〜に)やってくる		V	to come	来到	kéo đến, ập đến
4	幕府 ばくふ		N	Shogunate	幕府	Mạc Phủ
	国内 こくない		N	within the country 国内の = domestically	国内 国内の＝国内的	quốc nội 国内の = quốc nội, trong nước
	意見 いけん		N	opinion	意见	ý kiến
	まとめる		V	to unify; to unite	统整	tổng hợp, gom lại
5	守る まもる		V	to protect	保护	bảo vệ
6	将軍 しょうぐん		N	*shogun*; general	将军	tướng quân
	天皇 てんのう		N	the Emperor of Japan	天皇	Thiên Hoàng
	国家 こっか		N	nation	国家	quốc gia
7	人物 じんぶつ		N	person; figure	人物	nhân vật
8	土佐 とさ		N	Former name of *Kochi* Prefecture	土佐(高知县的旧名)	tên trước đây của tỉnh Kochi
	高知県 こうちけん		N	*Kochi* Prefecture (県 = prefecture)	高知县 (県＝县)	tỉnh Kochi (県 = tỉnh)
	地位 ちい		N	place; position	地位	địa vị
9	他 ほか		N	other; others	其他	khác
	成長 せいちょう		N	growth	成长	trưởng thành
	(〜が)遅れる おくれる		V	to be late	迟缓	chậm trễ
10	剣術 けんじゅつ		N	Japanese swordsmanship	剑术	kiếm thuật
	始める はじめる		V	to begin; to start	开始	bắt đầu
	腕を上げる うであげる		Phr	to improve one's skill	技术进步	trau dồi kỹ năng
11	学ぶ まなぶ		V	to learn; to master	学习	học
	江戸 えど		N	Former name of *Tokyo*	江户(东京的旧名)	tên trước đây của Tokyo
12	(〜と)付き合う つきあう		V	to associate with	跟〜来往	kết hợp, liên kết
	考え かんがえ		N	thought; idea	想法	suy nghĩ, ý tưởng
13	佐久間象山 さくましょうざん		N	scholar (1811-1864)	佐久間象山(学者、1811-1864)	học giả (1811-1864)
	学者 がくしゃ		N	scholar	学者	học giả
	(〜が)生き残る いきのこる		V	to survive	生存	sống sót
14	船 ふね		N	ship; boat	船	tàu, thuyền
	動かす うごかす		V	to navigate; to operate	开动	làm chuyển động, vận hành
	必要(な) ひつよう		A-Na	necessary; required	必要(的)	cần thiết, thiết yếu
16	長崎 ながさき		N	Name of city	长崎	tên một thành phố
	仲間 なかま		N	friend; companion	伙伴	bạn bè, đồng nghiệp
	最初 さいしょ		N	the first; the beginning	最初	đầu tiên

17	運ぶ(はこぶ)	V	to carry	运送	mang vác
	銃(じゅう)	N	gun	枪	cây súng
	のちに	Conj	subsequently; later	之后	sau đó
18	海援隊(かいえんたい)	N	Name of a company	海援队(公司名)	tên một công ty
	組織(そしき)	N	organization	组织	tổ chức
19	政治(せいじ)	N	politics	政治	chính trị
	教育(きょういく)	N	education	教育	giáo dục
	活動(かつどう)	N	activity	活动	hoạt động
	私的(な)(してき)	A-Na	private; personal	私人(的)	mang tính chất cá nhân
	海軍(かいぐん)	N	navy	海军	hải quân
20	残す(のこす)	V	to leave	留下	để lại
23	相手(あいて)	N	the other person; the other party	对方	đối phương, người nghe
24	聞く耳を持つ(きくみみをもつ)	Phr	to listen to; to be open to	广纳意见	lắng nghe
25	様々(な)(さまざま)	A-Na	various; different	各种各样(的)	đa dạng, khác nhau
26	大政奉還(たいせいほうかん)	N	the Restoration of the Imperial Rule	大政奉还	sự phục hồi của đế quốc cai trị
	働き(はたらき)	N	work	功绩	công việc, hoạt động
27	残念(な)(ざんねん)	A-Na	regrettable; disappointing	可惜(的)	đáng tiếc
	殺す(ころす)	V	to kill	杀	giết
29	長生き(ながいき)	N	long life; longevity	长命	sống lâu, sống thọ
30	必ず(かならず)	Adv	surely; certainly	必然	chắc chắn